自閉症スペクトラム児者のキャリア教育に関する研究
―― TTAPを活用したライフプラン構築支援モデルの開発 ――

清水　浩 著

風間書房

目　　次

第一章　問題の所在……………………………………………………… 1
　第一節　はじめに………………………………………………………… 1
　第二節　障害者関連の法整備や国の施策…………………………… 2
　第三節　キャリア教育推進の経緯…………………………………… 14
　　1　学習指導要領におけるキャリア教育の位置付け……………… 14
　　2　我が国におけるキャリア教育推進の経緯及び概要…………… 15
　第四節　ASD児者への就労支援の現状と課題……………………… 26
　　1　ASD児者の就職率………………………………………………… 26
　　2　ASD児者の就労上における課題………………………………… 30
　　3　ASD児者へのアセスメントの現状と課題……………………… 34
　　4　ASD児者の自己理解に関する課題……………………………… 39
　第五節　知的障害特別支援学校の現状と課題……………………… 42
　　1　自閉症教育の必要性……………………………………………… 42
　　2　自閉症の障害特性を考慮した教育課程………………………… 45
　　3　自立活動…………………………………………………………… 48
　　4　知的障害特別支援学校高等部における移行支援をめぐる現状と課題……… 50

第二章　研究の目的と方法……………………………………………… 61
　第一節　研究1「TTAPを活用した就労支援に関する研究」……… 61
　　　　　研究1-1「TTAPを活用した進路指導」……………………… 61
　　　　　研究1-2「現場実習事後学習と自立活動の学習内容比較検討」……… 61
　　　　　研究1-3「TTAPインフォーマルアセスメント（CSC）（地域版）の開発」……… 62

第二節　研究2「自閉症生徒への就労移行支援に関する研究」……… 63
　　研究2-1「自閉症生徒の自己理解を深める支援に関する研究」…………… 63
　　研究2-2「自閉症生徒のライフプラン構築に関する研究」…………………… 64

第三章　研究1「TTAPを活用した就労支援に関する研究」結果…… 65
　第一節　研究1-1「TTAPを活用した進路指導」………………………… 65
　　1　はじめに ………………………………………………………………… 65
　　2　TTAPの概要 …………………………………………………………… 69
　　3　我が国におけるTTAPの活用状況 …………………………………… 76
　　4　手続き ……………………………………………………………………… 79
　　5　対象者 ……………………………………………………………………… 79
　　6　結果 ………………………………………………………………………… 80
　　　　事例1 …………………………………………………………………… 80
　　　　事例2 …………………………………………………………………… 88
　　　　事例3 …………………………………………………………………… 96
　　　　事例4 ………………………………………………………………… 104
　　　　事例5 ………………………………………………………………… 113
　　　　事例6 ………………………………………………………………… 125
　　　　事例7 ………………………………………………………………… 134
　　　　事例8 ………………………………………………………………… 143
　　　　事例9 ………………………………………………………………… 152
　　　　事例10 ……………………………………………………………… 157
　　7　小考察 ………………………………………………………………… 168
　第二節　研究1-2「現場実習事後学習と自立活動の学習内容比較検討」179
　　1　はじめに ………………………………………………………………… 179
　　2　手続き …………………………………………………………………… 179
　　3　結果 ……………………………………………………………………… 179

  4 小考察 …………………………………………………………… 190
 第三節 研究 1-3「TTAP インフォーマルアセスメント（CSC）（地域版）
    の開発」……………………………………………………………196
  1 はじめに ………………………………………………………… 196
  2 手続き …………………………………………………………… 197
  3 結果 ……………………………………………………………… 197
  4 小考察 …………………………………………………………… 216

第四章 研究 2「自閉症生徒への就労移行支援に関する研究」結果 219
 第一節 研究 2-1「自閉症生徒の自己理解を深める支援に関する研究」219
  1 はじめに ………………………………………………………… 219
  2 結果 ……………………………………………………………… 221
   事例 11 …………………………………………………………… 221
   事例 12 …………………………………………………………… 226
   事例 13 …………………………………………………………… 239
   事例 14 …………………………………………………………… 245
  3 小考察 …………………………………………………………… 251
 第二節 研究 2-2「自閉症生徒のライフプラン構築に関する研究」……253
  1 はじめに ………………………………………………………… 253
  2 結果 ……………………………………………………………… 255
   事例 15 …………………………………………………………… 255
   事例 16 …………………………………………………………… 258
  3 小考察 …………………………………………………………… 261

第五章 総合考察……………………………………………………………263
 第一節 TTAP の有効性……………………………………………………263
 第二節 TTAP インフォーマルアセスメント（DAC）について ………265

第三節	現場実習事後学習における学習内容 …………………………268
第四節	TTAPを活用した現場実習協力事業所との連携………………270
第五節	TTAP活用のガイドライン ……………………………………274
第六節	自己理解を深める支援の必要性 ………………………………277
第七節	ライフプラン ……………………………………………………279
第八節	自閉症スペクトラム児者の職業生活に結びつくための
ライフプラン構築支援モデルの確立へ向けて ………………280

引用文献 ……………………………………………………………………285
参考文献 ……………………………………………………………………292
謝辞 …………………………………………………………………………295

第一章　問題の所在

第一節　はじめに

　我が国においては,「初等中等教育と高等教育との接続の改善について（答申）」（中央教育審議会, 1999）以降, キャリア教育に関連した様々な施策が進められ, キャリア教育は教育改革の重点行動計画に位置付けられた。また, 2004年1月の文部科学省のキャリア教育の推進に関する総合的調査研究協力者会議において,「学校の教育活動全体を通じて, 児童生徒の発達段階に応じた組織的・系統的なキャリア教育の推進が必要であること」,「キャリア発達を促す指導と進路決定のための指導とを, 一連の流れとして系統的に調和をとって展開することが求められること」など, 職業教育と進路指導の充実に必要な視点が報告されている。その流れを受け, 2009年3月に告示された特別支援学校学習指導要領の改訂の基本方針を踏まえ, 特別支援学校高等部学習指導要領総則に, 職業教育にあたって配慮すべき項目及び進路指導の充実に関する「キャリア教育の推進」が規定され, 就労につながる職業教育の一層の充実が課題となっている。

　特別支援教育においてもこの点を踏まえ, 進路指導, 職業教育を含めた学校から社会への適切な移行支援計画を策定していく必要があり, その中でも自閉症児に対する試みは重要である。何故なら, 特別支援学校知的障害教育部門全体で, 自閉症のある児童生徒の割合は, 39.6％（小学部46.8％, 中学部42.5％, 高等部29.5％）（全国特別支援学校知的障害教育校長会, 2013）を占めており, これに対応した教員の専門性向上が, 緊急課題となっているからである。

　現在, 知的障害特別支援学校高等部を卒業し, 一般企業に就労している自

閉症スペクトラム障害（Autism Spectrum Disorder：以下「ASD」）者は増加傾向にあり，このことは，我が国において進められてきた発達障害者に対する就労支援制度の整備及びキャリア教育推進の結果である。しかし，職業生活を続ける中で職場定着等における課題も多くみられ，その理由として，ASD児者の特性理解や就労先への移行支援等の困難さが挙げられる。

今回は，知的障害特別支援学校高等部在籍の一般企業就労希望ASD生徒を対象として，彼らが，学校から就労へのスムーズな移行を図り，充実した職業生活を送ることを目指したライフプランを構築できるように，支援モデルの確立へ向けたモデル試案を提起したい。

第二節　障害者関連の法整備や国の施策

文部科学省「特別支援教育の在り方に関する調査研究協力者会議」の「今後の特別支援教育の在り方について（最終報告）」(2003)では，今まで障害のある児童生徒の障害の種類や程度に注目してきた特殊教育から，学習障害（Learning Disabilities：以下「LD」），注意欠陥多動性障害（Attention-Deficit/Hyperactivity Disorder：以下「ADHD」），高機能自閉症（High-Functioning Autism：以下「HFA」）を含めて障害のある児童生徒の自立や社会参加に向けて，その一人一人の教育的ニーズを把握して，その持てる力を高め，生活や学習上の困難を改善するために，適切な教育や指導を通じて必要な支援を行うものとし，それらも含めて一人一人の教育的ニーズを丁寧に把握し対応していく特別支援教育への転換について述べられている。

これを受けて，それまでの特殊教育から新たな特別支援教育への転換が始まり，現在に至る間に，必要な法整備がなされるとともに，関連する通知が発出され，モデル事業や研修会が相次いで進められた。この間に成立・改正された主な法律等をTable 1に示す。但し，法令などは継続して改正が行われている。

Table 1 特別支援教育に関係のある主な法律等で近年になって成立・改正されたもの

・障害者基本法	(2004年6月改正, 2011年8月改正)
・発達障害者支援法	(2004年12月改正, 2005年4月施行)
・障害者自立支援法	(2005年12月改正, 2006年4月施行)
・学校教育法施行規則	(2006年3月改正, 2006年4月施行)
・学校教育法	(2006年6月改正, 2007年4月施行)
・高齢者障害者 移動円滑化促進法 (新バリアフリー法)	(2006年6月成立)
・教育基本法	(2006年12月改正, 12月施行)
・学校教育法施行令	(2007年3月改正, 4月施行)
・障害者福祉法	(2011年8月公布, 施行)
・障害者総合支援法	(2012年6月成立, 2013年4月施行) ※障害者自支援法の改正に伴い, 題名が変更された。
・障害者雇用促進法	(2013年6月公布, 2016年4月施行)
・障害者差別解消法	(2016年4月施行)

(柘植, 2013の表を参考に加筆)

　始めに, 我が国の特別支援教育関連法規における近年の改正の動きをみる。2006年12月に改正された教育基本法では, 新たに第4条が盛り込まれ,「国及び地方公共団体は, 障害のある者が, その障害の状態に応じ, 十分な教育を受けられるよう, 教育上必要な支援を講じなければならない。」と規定された。この最も根本をなす法律に, 初めて国の特別支援教育の姿勢が盛り込まれた意義は大きいと言える。実質的に教育の中身を規定する「学校教育法等の一部を改正する法律」は, 2006年6月に改訂され,「特殊教育」が「特別支援教育」に名称変更された。今後, 行政的には, 障害児教育全般を指す用語として「特別支援教育」が用いられることになった。この時点では, 従来通り学校教育法の第6章内で特別支援教育について規定されていたが, 教育基本法の改定を受けて2007年6月に改定された学校教育法では, これまで

長く第6章に位置付けられていたものが,第8章に移されている。

次に,障害者福祉制度等における近年の改正の動きをみる。

社会福祉基礎構造改革の流れの一環として,2003年に身体障害児者・知的障害児者の福祉サービスが,行政処分の形である措置制度から,利用者契約を前提とした支援費制度へと移行して以来,障害者支援は利用者一人一人のニーズに基づいた支援計画に沿って行われるようになった。しかし,課題も多くみられ,その課題修正を目的にした「今後の障害保健福祉施策について(改革のグランドデザイン案)」が,2004年10月に厚生労働省より発表され,さらにこのグランドデザイン案を具現化する形で,2005年に発達障害者支援法が施行された。

この法律は,発達障害者の心理機能の適正な発達及び円滑な社会生活の促進のために発達障害の症状の発現後,できるだけ早期に発達支援を行うことが特に重要であることに鑑み,発達障害を早期に発見し,発達支援を行うことに関する国及び地方公共団体の責務を明らかにするとともに,学校教育における発達障害者への支援,発達障害者の就労支援,発達障害者支援センターの指定等について定めることにより,発達障害者の自立及び社会参加に資するようその生活全般にわたる支援を図り,もってその福祉の増進に寄与することを目的としている。

また,我が国として初めて発達障害の定義や教育等の必要性について規定した法律であり,21世紀になって特殊教育から特別支援教育への転換や,発達障害の理解啓発,発達障害の子どもへの指導・支援の本格的な開始など,教育のみならず,福祉,医療,労働など幅広い分野に影響を与えている。特に,教育に関する第8条では,国及び地方公共団体に求められる役割と,大学及び高等専門学校における適切な教育上の配慮について,さらに,第10条の1で都道府県の役割として就労支援に必要な体制整備,関係諸機関の連携,就労機会の確保について,第10条の2で学校における就労準備について等,都道府県及び市町村の責務及び教育や就労支援体制等の充実について述べら

れている。

　柘植（2005）は，特別支援教育政策の立場から，特別支援教育の推進と発達障害者支援法の各条との関係を示し，「LD・ADHD・HFA 等を含め障害のある児童生徒に，個別の教育支援計画を策定するための策定検討委員会を各都道府県等に設置している。小・中学校のみならず幼稚園や高等学校においても，必要に応じて個別の教育支援計画が策定されていくことになる。その際，学校から社会への移行に関する内容も含まれ，卒後に関係の深い関係諸機関と連携した就労支援が期待される。」と，個別の教育支援計画の策定と発達障害者支援法第 10 条の「就労の支援」との関係について述べ，今後さらに特別支援教育を推進し，就労支援を充実させていくためにも，個別の教育支援計画の策定と卒後に関係の深い関係諸機関との連携を深めていく必要があるとしている。

　一方，三苫（2014a）は，この法律における課題として，①支援者人材育成，②発達障害者のための手帳制度，③インクルーシブ教育の推進，の三点を挙げ，発達障害者支援法の内容の見直しが求められているとしている。この中でも特に，三苫が課題の一つとして挙げた発達障害者のための手帳制度に関しては，共同通信社（2015）が自閉症やアスペルガー症候群（Asperger syndrome：以下「AS」）などの，発達障害のある人を支援する障害者手帳の交付基準について，全国調査を実施している。その結果を Table 2 に示す。

　調査結果によると，全体の 43％に当たる 29 道府県市が「IQ（Intelligence Quotient, 以下「IQ」）が目安を超えても，日常生活の困難さを総合的に判断し，療育手帳を交付する。」などと回答し，その中には発達障害のある人のために別途，IQ89（静岡県）や IQ91（川崎市）といった高めの目安を設けているケースも報告されている。このように障害者手帳の交付基準は未統一で，都道府県や政令指定都市によって，発達障害者に対する支援がばらばらであるという結果を示している。また，発達障害のある人は，どこの自治体でも精神障害者保健福祉手帳を申請できるが，精神障害という言葉への違和感から取得

Table 2 発達障害者に対する障害者手帳交付の対応

【29道府県市】	・知的障害(おおむねIQ70～79以下)があれば,療育手帳を交付 ・知的障害の目安を超えても,独自の基準で療育手帳を交付 ・精神障害者保健福祉手帳を交付
【38都府県市】	・知的障害(おおむねIQ70～79以下)があれば,療育手帳を交付 ・精神障害者保健福祉手帳を交付

(共同通信社, 2015)

をためらう人もいる。このような理由から転居の際に混乱が生じることもあり,自治体からは国による基準の統一を求める声が上がっているのが現状である。

小川(2005a)は,「発達障害のある人は,その障害特性の分かりにくさから,適切な就労支援を得られないことが少なくない。発達障害者支援法を契機とし,支援体制の整備及び支援方法・技術の体系化が進むことが期待される。」とし,就労支援の場面における障害特性理解と支援体制の充実の必要性を挙げている。また,下野新聞社(2015)は,「発達障害のある人は,職場で人間関係がこじれ,自主退職に追い込まれるケースもある。厚生労働省は専門知識をもつ職員を公共職業安定所に配置し,発達障害の人を雇った企業への助成も行っているが,企業側の理解が一層求められるなど,就労支援面においては課題が多くみられる。」とし,発達障害者の人たちが,自分の希望や能力に応じた仕事に就いているとは言いがたい現状について述べている。発達障害は主に他人とのコミュニケーションが取りづらかったり,特定の物事に強くこだわったりすることが特徴の一つだが,本人や周囲が原因に気付かないことも多く,福祉の対象から外れた谷間の障害と呼ばれてきた。発達障害という障害が目にみえてすぐに分かるような障害ではないため,具体的にどのような支援をすればよいのかが企業及び支援者にも十分理解できていないことが課題として考えられる。

次に,2006年には障害者自立支援法が施行された。

厚生労働白書（2007）によると，障害者自立支援法の成立理由について，「障害保健福祉の分野においては，2003年に行政がサービス内容を決定する措置制度に代えて，障害者自らがサービスを選択し，事業者との対等な関係に基づき，契約によりサービスを利用する支援費制度が導入された。同制度の下，利用者数が増加するなどの効果は得られたが，サービスや係わる費用が予想を超えて伸びたことや，支援費の支給決定を行う際の全国統一的な基準がないこと，また，サービス利用状況につき地域差が大きいことなど，解決すべき課題が存在していた。」と述べられている。

障害者自立支援法は，障害者に対するサービスの計画的な整備，就労支援の強化，地域生活への移行の推進等を通じ，障害者が安心して暮らすことのできる地域社会の実現を目指すものであるが，その中に，「新たな就労支援事業の創設や福祉と雇用の連携強化による就労支援策の更なる充実」が盛り込まれている。具体的には，障害者の就労支援を一つの柱としており，福祉サイドからの就労支援を充実強化するため，就労移行支援や就労継続支援等の事業を創設するとともに，福祉分野と雇用・教育分野等との連携を強化し，障害者がその適性に応じて，より力を発揮して働ける社会を目指すとしている。

また，この法律は，障害者の就労支援と地域支援への移行に重点が置かれている。従来の授産施設に替わり，就労移行支援事業，就労継続支援事業等の新たなサービスが生まれ，一般企業等の就職を希望する人への支援やサービスが行われている。具体的には，公共職業安定所が行う関係諸機関と連携した障害者の就職及び定着支援「地域障害者就労支援事業（チーム支援）」や，地域障害者職業センターによる就労移行支援事業所等への助言・援助等の実施，障害者就業・生活支援センターのさらなる設置などが挙げられる。

関（2006）は，障害者自立支援法と個別の教育支援計画との関係性について，①「障害がある人の連続するライフサイクルの主要部分を担う。」と，②「地域にあって，障害に伴う生きにくさに介入して，あたり前の社会生活を実

現するという社会福祉本来の使命を担う。」という二つの共通点を挙げているが、「今後、特別支援教育を推進するには、個別の教育支援計画をとおして、生涯にわたる支援体制を整えることとしており、学校教育の在り方とともに、それに続く次なる段階のライフステージがいかに展開されるかが課題である。」としており、今後さらに障害者施策と併せながら個別の教育支援計画を充実させていく必要性について述べている。

2012年6月には、障害者自立支援法に代わる新法として、「障害者の日常生活及び社会生活を総合的に支援するための法律（障害者総合支援法）」が成立し、2013年4月より施行された。障害者総合支援法の概要は、障害者自立支援法の名称の変更、対象の拡大（難病を対象にする）、介護給付・訓練等給付に分かれていたケアホームとグループホームの一元化、重度訪問介護の利用拡大、障害福祉計画の定期的な見直しによるサービス基盤の整備などの諸点が示されている。特に、対象については、障害者自立支援法成立時の身体障害、知的障害、精神障害に、障害者自立支援法の改正時の発達障害、高次脳機能障害、今回の難病を加えて計6領域の障害となった。

また、障害者の就労支援については、「障害者の一般就労をさらに促進するため、就労移行だけでなく就労定着への支援を着実に行えるようなサービスの在り方について検討するとともに、障害者を雇用する企業に対して、雇用率達成に向けた厳正な指導を引き続き行うこと。」としている。

特別支援学校における進路指導では、キャリア教育を充実させて就労に必要な力を身に付けると同時に、就労支援機関等と連携して卒業後の進路先である一般企業や福祉サービス事業所等と連絡を取り合い、本人の生活の質（Quality Of Life：以下「QOL」）を具体的に支えることを大切にしている。しかし、卒業後の進路先の現状は、かつては一般企業への就職か福祉施設かという二者択一で、福祉施設も入所か通所かの区別しかなく、また、学校は卒業直後の進路先に関心が集中していて、卒業後の進路先変更や福祉施設への移行については一部担当者を除いては関心が薄いといった状況等も多くみられ

た。

　このような中，障害者総合支援法により，障害福祉サービスが事業目的を明確にして多様な選択ができるように体系化されたことを受け，例えば卒業と同時に就職できなくても，就労移行支援事業を受けることで，就職にチャレンジすることもできるようになった。また，最低賃金を得る就労継続支援A型や作業能力の高い人を対象とする就労継続支援B型，仕事や創作活動のできる生活介護事業など多様な形態を設けた。このことにより，施設数は十分ではないが，事業間の移動も可能となって移行している卒業生もいる。

　このように，障害者自立支援法に続く障害者総合支援法で自立過程を重視した支援システムや事業目的・内容・方法等が整備され，社会の障害者に対する理解と人権意識が深まり，障害者のライフステージに合わせて対応できる制度が整ってきたことと併せて，障害者の就労生活の広がりと安定が図られてきている。

　2013年には，障害者差別に関して事業主に合理的配慮の提供を義務付けた「障害者の雇用の促進に関する法律（障害者雇用促進法）」が，「雇用の分野における障害者に対する差別の禁止及び障害者が職場で働くに当たっての支障を改善するための措置（合理的配慮の提供義務）を定めるとともに，障害者の雇用に関する状況に鑑み，精神障害者を法定雇用率の算定基礎に加える等の措置を講ずる。」と改正され，2016年4月（一部交付日，又は2018年4月）に施行された。この法律では，苦情処理を事業主と障害のある当事者との間で自主的に解決することを求めている。松為（2014）は，それに応えるためには，当事者自身が，①仕事の遂行に際しての課題を自己理解（認識）しており，②それに対処する具体的な仕方を明確に自覚しており，③これらの情報を他者に的確に伝達できること，等が不可欠であるとし，職場適応を自らの手で進めるには，こうしたスキルを成長の早い時期から獲得するよう支援することが望まれるとしている。

　また，この法律によると，職業リハビリテーションの対象者は，「身体障害，

知的障害または精神障害があるため，長期にわたり，職業生活に相当の制限を受け，または職業生活を営むことが著しく困難な者」となっており，これらの障害者は，身体障害者手帳の所持者，療育手帳の所持者など知的障害があると判定された者及び精神障害者保健福祉手帳の所持者となっている。具体的には，企業は一定率の障害者を雇用しなければならないという雇用率制度並びに，身体障害者，知的障害者，精神障害者を雇用した場合に国から助成金が支給される助成金制度などが含まれている。しかしながら，この法律では，LD，ADHD，ASD などの発達障害者は含まれておらず，知的障害を伴わない発達障害者は対象外となっていた。2011 年 8 月に公布・施行された，「障害者基本法の一部を改正する法律」により障害者福祉法が改正され，2011 年 8 月から発達障害者は精神障害者に含められるようになり，精神障害者保健福祉手帳を取得できるようになっている。

一方国連では，2006 年に「障害者の権利に関する条約」が採択された（2015 年に日本は批准）。

本条約は，障害者の人権や基本的自由の享有を確保し，障害者の固有の尊厳の尊重を促進するため，障害者の権利を実現するための措置等を規定している。本条約の締結により，我が国においては，共生社会の実現に向けて，障害者の権利の保障に向けた取組が一層強化されることとなった。第 24 条には，教育について「障害者を包容するあらゆる段階の教育制度（inclusive education system）及び生涯学習を確保すること，障害者が障害に基づいて一般的な教育制度（general education system）から排除されないこと及び障害のある児童が障害に基づいて無償のかつ義務的な教育制度（general education system）から排除されないこと，障害者が他の者との平等を基礎として，自己の生活する地域社会において，障害者を包容し，質が高く，かつ，無償の初等中等教育の機会が与えられること，個人に必要とされる合理的配慮（reasonable accommodation）が提供されること。」などと述べられている。

また，この間，心身障害者対策基本法(1970)が障害者基本法へと改正(2011)，

障害を理由とする差別の解消の推進に関する法律（障害者差別解消法）（2013）など，障害者に関する一連の国内法の整備を行っている。

障害者差別解消法は，「障害者の権利に関する条約」の締結に向けた国内法制度の整備の一環として，全ての国民が，障害の有無によって分け隔てられることなく，相互に人格と個性を尊重し合いながら共生する社会の実現に向けて制定された（施行は一部の附則を除き2016年4月）。この法律では，差別的な取り扱いの禁止や，合理的配慮の不提供の禁止などが示され，さらに，支援措置として，障害者差別解消支援地域協議会の設置等を国や地方公共団体に対して法的義務として位置付けることになっている。

また，障害者基本法の第4条に，障害を理由とした差別の禁止が規定されており，その第2項に，「社会的障壁の除去は，それを必要としている障害者が現に存し，かつ，その実施に伴う負担が過重ではないときは，それを怠ることによって前項の規定に違反することとならないよう，その実施について必要かつ合理的な配慮がなされなければならない。」と，社会的障壁の除去を怠ることによる権利侵害の防止について定められている。

ここで述べられている社会的障壁とは，「障害がある者にとって日常生活又は社会生活を営む上で障壁となるような社会における事物，制度，慣行，観念その他一切のもの」を指しており，このことは，教育現場においても，障害のある子どもあるいは保護者が社会的障壁の除去を望んでおり，それが体制的，財政的に均衡を失した又は過度の負担を課さない場合には，その合理的配慮を提供しなければならないということである。

合理的配慮については，2012年7月の中央教育審議会初等中等教育分科会報告「共生社会の形成に向けたインクルーシブ教育システム構築のための特別支援教育の推進」において定義された。丹野（2014a）は，その観点をTable 3のようにまとめている。

さらに，丹野（2014b）は，自閉症のある児童生徒の指導に当たり，どのような場で教育をするにしても，①教育内容・方法，②支援体制の整備，③施

Table 3 自閉症のある児童生徒の教育における合理的配慮の観点

1	障害のある子どもが，他の子どもと平等に「教育を受ける権利」を共有・行使することを確保するために，学校の設置者及び学校が必要かつ適当な変更・調整を行うこと。
2	障害のある子どもに対し，その状況に応じて，学校教育を受ける場合に個別に必要とされるもの。
3	学校の設置者及び学校に対して，体制面，財政面において，均衡を失した又は過度の負担を課さない「合理的配慮」は，一人一人の障害の状態や教育的ニーズ等に応じて決定されるものである。

(中央教育審議会初等中等教育分科会報告，2012)

設・設備，の観点で個別に必要な配慮をすることが必要であるとしている。Table 4に①教育内容・方法の観点を示す。

Table 4 自閉症のある児童生徒の指導に関する教育内容・方法の観点

1	学習上又は生活上の困難を改善・克服するための配慮
2	学習内容の変更・調整
3	情報・コミュニケーション及び教材の配慮
4	学習機会や体験の確保
5	心理面・健康面の配慮

(丹野，2014)

　石塚（2014）は，「中央教育審議会初等中等教育分科会報告インクルーシブ教育システム」において，「同じ場で共に学ぶことを追求するとともに，自立と社会参加を見据え，その時点での障害のある子どもなどの教育的ニーズに最も的確に応える指導ができる，多様で柔軟な仕組みを整備することが必要であり，また，同じ場で共に学ぶ際にも，どの子どもも授業内容が分かり，学習活動に参加している実感・達成感を得ながら，充実した時間を過ごしつつ，生きる力を身に付けていけるかどうかが最も本質的な視点であり，そのための環境整備が必要であることとしていることを特に重視したい。」としている。

三苫（2014b）は，インクルーシブ教育システムの構築と今後の自閉症の教育・支援の課題として，「障害者の権利条約の批准に伴い，インクルーシブ教育の推進は一段と図られると考える。自閉症の児童生徒の基礎的環境整備や合理的配慮は，学校生活や地域生活に変化をもたらすことが期待される。通常の学級の児童生徒にはお互いの特性を知り認め合う機会にもなり，教職員をはじめ保護者，地域の人々が障害特性についても誤解のない理解が図られる機会となることが期待される。また，自閉症の児童生徒にとっては，授業等への参加のための支援やコミュニケーションの支援ツールの開発・活用の機会が期待される。従前の自閉症の教育とは異なる取組が，自閉症のある人々の生きづらさを減らしていくことになる。自閉症にとって社会参加，社会的自立のための教育・支援が整えられるのか問われている。」として，今後，一人一人のニーズに応じた教育の充実を図りながら，自閉症に特化した教育を作り出していく段階への進展について期待を述べている。

　さらに，国は，障害者が障害のない人と同様に，その能力と適性に応じた雇用の場につくことができるような社会の実現を目指し，障害者基本計画（2002），重点施策実施5か年計画（2007），障害者雇用対策基本方針（2009）のもと，障害者の雇用対策を総合的に推進している。

　以上のように，現在障害者の雇用や社会的自立に対して，さまざまな法整備や支援体制が整いつつある。このことにより，学校や行政，関係諸機関の取り組みは進んだが，一方で生きづらさに対する社会の理解は十分に深まっていない現状もある。

　今後は，共生社会の実現に向けて関係者のさらなる歩みが求められている。

第三節　キャリア教育推進の経緯

1　学習指導要領におけるキャリア教育の位置付け

　1999 年の中央教育審議会答申「初等中等教育と高等教育との接続の改善について」以降，キャリア教育は教育改革の重点行動計画に位置付けられ，様々な施策が進められてきた。また，その一つとして特別支援学校高等部学習指導要領（2009 年 3 月），さらに，特別支援学校学習指導要領解説総則等編（幼稚部・小学部・中学部）（2009 年 6 月）に「キャリア教育」の文言が明記された。明記された箇所を Table 5 に示す。
　なお，明記された「キャリア教育」の部分に下線を示す。
　以上のことから，特別支援教育においても早期からの組織的な取り組みによるキャリア教育の推進が求められ，学校現場ではキャリア教育への関心が高まってきている。
　特別支援学校学習指導要領解説総則等編（高等部）（2009 年 12 月）の中では，これまで以上に職業教育・進路指導の充実を図ることが求められ，キャリア教育を推進するためには，①地域や産業界等との連携を図り，産業現場等における長期間の実習を取り入れるなどの就業体験の機会を積極的に設けるとともに，地域や産業界等の人々の協力を積極的に得るよう配慮するものとすること，②家庭及び地域や福祉，労働等の関係機関との連携を十分に図る，等が挙げられており，就労につながる職業教育の一層の充実が課題となっている。
　以上のような流れを受け，2009 年 3 月に告示された特別支援学校学習指導要領の改訂の基本方針を踏まえ，特別支援学校高等部学習指導要領総則に，職業教育に当たって配慮すべき事項及び教育課程の実施等に当たって配慮すべき事項等，進路指導の充実に関するキャリア教育の推進が規定され，改め

Table 5 学習指導要領等におけるキャリア教育に関する記述

学習指導要領等	項目	内容
特別支援学校高等部学習指導要領（2009年3月）	第一章総則第2節第4款教育課程の編成・実施に当たって配慮すべき事項4職業教育に関して配慮すべき事項(3)	・学校においては，キャリア教育を推進するために，地域や学校の実態，生徒の特性，進路等を考慮し，地域及び産業界や労働等の業務を行う関係機関との連携を図り，産業現場等における長期間の実習を取り入れるなど就業体験の機会を積極的に設けるとともに，地域や産業界等の人々の協力を積極的に得るよう配慮するものとする。
特別支援学校高等部学習指導要領（2009年3月）	同5教育課程の実施等に当たって配慮すべき事項(6)	・生徒が自己の在り方生き方を考え，主体的に進路を選択することができるよう，校内の組織体制を整備し，教師間の相互の連携を図りながら，学校の教育活動全体を通じ，計画的，組織的な進路指導を行い，キャリア教育を推進すること。
特別支援学校学習指導要領解説総則等編（幼稚部・小学部・中学部）（2009年6月）	第1章教育課程の編成及び実施第6節教育課程実施上の配慮事項5生徒指導及び進路指導の充実(2)（学習指導要領では，第1章第2節第4の2(5)に該当）	・中学部における進路指導については，進路指導が生徒の生き方の指導であることを踏まえ，生徒の意欲や努力を重視することが重要である。また，進路指導が生徒の勤労観・職業観を育てるキャリア教育の一環として重要な役割を果たすものであること，学ぶ意義の実感にもつながることなどを踏まえて指導を行うことが大切である。

て職業教育や進路指導，教育課程を見直す契機となっている。

2　我が国におけるキャリア教育推進の経緯及び概要

　菊地（2011a）は，我が国におけるキャリア教育推進の経緯及び概要をTable 6のようにまとめている。これをもとに，我が国におけるキャリア教育推進の経緯及び概要について述べる。

Table 6 キャリア教育推進の経緯及び概要

1998	「職業教育及び進路指導に関する基礎的研究」
	職業教育・進路指導研究会（代表　仙崎　武　氏）
1999 2000	
	「初等中等教育と高等教育との接続の改善について」
	中央教育審議会答申
2002	「児童生徒の職業観・勤労観を育む教育の推進について」
	国立教育政策研究所生徒指導研究センター
2004	「キャリア教育の推進に関する総合的調査研究協力者会議報告書」
	国立教育政策研究所生徒指導研究センター
2006	「小学校・中学校・高等学校キャリア教育推進の手引き」
	文部科学省
2008	「知的障害者の確かな就労を実現するための指導内容・方法に関する研究」
	国立特別支援教育総合研究所
2009	「特別支援学校高等部学習指導要領」
	文部科学省
2011	「今後の学校教育におけるキャリア教育・職業教育の在り方について」
	中央教育審議会答申

（菊地，2011 の表を参考に加筆）

（1）「職業教育及び進路指導に関する基礎的研究」職業教育・進路指導研究会
　1998 年に，職業教育・進路指導研究会は，「職業教育及び進路指導に関する基礎的研究」の中で，本来求められる進路指導を実践に移すために，キャリア発達能力を育成することを目標とした進路指導の構造化モデルの開発を行った。
　アメリカの代表的な能力モデルやデンマークのモデル等を研究する過程の中で，キャリア発達の促進を目標とした教育プログラムについて，国内外の理論や実践モデル等を分析し，児童生徒が発達課題を達成していくことで，一人一人がキャリア形成能力を獲得していくことが共通した考え方となって

いることを見い出している。

　従来の日本における進路指導では，生徒の発達に十分な配慮がなされず，実践課題に焦点が当てられていることが多く，キャリア発達的視点で生徒の能力を育てるという視点が乏しいことが指摘されていた。キャリア発達的視点に立つということは，同じ能力を段階的に積み重ねることで，進路選択時点などにおいてそれらの能力を具体的行動として生かせるように育成することを意味しており，欧米における職業教育の実践をそのまま模倣することは意味がないと結論付けている。

　また，進路指導の在り方について，「単に子どもたちの進路の選択・決定をめぐる不透明感や混乱状態にあるのではなく，それを認識し，整理し，方向付けする理論的枠組みや概念が不明確である点にある。」と，問題点を指摘し，さらに，各学校段階で従来取り組んできた様々な活動に注目し，特に小学校では社会性の育成，中学校，高等学校では主として在り方生き方の指導や進路指導の具体的な活動をできる限り網羅的に抽出した上で，それらの活動を4領域12能力の枠組みに沿って分類・整理を試みている。

　進路指導の構造化のための概念モデルを Table 7 に示す。

　以上のような経緯で生まれた能力の枠組みはのちにさらに検討され，現在広く知られる4領域8能力となった。

（2）「初等中等教育と高等教育との接続の改善について」中央教育審議会答申
　1999年には，中央教育審議会が，「初等中等教育と高等教育との接続の改善について（答申）」において，生涯にわたるキャリア形成を支援する観点から，従来の学校種ごとの考え方や，教育界，産業界ごとの立場を越えて，各界が一体となって取り組む必要性について，現状分析から具体的方策までを網羅的に提言している。幼児期の教育から高等教育までをとおしたキャリア教育・職業教育の在り方をまとめた答申は過去に例がなく，方策的にもキャリア教育はさらに重要視されてきていると言える。

Table 7 　進路指導の構造化のための概念モデル（4領域12能力）

領域		能力
キャリア設計能力領域	能力1	生活上の役割把握能力
	能力2	仕事における役割認識能力
	能力3	キャリア設計の必要性および過程理解能力
キャリア情報探索・活用能力領域	能力4	啓発的経験への取組能力
	能力5	キャリア情報活用能力
	能力6	学業と職業とを関連付ける能力
	能力7	キャリアの社会的機能理解能力
意思決定能力領域	能力8	意思決定能力
	能力9	生き方選択能力
	能力10	課題解決・自己実現能力
人間関係領域	能力11	自己理解・人間尊重能力
	能力12	人間関係形成能力

（職業教育・進路指導研究会，1998）

　また，この答申において，我が国ではじめて「キャリア教育」という文言が明記された。具体的には，「キャリア教育」を「望ましい職業観・勤労観及び職業に関する知識や技術を身に付けさせるとともに，自己の個性を理解し，主体的に進路選択する能力・態度を育てる教育」と意義付け，学校生活と職業生活の接続の改善のための具体的方策としてキャリア教育を小学校段階から発達段階に応じて実施する必要があるとしている。

　さらに，第6章学校教育と職業生活との接続の中では，「新規学卒者のフリーター志向が高等学校卒業者の約9％を占めたり，新規学卒者の就職後3年以内の離職も，労働省（現，厚生労働省）の調査によれば，新規高卒者で約47％，新規大卒者で約32％に達していたりする。」とし，学校教育と職業生活との接続に課題があることを述べている。

（3）「児童生徒の職業観・勤労観を育む教育の推進について」国立教育政策研究所生徒指導研究センター

2002年11月には，国立教育政策研究所生徒指導研究センターが，「児童生徒の職業観・勤労観を育む教育の推進について（調査研究報告書）」を報告した。

同報告書では，子どもたちの進路・発達を巡る環境の変化について数々のデータをもとに分析し，職業観・勤労観の育成等にかかる取組の現状と課題や，各学校段階等において取り組むべき主要な職業的（進路）課題について分析・検討するとともに，職業観・勤労観を育むための小・中・高一貫した系統的な学習プログラムの枠組み（例）等についてまとめている。また，学校段階における職業的（進路）発達課題について解説するとともに，「職業観・勤労観」については，「職業や勤労についての知識・理解及びそれらが人生で果たす意義や役割についての個々人の認識であり，職業・勤労に対する見方・考え方，態度等を内容とする価値観である。その意味で，職業・勤労を媒体とした人生観というべきものであって，人が職業や勤労をとおしてどのような生き方を選択するのかの基準となり，また，その後の生活によりよく適応するための基盤となるものである。」と定義付けている。さらに，本調査研究で開発した「職業観・勤労観を育むための学習プログラムの枠組み（例）」は，「職業教育・進路指導に関する基礎的研究」において開発された「4つの能力を発達させる進路指導活動モデル」の成果を参考にしつつ，直接・間接に職業観・勤労観の形成の支えになると同時に，職業観・勤労観に支えられて発達する能力・態度にはどのようなものがあるかという視点に立って，各学校段階で育成することが期待される能力・態度を改めて検討して作成したものである。その際，新たに小・中・高等学校の各段階における職業的（進路）発達課題を検討・整理し，これらの課題達成との関連で上記の具体的な能力・態度を示すことができるように構成するとともに，能力領域については人間関係形成能力，情報活用能力，将来設計能力，意思決定能力の4つの能力領

Table 8 職業的（進路）発達にかかわる諸能力

領域	領域説明	能力説明
人間関係形成能力	他者の個性を尊重し，自己の個性を発揮しながら，様々な人々とコミュニケーションを図り，協力・共同してものごとに取り組む。	【自他の理解能力】自己理解を深め，他者の多様な個性を理解し，互いに認め合うことを大切にして行動していく能力 【コミュニケーション能力】多様な集団・組織の中で，コミュニケーションや豊かな人間関係を築きながら，自己の成長を果たしていく能力
情報活用能力	学ぶこと・働くことの意義や役割及びその多様性を理解し，幅広く情報を活用して，自己の進路や生き方の選択に生かす。	【情報収集・探索能力】進路や職業等に関する様々な情報を収集・探索するとともに，必要な情報を選択・活用し，自己の進路や生き方を考えていく能力 【職業理解能力】様々な体験等をとおして，学校で学ぶことと社会・職業生活との関連や，今しなければならないことなどを理解していく能力
将来設計能力	夢や希望をもって将来の生き方や生活を考え，社会の現実を踏まえながら，前向きに自己の将来を設計する。	【役割把握・認識能力】生活・仕事上の多様な役割や意義及びその関連等を理解し，自己の果たすべき役割等についての認識を深めていく能力 【計画実行能力】目標とすべき将来の生き方や進路を考え，それを実現するための進路計画を立て，実際の選択行動等で実行していく能力
意思決定能力	自らの意志と責任でよりよい選択・決定を行うとともに，その過程での課題や葛藤に積極的に取り組み克服する。	【選択能力】様々な選択肢について比較検討したり，葛藤を克服したりして，主体的に判断し，自らにふさわしい選択・決定を行っていく能力 【課題解決能力】意思決定に伴う責任を受け入れ，選択結果に適応するとともに，希望する進路の実現に向け，自ら課題を設定してその解決に取り組む能力

(国立教育政策研究所生徒指導研究センター，2002)

域に大別し，児童生徒の成長の各時期において身に付けることが期待される能力・態度などとして例示している。

　Table 8 は，「職業観・勤労観を育む学習プログラムの枠組み（例）－職業的（進路）発達にかかわる諸能力の育成の視点から－」の中の，職業的（進路）発達にかかわる諸能力における4つの能力の説明と，さらにそれぞれを2つの

下位能力に分けた例を示したものである。

（4）「キャリア教育の推進に関する総合的調査研究協力者会議報告書」国立教育政策研究所生徒指導研究センター

本報告書（2004）では，キャリアを「個々人が生涯にわたって遂行する様々な立場や役割の連鎖及びその過程における自己と働くこととの関連付けや価値付けの累積」とし，キャリア教育をキャリア概念に基づき，「児童生徒一人一人のキャリア発達を支援し，それぞれにふさわしいキャリアを形成していくために必要な意欲・態度や能力を育てる教育」と捉え，端的には「児童生徒一人一人の勤労観，職業観を育てる教育」と定義付けた。また，この中では，「学校の教育活動全体を通じて，児童生徒の発達段階に応じた組織的・系統的なキャリア教育の推進が必要であること」，「キャリア発達を促す指導と進路決定のための指導とを，一連の流れとして系統的に調和をとって展開することが求められること」等，職業教育と進路指導の充実に必要な視点が報告されている。

その後，内閣官房，内閣府，文部科学省，厚生労働省，経済産業省による「若者自立・挑戦のためのアクションプラン（改訂）」（2006）の取り組みや，「キャリア教育推進プラン－自分でつかもう自分の人生を－」（2007）が策定されたりして，キャリア教育のさらなる充実が図られてきた。

さらに，本報告書ではキャリア教育の意義を「一人一人のキャリア発達や個としての自立を促すという視点から，従来の教育の在り方を幅広く見直し，改革していくための理念と方向性を示すもの」と示している点にも留意する必要がある。

（5）「小学校・中学校・高等学校キャリア教育推進の手引き」文部科学省

本手引き（2006）では，キャリア教育を，「キャリア概念に基づいて，児童生徒一人一人のキャリア発達を支援し，それぞれにふさわしいキャリアを形

成していくために必要な意欲・態度や能力を育てる教育」と定義付けた。

　キャリアとは、「個々人が生涯にわたって遂行する様々な立場や役割の連鎖及びその過程における自己と働くこととの関係付けや価値付けの累積」、さらに、「一般に生涯にわたる経歴、専門的技能を要する職業についていること」のほか、解釈、意味付けは多様であるが、その中にも共通する概念と意味がある。それは、キャリアが個人と働くこととの関係の上に成立する概念であり、個人から切り離して考えることはできないということである。

　また、働くことについては、職業生活以外にも家事や学校での係活動、あるいは、ボランティア活動などの多様な活動があることなどから、個人がその学校生活、職業生活、家庭生活、市民生活等のすべての生活の中で経験する様々な立場や役割を遂行する活動として幅広く捉える必要がある。

　さらに、本手引きでは、キャリア発達について、「発達とは生涯にわたる変化の過程であり、人が環境に適応する能力を獲得していく過程である。その中でキャリア発達とは、自己の知的、身体的、情緒的、社会的な特徴を一人一人の生き方として統合していく過程である。」と定義付けた。具体的には、過去、現在、将来の自分を考えて、社会の中で果たす役割や生き方を展望し、実現することがキャリア発達の過程であるとした。

（6）「知的障害者の確かな就労を実現するための指導内容・方法に関する研究」国立特別支援教育総合研究所

　国立特別支援教育総合研究所は、2006年度～2007年度の研究において、我が国におけるキャリア教育概念を踏まえた知的障害者のキャリア教育の方向性について検討し、「キャリア発達段階・内容表（試案）」の作成を行った。

　この研究では、残された課題として、試案の捉え方及びこれに基づく重視すべき教育内容や観点について障害の多様化を踏まえた実践的な検証の必要性が挙げられていた。

　本研究では、小・中・高等部を設置する特別支援学校及び特別支援学級（知

的障害）を中心に，ライフキャリアの視点から，キャリア教育の在り方を整理するとともに，研究協力校における実践の成果にもとづく「キャリア発達段階・内容表（試案）」の検証を行い，障害の多様化に対応する実践的なモデルを検討し，知的障害教育における「キャリア教育充実のためのガイドブック（仮称）」を作成することを目的とした。

具体的な成果としては，「知的障害のある児童のキャリア発達段階・内容表（試案）」（2008）を提案し，その後，「知的障害のある児童生徒のキャリアプラン・マトリックス（試案）」（2010）に改訂している。

（7）「今後の学校教育におけるキャリア教育・職業教育の在り方について」中央教育審議会答申

本答申（2011）は，同審議会内のキャリア教育・職業教育特別部会における審議をもとに作成されたが，その中で，今後のキャリア教育の基本的方向性として挙げられた二点を Table 9 に示す。

Table 9　今後のキャリア教育の基本的方向性

1	幼児期の教育から高等教育まで体系的にキャリア教育を進めること。その中心として，基礎的・汎用的能力を確実に育成するとともに，社会・職業との関連を重視し，実践的・体験的な活動を充実すること。
2	学校は，生涯にわたり社会人・職業人としてのキャリア形成を支援していく機能の充実を図ること。

（今後の学校教育におけるキャリア教育・職業教育の在り方について，2011）

また，本答申では，各学校段階における推進のポイントが述べられている。その中から，特別支援教育に関する部分を Table 10 に示す。

さらに，本答申では，キャリア教育の新たな定義を「一人一人の社会的・職業的自立に向け，必要な基盤となる能力や態度を育てることをとおしてキャリア発達を促す教育」と示した。定義を理解する上で留意すべきポイントとして菊池（2013）が挙げた三点を Table 11 に示す。

Table 10　各学校段階における推進のポイント

【特別支援教育】

1	特別支援教育は，発達障害を含め障害のある児童生徒に対し，その自立や社会参加に向けてもてる力を伸ばすという観点から，適切な指導及び必要な支援を行うものである。
2	障害のある児童生徒については，先述の各学校段階において示した考え方に加え，個々の障害の状況に応じたきめ細かい指導・支援の下で，適切なキャリア教育を行うことが重要である。
3	障害のある児童生徒については，自己の抱える学習や社会生活上の困難について総合的に適切な認識・理解を深め，困難さを乗り越えるための能力や対処方法を身に付けるとともに，職業適性を幅広く切り開くことができるよう，個々の特性・ニーズにきめ細かく対応し，職場体験活動の機会の拡大や体系的なソーシャルスキル・トレーニングの導入等，適切な指導や支援を行うことが必要である。
4	その際，学校は，医療・福祉・保健・労働等の関係機関との連携により作成した個別の教育支援計画を活用して，生徒や保護者の希望も尊重しながら，生徒が主体的に自らの進路を選択・決定できるよう，適切な時期に必要な情報を提供するなど，進路指導の充実に努めることが重要である。

（今後の学校教育におけるキャリア教育・職業教育の在り方について，2011）

以上，我が国におけるキャリア教育推進の経緯及び概要について整理した。

Table 11 の菊池が示したポイントから考えると，キャリア教育とはただ単に就労することを目指すのではなく，その人の生活にとって必要なさまざまな能力を獲得し，それらを活用しながら社会の一員として豊かな生活を送ることを目指すことであるということが言える。

また，菊池 (2011b) は，「彼らのキャリア発達をより促すためには，関係諸機関との連携・協働による取り組みをとおして，実際場面での成功体験を積み重ねることが求められる。」として，支援ネットワークを機能させるとともに，学校内完結に終始しない教育の充実を図る必要性について述べている。

ASD 生徒の進路指導においては，産業現場等における実習（以下，「現場実習」）など就労に向けて，一般企業及び各事業所，関係諸機関等と連携した適切な就労移行支援が求められるが，その際，生徒の知的能力だけではなく，

Table 11 キャリア教育の新たな定義を理解する上での留意事項

1	ここでいう自立とは，一般就労を中心とした職業的自立のみを目指したものではなく，より広義の自立を目指したものである。
2	本定義で示される「能力や態度」とは，広義の自立のための基盤・土台となる能力や態度を意味するものである。すなわちこれらは，後期中等教育の段階になってから特定の活動において育成されるものではなく，幼児期の活動及び初等教育段階から教育課程全体をとおして取り組むべきものである。
3	キャリア教育とは，「育てたい力の枠組みの例」としてこれまで示されてきた「4領域8能力」(国立教育政策研究所，2002)や本答申で示された「基礎的・汎用的能力」等の育成のみを意味するのではない。例示されている能力や態度の育成を「とおして」，キャリア発達を促すことであり，児童生徒本人が経験するさまざまな物事との向き合い方に変化を促す教育である。

(菊池，2013)

環境との相互作用の部分を併せてアセスメントしていく必要がある。

Table 12は，渡辺(2007)が示したキャリアの定義の基本要素である。

Table 12 キャリアの定義の基本要素

1	人と環境との相互作用の結果
2	時間的流れ
3	空間的広がり
4	個別性

(渡辺，2007)

基本要素の中に，「人と環境との相互作用の結果」が挙げられているが，このことは，「career development」がキャリア発達という意味の他に，環境開発的意味をもつこととも重なっている。

梅永(2002)は，「近年，自閉症児者へのアプローチに対し，障害のある人のみを変えるといった発想だけではなく，TEACCH (Treatment and Education of Autistic and related Communication handicapped Children，以下「TEACCH」) プログラムのように，なんらかの環境側からのアプローチによって自立が可能

になることが知られてきている。就労支援では、このような発想が極めて重要であり、仕事に利用者を合わせるのではなく、どのような支援を行えば、働く意欲のある障害者の職業的自立を果たせるのか、といった視点をもつことが大切である。」と、就労支援を成功させるには、環境との相互作用の部分をしっかりアセスメントし、自閉症の周りの環境を自閉症の人たちに分かりやすく整えること（構造化）によって、自閉症の人たちの自立を促すことの大切さを述べている。

なお、ここで挙げられた TEACCH の考え方は、2001 年から始まった ICF（International Classification of Functioning, Disability and Health：国際生活機能分類、以下「ICF」）における「障害とは障害者本人が有するものではなく、人と環境との間に存在するものであり、環境を整えることによって障害ではなくなるという視点」に通じている。

これらのことから、キャリア教育で求められる能力を育て、環境との相互作用の部分も併せてアセスメントしながら、キャリア教育を進めていく必要がある。

第四節　ASD 児者への就労支援の現状と課題

1　ASD 児者の就職率

2005 年に施行された発達障害者支援法においては、発達障害のある人々に対する自立及び社会参加に資するよう、その生活全般にわたる一貫した支援について定められている。

就労支援に関する内容としては、公共職業安定所、地域障害者職業センター、地域障害者就業・生活支援センター等、関係諸機関との連携を確保し、発達障害者の特性に応じた適切な就労の機会の確保に努めることや、発達障害者が就労のための準備を適切に行えるようにするための支援が学校におい

て行われるよう必要な措置を講じる等，具体的に述べられている．しかし，施行後10年経過した段階においては，特に，ASD者の就労をどのように支援するかが大きな課題となっている．

この法律の施行により，全国に発達障害者支援センターが89ヶ所設置（2014年10月現在）された．このような中，近藤（2009）は，全国6ヶ所の発達障害者支援センターを対象に，実態サンプル調査を実施している．この調査では，来所者の58％が20代，25％が30代となっており，20代，30代で9割近くを占めていた．そして，彼らの学歴は大学，大学院，短大，専門学校といった高等教育を卒業した人が全体の55％に達している．障害の種類はAS等のASDが66％，ASが含まれているかもしれない未診断者を含めると88％となっている．つまり，高学歴のASD者が圧倒的に多いことが分かる．彼らの相談時の主訴は，就労が47％となっており，相談者の約半数が就労に関する支援を求めて発達障害者支援センターを訪れているという結果になっている．

近藤は，発達障害者支援センターに相談に訪れる知的障害を合併しない人たちの特徴をTable 13のように示している．

Table 13 発達障害者支援センターに相談に訪れる知的障害を合併しない人たちの特徴

1	自閉症スペクトラム圏が多数
2	20歳〜30歳代前半の若年層が多数
3	同世代の一般の若年層同様の最終学歴
4	障害者手帳の交付を受けている人は半数
5	多くが就労や進路を主訴に相談に訪れる

（近藤，2009）

このように，就労に対する支援を求めているASD者は多くみられるが，実際には，就労になかなか結びつかないなどの現状が窺える．

小川（2012）は，発達障害者支援センターでの就労相談の内容について，

「就労を主訴としながらも,診断,障害理解,手帳取得,生活リズムの改善,経済的問題などがみられる。」としている。このように,本格的な就労支援に入る以前の生活や生き方に関わる多様な相談の内容が含まれていることも理解できる。

では,実際に,就労に対する支援を求めている ASD 者の現状についてみてみる。

厚生労働省の公共職業安定所における知的障害者等の職業紹介状況（2014）によると,知的障害を伴わない自閉症及び AS の就職率は Table 14 のようになっている。

Table 14 公共職業安定所における職業紹介状況（就職率）

年度	自閉症（知的障害を伴わない者）		AS	
	新規求職申込件数	就職件数（就職率）	新規求職申込件数	就職件数（就職率）
2005 年度	31	9 (29.0%)	83	23 (27.7%)
2006 年度	51	18 (35.3%)	118	46 (39.0%)
2007 年度	76	20 (26.3%)	159	53 (33.3%)
2008 年度	69	14 (20.3%)	228	62 (27.2%)
2009 年度	84	23 (27.4%)	323	72 (22.3%)
2010 年度	80	12 (15.0%)	334	112 (33.5%)
2011 年度	98	18 (18.4%)	463	113 (24.4%)
2012 年度	146	45 (30.8%)	525	195 (37.1%)

（発達障害白書,2014）

まず,自閉症（知的障害を伴わない者）部門をみる。新規求職申込件数では,2005 年度と 2012 年度を比較すると,31 件（2005 年度）から 146 件（2012 年度）と,4.7 倍に増加している。就職件数は,9 件（2005 年度）から 45 件（2012 年度）と,5 倍に増加している。なお,就職率の平均は,25.3%となっている。

次に,AS 部門をみる。新規求職申込件数では,2005 年度と 2012 年度を比較すると,83 件（2005 年度）から,525 件（2012 年度）と,6.3 倍に増加してい

る。就職件数は，23 件（2005 年度）から 195 件（2012 年度）と，8.5 倍に増加している。なお，就職率の平均は 30.6％となっている。

以上のことからも，就労を希望し，新規に公共職業安定所に申込みを行う自閉症及び AS の人たちが増加している現状が伺える。

梅永（2005a）は，青年期に達した自閉症者の就労率に関する調査を Table 15 のようにまとめている。

Table 15　自閉症者の就労率の推移

内容	割合（％）	
全国自閉症児者就労実態調査	2.6	（1981 年 9 月）
同上	6.0	（1988 年 10 月）
同上	6.9	（1990 年 2 月）
小林隆児	21.8	（1990 年 4 月）
国立特殊教育総合研究所	18.5	（1994 年 3 月）
自閉の生徒の就労研究会	21.3	（1995 年 5 月）

（梅永，2005）

この報告によると，日本自閉症協会，小林隆児，国立特殊教育総合研究所，自閉の生徒の就労研究会などが実施している。

ASD 者の就労率の推移を表した最も新しい報告は，養護学校高等部の自閉症卒業生の進路についての「自閉の生徒の就労研究会」の調査となっており，その中で，中根（1995）らは，青年期に達した自閉症者の約 5 人に 1 人は職業的自立を果たしていることになるが，逆に 5 人に 4 人は一般就労以外の道をたどっていると指摘している。一般就労以外の進路としては，小規模作業所，更生施設，授産施設などの福祉的就労が主な進路先となっている。

また，1994 年に国立特殊教育総合研究所が行った調査では，知的障害養護学校の高等部及び中等部の自閉症者の進路に関して，一般就労以外では，小規模作業所，更生施設，授産施設などの福祉的就労が主な進路先になっていると報告されている。ただし，これらのデータは，養護学校卒業の生徒を対

象とした調査であり，通常学校卒業後に診断を受けた人は対象となっておらず，高機能の ASD 者を対象とした就労率に関するデータはまだない状況であるが，いずれにしても ASD 者の就労率はまだまだ低く，就労支援の充実が必要とされている。

以上のように自閉症成人の就労・社会参加はきわめて難しいことが報告されている。

一方，就労先の職種別割合については，梅永（2005b）が，「自閉の生徒の就労研究会」による調査結果を Table 16 のようにまとめている。

Table 16 自閉症者の就労職種

職種	割合（％）
製造加工業	65.0
クリーニング業	13.0
飲食業	4.0
卸売り小売業	3.0
農畜産業，林業，漁業	2.0
清掃業	2.0
その他	9.0
無回答／不明	2.0

（自閉の生徒の就労研究会，1995）

職種では，製造加工業が最も多く，ついでクリーニング業になっており，この2つの職種を合わせると約80％を占めている。この結果から，ASD 者の就労先については，地域によってかなり異なってくることも考えられるが，製造加工業やクリーニング業等，あまり複雑な仕事ではない職種や，対人接触を必要とする職種などは少ないことが窺える。

2 ASD 児者の就労上における課題

梅永（2003a）は，成人期に達した我が国の ASD 者に対する支援の中で問題

となっているのは，友人関係・結婚・就労・居住など多岐にわたっているものの，その主要な部分は就労・職業的自立が難しいということを報告している。また，就労支援において仕事中に指摘される問題点について，梅永(1999a) は Table 17 のようにまとめている。

Table 17 自閉症者の就労上の課題

作業能力	1	マイペースで早くやろうという意識がない
	2	流れ作業のペースが合わない
	3	作業が丁寧すぎる
対人行動	1	他の従業員をじっとみつめる
	2	独り言や身体を揺するなどの奇妙な行動を行う
	3	コミュニケーションがうまくとれない
	4	人に近づいたり触ったりすることがある
環境要因	1	音や視覚刺激に敏感で，作業中に席を離れてしまう
	2	ペンキの臭いや暑さなどに反応する
	3	作業内容が変わるとかんしゃくを起こすことがある

(梅永, 1999a)

また，自閉症の療育と地域生活支援について 30 年以上の実績があり，その世界的なモデルになっている米国ノースカロライナ州の TEACCH プログラム (1990) では，自閉症の基本的な問題は意味取りの障害（周囲の情報を的確に理解できない）であることを指摘している。その際，治療教育上の留意点として挙げられたものを Table 18 に示す。

ASD 者が何らかの仕事に従事するときも，これらの障害特性に関する問題が大きな影響を及ぼしていると言える。また，ASD 者の多くが知的障害を重複しているため，療育手帳等を取得し，知的障害者としての就労支援を受ける者が多くみられるのが現状であるが，AS や HFA と呼ばれる，いわゆる手帳を取得できない人たちは，障害者就労支援制度の外に置かれた状況となっているという，制度上の問題も関係している。

Table 18 自閉症者の治療教育上の留意点

1	概念形成や抽象的な思考の理解が困難
2	社会的な関係の発達が困難
3	言語の社会的関係での使用が特に困難
4	自己指向性やセルフコントロール，自己による動機付けが非常に困難
5	音声などの聴覚刺激をうまく処理できない
6	学習した行動を新しい場面に般化・応用が困難
7	自発性，創造性の乏しさ（ルーチンや同一性の要求に基づく行動）

(Mesibov, 1990)

　小川（2005b）は，知的障害を伴わない高機能広汎性発達障害等のある人についても不就労の割合が高く，職業的困難を抱えていることを報告している。その理由として，「コミュニケーションや社会性等の課題が周囲に理解されにくいこと，支援者の職場への介入による職務と環境とのマッチング，障害理解への助言が十分でないこと。」を指摘している。

　日詰（2005）は，AS の人々の就労支援について，「一見流暢に話すが，語義・語用障害からくる様々な生活の困難さをもっていることを，まわりの人々に理解され難く，知的障害のある人々とは異なる次元で深刻な就労問題である。」，また，「AS の人々が職場で常に問題にされることは，それぞれの職場の定式化されたルールと暗黙のルールを理解することが困難である。」とし，対人関係面や職場環境面等における支援の必要性を挙げている。

　また，Howlin（2000）は，「自閉症の人たちが直面している最も大きな問題は，コミュニケーションがうまくとれないこと，指示が理解できないことであり，さらに，認知，社会性，行動上のいろいろな問題が大きな影響を及ぼしている。」とし，特に HFA 者が就労する上で問題となる点について Table 19 のようにまとめている。

　以上のような課題に対して，梅永（2003b）は，「AS や HFA の人たちは，作業能力そのものよりも対人関係に問題がある場合が多いため，多くの

Table 19　HFA 者の職場での問題

1	コミュニケーションがうまくとれない
2	同僚から嫌われる
3	指示がないと仕事ができない
4	不適切な仕事のパターンを作ってしまう
5	変化に対応できない
6	地位が上がったときの問題
7	同僚からのいじめ

(Howlin, 2000)

Chance を与えることにより，対人関係のアセスメントを行い，その調整を図ることが大切である。」とし，彼らに対する就労支援の重要なポイントを示している。

　小川ら (2006) は，ASD 者の就労上の課題について，支援のプロセスに沿った視点から，「職業意識の形成」，「求職活動」，「職場における課題」の三つに整理している。

　一点目の職業意識の形成については，興味や経験が限定される人が多く，現実的な職業意識，職業イメージを形成するためには，一定の意図的支援が必要な例が少なくない。また，経験を振り返ることが苦手で，自分なりの価値観や基準で整理してしまう傾向があったり，苦手な仕事，職場環境，人間関係を認識したりすることができず，繰り返し不向きな仕事に就いてしまうこともある，などが挙げられている。

　二点目の求職活動については，求職活動の段階で，支援者が関与している割合は低く，職業的知識や経験が乏しいこと，求人情報から具体的イメージをもつことが苦手であること等から，職業選択で自らミスマッチの仕事に就いてしまうことが少なくないとしている。また，公共職業安定所の活用の仕方，履歴書の書き方，電話でのアポイントの取り方，面接の受け方など，求職活動で必要とされるスキルが不足していることが多いなどが指摘されてい

る。

　三点目の職場における課題については，様々なコミュニケーション場面における対人関係上の問題を抱えるケースが多い。また，職務遂行上の課題として，巧緻性や作業の丁寧さ，状況判断や作業の同時並行処理，作業の段取りや手順を考えることの困難さ等といった，職務や職責の変化，人事異動などの職場環境の変化に対応できないなどの例が挙げられている。

　このように，ASD者では知的障害を伴わない場合であっても，就労に大きな困難を示し，その困難さは，職業意識の形成から実際の求職活動，就職後の職場適応まで広範にわたっていることが分かる。

　以上のことから，ASD者の具体的な就労支援については，ASD者の特性を理解するだけではなく，一人一人のニーズや能力を知り，企業の求める能力とのマッチングを行うこと，また，その職務に必要なスキルを教育機関や訓練機関で身に付けることなど，企業との間をうまくコーディネートしていく役割を果たしていくことが必要である。

3　ASD児者へのアセスメントの現状と課題

　すべての人間が雇用，就労する権利は，1948年の国際連合による世界人権宣言の中で理念として認められており，知的障害者においても1971年の国連総会で採択された「知的障害者の権利に関する決議」などで障害者の生存権と労働権の保証が国際的に確認されている。この中には，「自己の能力が許す最大限の範囲においてその他の有意義な職業に就く権利を有する。」とあり，「障害者の能力を最大限に引き出すためには，障害者本人を評価する必要があり，雇用，就労をする障害者の評価には，職業前評価 (pre vocational evaluation)，職業評価 (vocational evaluation)，作業評価 (work evaluation) などがある。これらの評価を通じて，障害者本人の能力及び障害者を取り巻く環境である職業に関連した機能が評価される。」と述べられている。

　自閉症のある子どもの実態把握の方法には，スクリーニング，行動観察や

面接，標準化された心理検査などがあり，これらは障害名を確定したり，自閉症のある子どもが抱えている困難を明らかにしたりすることに留まるのではなく，彼らの状態像を正確に把握し課題を明らかにして必要な指導・支援につなげていくためのものとなっている。

霜田 (2014) は，自閉症スペクトラム障害に用いられたことがある検査の一例を Table 20 のように示している。

また，辻井 (2012) は，発達障害児者の支援に携わる全国の医療機関及び福祉機関 (2790 機関) を対象に，医療・福祉機関におけるアセスメントツールの利用実態に関する調査を実施し，その中で，自閉症特性に関する個々のアセスメントツールの利用状況を Table 21 のようにまとめている。

辻井は，この結果について，「全体に PARS (Pervasive Developmental Disorders Autism Society Japan Rating Scale，以下「PARS」) を利用している機関が比較的多く，医療機関，発達障害者支援センター，児童相談所等では，半数前後の機関で用いられている。乳幼児を対象とした検診を行う保健センターでは，M-CHAT (Modified Checklist for Autism in Toddlers，以下「M-CHAT」) の利用割合が比較的高いが，9.5％にとどまっている。自閉症特性に関するツールでは，面接形式の PARS が最も多く用いられており，医療機関，発達障害者支援センター，児童相談所では約半数の機関で利用されていた。質問紙形式の尺度に比しての測定精度の高さと，国際的に広く利用される ADI-R (Autism Diagnostic Interview-Revised)，ADOS (Autism Diagnostic Observation Schedule)，PEP (Psycho educational Profile，以下「PEP」) などの検査に比しての実施の容易さが，PARS の普及を促進する要因になっていると考えられる。ただし，PARS は 3 歳児未満では測定の妥当性が低下する可能性も指摘されており，乳幼児検診を行う保健センターでは 2 歳児までを対象とする M-CHAT の方が比較的多く用いられている。福祉施設・事業所では，特に一般的なアセスメントツールの普及が遅れており，多様な状態像を示す発達障害児者への支援にあたって，知的・認知機能のみならず，生活能力，問題

Table 20 自閉症スペクトラム障害に用いられたことがある検査の一例

1　知的機能や認知スタイルを測定する検査
(1)　田中ビネー知能検査Ⅴ（2歳0ヶ月～13歳11ヶ月，並びに14歳0ヶ月以上）
(2)　WISC-IV（5歳0ヶ月～16歳11ヶ月）
(3)　日本版K-ABC-Ⅱ（2歳6ヶ月～18歳11ヶ月）
(4)　DN-CAS認知評価システム（5歳～17歳11ヶ月）
2　発達を測定する検査
(1)　新版K式発達検査（生後100日頃～満12歳から13歳頃）
(2)　津守・稲毛式乳幼児精神発達診断（1ヶ月～12ヶ月，1歳～3歳，3歳～7歳）
(3)　KIDS乳幼児発達スケール（4タイプあり，タイプTは0歳1ヶ月～6歳11ヶ月）
(4)　TOM心の理論課題検査（3歳～7歳）
3　ASDに関連する検査
(1)　CARS小児自閉症評定尺度（小児期～（成人期））
(2)　PEP-S自閉症・発達障害児教育診断検査（2歳～12歳）
(3)　PARS-TR（幼児期～成人期）
4　言語・コミュニケーションを測定する検査
(1)　PVT-R絵画語い発達検査法（3歳～12歳3ヶ月）
(2)　LCスケール言語・コミュニケーション発達スケール（0歳～6歳11ヶ月）
(3)　LCSA学齢版言語・コミュニケーション発達スケール（小学校1年～4年）
(4)　認知・言語促進プログラム（NC-プログラム）（6ヶ月～6歳）
5　適応行動（生活能力）に関する検査
(1)　新版S-M社会生活能力検査（乳幼児～中学生）
(2)　ASA旭出式社会適応スキル検査（乳児～高校生）

（霜田，2014）

行動，発達障害特性など，幅広い側面について多角的にアセスメントを行うことが難しい現状が示唆された。」とし，これらの理由として，アセスメントの結果を支援に活かす方法や，人員や経費といった機関の制約や限界を訴える内容等を挙げている。

Table 21 自閉症特性に関するツールの利用状況

機関種別	M-CHAT	PARS	CARS	PEP	他 割合(%)
医療機関	42 (19.4)	109 (50.2)	69 (31.8)	36 (16.6)	15 (6.9)
発達障害者センター	4 (9.1)	25 (56.8)	4 (9.1)	12 (27.3)	6 (13.6)
児童相談所	8 (7.3)	46 (42.2)	12 (11.0)	10 (9.2)	5 (4.6)
保健センター	7 (9.5)	4 (5.4)	1 (1.4)	1 (1.4)	0 (0.0)
福祉施設・事業所	1 (0.3)	7 (2.0)	4 (1.1)	6 (1.7)	7 (2.0)
不明	4 (10.0)	7 (17.5)	3 (7.5)	1 (2.5)	2 (5.0)

(辻井ら，2012)

　現在，知的障害特別支援学校においては，アセスメントとして，WISC (Wechsler Intelligence Scale for Children：以下，「WISC」) や WAIS (Wechsler Adult Intelligence Scale：以下，「WAIS」) などの知能検査が多く活用されている。これに対して，梅永 (2014) は，「高校生段階のアセスメントは，16歳までであればWISC，16歳以上であればWAISという知能検査が存在する。しかしながら，WISC，WAISでは，群指数などで能力のばらつきなどの把握が行えるが，知能検査であるため，就職に向けた具体的な指導方針を示すには限界がある。」として知能検査の限界性について述べている。

　また，上岡ら (1999) は，企業に就労した自閉症者の職場適応に関する実態調査を行い，IQと職場適応には相関はなく，むしろIQの低い者が適応がよいということを挙げ，「知的能力の高い者の方が，離職するケースや問題行動が多いなど，知的能力の低い者より高い者に対する指導が，今後の大きな課題である。」としている。

　さらに，杉山ら (1994) は，養護学校高等部卒業後，一般事業所に雇用された自閉症者の就労状況を調査し，就労が安定している群（就労安定群）と，転職等の就労が不安定な群（就労不安定群）とに分類して，WISCにより両群を比較すると，IQ値の低い者が安定群に多いという結果を示した。また，ASD者の場合，知的障害が重度の者の方が就労状況が良いという事業主に

よる経験的な意見も紹介している。

一方,山田ら(2009)は,知能検査をはじめとする既存の検査でASD者が検査不能となってしまった事例を挙げ,「用いられた検査がASD者の苦手な言語の領域に依存した検査でASD者には不適切であったということや,ASD者の発達の不均衡さや特性が正しく理解されていなかったため,やる気がなくてしないのか,何か障害があるからできないのか専門家が判断しがたかった。」等理由を述べている。

以上のように,知能検査を就労に向けてのアセスメントとして活用することへの課題が挙げられている。

梅永ら(1995)は,AAPEP (Adolescent and Adult Psycho‐Educational Profile:青年期・成人期心理教育診断評価法,以下「AAPEP」)の有効性について触れ,「余暇活動のスキルやコミュニケーション,対人行動など,自閉症者の問題点であるとともに職業生活上必要と考えられる課題の測定が可能となったこと,評価に基づいた職業(前)訓練や職場適応指導における指導目標の選定につなげることができるものである。」とし,さらに,今後,職業評価そのものの変化の必要性を挙げ,「これからの職業評価は身体機能の評価や作業評価から社会スキルの評価へ,そして評価結果で終わる職業評価ではなく,AAPEPのように指導のための職業評価のウェイトが益々必要となるものと考える。」と述べている。

これらのことを参考に,ASD児者の職業評価で求められる視点としてまとめたものをTable 22に示す。

高校生段階では,学校卒業後に社会参加を検討する必要があるため,大人になっての活動を考えたアセスメントを行う必要がある。現在ASDに特化したアセスメントとしては,米国ノースカロライナTEACCH部で開発されたTTAP (TEACCH Transition Assessment Profile,以下「TTAP」)があり,我が国では「自閉症スペクトラムの移行アセスメントプロフィール」と訳されている。

Table 22　ASD児者の職業評価で求められる視点

- コミュニケーションスキルや対人スキルが作業理解，職業的自立への課題となる。
- 就職後の職場適応のために必要となる支援内容及び支援方法の検討の必要性。
- 対人関係のアセスメントの実施とその調整方法の検討。
- 余暇活動のスキルやコミュニケーション，対人行動など，自閉症者の問題点であるとともに職業生活上必要と考えられる課題の測定ができること。
- 職業評価は身体機能の評価や作業評価から社会スキルの評価へ，そして評価結果で終わる職業評価ではなく，AAPEPのように指導のための職業評価へ。
- 自閉症者が職場で必要とされる行動問題をチェックすることにより，職場での支援方法をみつけるための評価。

　これは，知的に重いASDの場合や知的に高いASの場合は，学校内で作業スキルや対人スキルを獲得したとしても，実際の職場でそれらのスキルの般化（応用）が困難である，という課題に対して，TTAPは実習現場でのアセスメントが最も有効とされるアセスメントとなっている。

4　ASD児者の自己理解に関する課題

　2009年に告示された特別支援学校学習指導要領においては，自分の障害を理解することや受容することを，障害に基づく困難の改善・克服のための意欲に関わるものとして捉えている。

　思春期・青年期の特徴として，自分自身のことを客観的にみつめることが多くなり，劣等感を感じたり，自分を責めたり，低い自己像に悩んだりすることがある。それから，周囲の人々や社会との間に大きな距離を感じてしまい，なかなか就労や社会参加に向き合えないという状況になったりすることもある。また，自分と周囲とのズレにも敏感になり，心理的な二次障害も負いやすくなるので，教育的支援においては，社会参加や生きる目的などを明確にし，自己認知を伸ばす指導が重要になる。

　以上のような課題に対して，肯定的に自分の障害特性を知り自己理解を深

めることは，自分の人生を歩んでいくためにも，真の自分に気づいていくためにもとても大切なことである。

古牧（1986）は，「自己理解は，自尊感情と自己認識の二つから成り立ち両者は相互に作用する。また，あるがままの自分でも価値ある人間として認められるという安心感によって，自己理解が築かれていく。」と述べている。

また，障害受容が達成された状態を，一般に障害前とは異なった新しい価値観への転換ができた時期であるとして，障害受容の達成に必要な条件として挙げた四点を Table 23 に示す。

就労支援を行う際に，当事者が障害を受容し，就職のために何を準備して何を解決すればよいのかを的確に自覚している場合，支援者はより効果的・効率的な移行支援計画を提案できる可能性が高い。ただし，このような理想

Table 23　障害受容の達成に必要な条件

1	障害の原因になっている外傷や疾病について，正確な知識をもっていて障害の程度に対する自己評価が客観的評価とほぼ一致している。
2	障害の軽減に工夫したり，機能維持に努力したり，再発防止に留意するなど，積極的な取組が認められる。
3	障害について，こだわりのない態度をもって，抵抗なく話し合える。
4	自分自身満足が得られるような何かを獲得する。

(古牧，1986)

的なケースはそう多くはない。もちろん，障害を受容していなければ支援を利用できないわけではない。しかし，支援を開始する上で，障害を理解していること，言い換えると，障害特性によって就職の困難があることを自覚していることはとても重要である。従って，一般的には職業準備の支援過程で障害受容を深めていく経過をたどる。

障害者職業総合センター（2000）は，障害を受容する過程を Table 24 のように示している。

大谷（2012）は，「発達障害者にとっての障害の受容がもつ意味を捉えるた

Table 24 障害を受容する過程

ステップ	内容
第1ステップ	・自己理解の深化と職業生活設計の見直し。
	・「大人になったら障害ではなくなる」が現実的でないことがうすうす分かってきているが，心理的防衛反応として障害を否認したいという気持ちが強い時期。
	・挫折体験（初職入職の失敗）や喪失体験（失業／一般扱いの正規職員という地位の喪失）からの立ち直りの経験に比べると，健常者としての自己像を否定せざるを得なくなるという経験の意味は大きい。
第2ステップ	・自己理解の揺らぎと職業生活設計の再構築。
	・現実を否認しきることができず，障害を完治することが不可能であることを否定できなくなった結果として起こる混乱の時期。
	・「配慮を求める」事態の延長上に，「一般扱い」の可能性を夢想し，「配慮」の上に成立している安定であるという事実を忘却する。
第3ステップ	・障害受容の深化と職業自立を目指す生活設計の確認。
	・再就職の見通しがたち，療育手帳による社会的不利の軽減の見通しが生まれるなど，現実的な明るい展望が確認されることを前提として，適職観の修正ができるようになる。
第4ステップ	・自立への挑戦。
	・価値の転換が完成し，社会の中で新しい役割を得て活動を始め，その生活に生きがいを感ずるようになる時期。
	・安定した社会的地位に満足し，自立を目指すために活動を開始する。
	・しかし，他人に責任を転嫁し，より力不足の障害者への差別的な行動が起こるなど，社会の障害者差別といじめの構造が，障害者集団の中にあることを体感する。

（障害者職業総合センター，2000）

めには，発達障害者を指導する教員や就労支援者等が捉える発達障害者の自己理解や，発達障害者が捉える自己の理解に基づく障害の改善・克服のための意欲にも，目を向ける必要がある。進路指導を進める上では，関係諸機関との連携は重要であり，特に障害のある生徒に対する社会への移行における協働は不可欠である。」と，教員が就労支援者と協働する場合には，就労支援

者が捉える職業生活に関わる発達障害者の自己の理解を改めて問い直す必要性について述べている。

以上のことから，知的障害特別支援学校高等部の進路指導において，生徒の自己実現を目指し，就労に向けての自己理解を深める支援について検討する必要がある。

第五節　知的障害特別支援学校の現状と課題

1　自閉症教育の必要性

特別支援教育を推進していく中で，自閉症教育の確立へ向けて自閉症の障害特性に配慮した教育を展開することはとても重要である。

大南（2005）は，自閉症児の教育の歩みの中で，「自閉症児に対する学校での教育を進めるため，自閉症児親の会が設立され，一方で，研究者，教職員を中心とした全国情緒障害教育研究会が発足し，情緒障害特殊学級の開設に向けて力が結集された。この流れを受けて，我が国で初めての自閉症児の教育を目的とした学級が，1969年に東京都杉並区立堀之内小学校に設けられた特殊学級（堀之内学級）である。この学級は，従来の精神薄弱特殊学級と区別して情緒障害特殊学級とされた。堀之内小学校の情緒障害特殊学級は，当時，東京都教育委員会が独自に行っていた，通級制を採用したのである。このことが，東京都におけるその後の情緒障害学級の設置運営に大きな影響を与えることとなる。」とし，我が国における自閉症教育の始まりについて経緯を述べている。

また，1979年の養護学校義務化以降は，自閉症のある児童生徒の教育の場として養護学校が利用されるようになった。

自閉症のある児童生徒は，知的障害の程度や随伴する障害の有無によって指導の在り方が異なっており，現在は，知的障害特別支援学校，知的障害特

別支援学級，自閉症・情緒障害特別支援学級，通級による指導，通常の学級と多様化している。

特別支援学校では，2004年に自閉症の幼児児童に対して教育を行う筑波大学附属久里浜養護学校が設置されたが，三苫（2014c）は，「全国の特別支援学校では，自閉症の比率が極めて増加傾向にあるものの，学校教育法の第72条に基づき知的障害特別支援学校で教育がなされており今後の課題となっている。」としている。

知的障害特別支援学校における自閉症児童生徒の比率について Table 25 に示す。

Table 25 知的障害特別支援学校における自閉症児童生徒の比率

	幼稚部	小学部	中学部	高等部	割合（%）
国立特別支援教育総合研究所		14.7	13.9		
（1986）		(29.2)	(28.7)	(22.3)	
国立特別支援教育総合研究所	69.0	34.0	26.5	25.2	
（2004）		(47.5)	(40.8)	(25.2)	
全国特別支援学校知的障害教育校長会（2013）	50.8	46.8	42.5	29.5	

（　）は，自閉症の疑いのある児童及び生徒の値

独立行政法人国立特殊教育総合研究所は，2003年度～2005年度のプロジェクト研究「養護学校等における自閉症を併せ有する幼児児童生徒の特性に応じた教育的支援に関する研究－知的障害養護学校における指導内容，指導法，環境整備を中心に－」の中で，自閉症教育に関する全国調査（2004）を全国の盲・聾・養護学校を対象として実施し，91%から回答を得た。この調査によると，知的障害養護学校に在籍する自閉症のある幼児児童生徒の在籍の割合は，幼稚部69.0%，小学部34.0%（疑いのある児童を含めた値は，47.5%），中学部26.5%（疑いのある生徒を含めた値は，40.8%），高等部25.2%（疑いのある生徒を含めた値は，25.2%）となっており，非常に高い割合で在籍していることが

分かる。

　また,「自閉症の疑いあり」を含めると,在籍率は小学部47.5％,中学部40.8％に達したが,自閉症の特性に応じた指導を学校や学部全体で進めているのは24～26％にとどまっており,対応の遅れが浮き彫りになっている。同研究所は「自閉症の子どもの教育は知的障害とは別に考えるべきである。」と指摘し,個々の教員に頼るのは限界があり,指導のノウハウを共有するなど組織的対応が緊急の課題であることを述べている。

　全国特別支援学校知的障害教育校長会の2007年度の全国特別支援学校長会研究紀要には,自閉症の児童生徒の在籍状況の増加が続き,特に高等部での発達障害の生徒の増加がみられることが報告されている。その中の教育課程の改善についての調査では,自閉症の教育課程を「編成している」が24校（5％）,「編成はしていないが配慮した指導をしている」が352校（71％）,「編成はしていない」が121校（24％）となっている。また自閉症の教育に対応する施設設備の調査では,教室の構造化や視覚支援等の教材・教具の活用が挙げられている。障害の多様化,重複化の傾向が進んでいる現状を踏まえ,課題として,「従来の知的障害教育に加え,各分野の専門性を備えた教員の確保,障害に応じた指導体制と教育課程の研究整備が急務となっている。」と報告されている。

　全国特別支援学校知的障害教育校長会の調べ（2013）では,知的障害を併せ有する自閉症の児童生徒（自閉的傾向含む）の在籍の割合は,幼稚部50.8％,小学部46.8％,中学部42.5％,高等部29.5％となっている。この調査の中で,学部毎の学級編制状況をみてみると,小学部では80.0％,中学部では83.0％,高等部では85.0％の学校において,学級の中に,自閉症の児童生徒が在籍している状況があり,その中には,自閉症の児童生徒だけで学級が構成されている場合も多くある。

　知的障害特別支援学校において,自閉症の児童生徒の在籍状況を踏まえれば,自閉症の児童生徒への教育的対応に係わる教員の専門性向上がますます

2　自閉症の障害特性を考慮した教育課程

2003 年 3 月の文部科学省「特別支援教育の在り方に関する調査研究協力者会議」の「今後の特別支援教育の在り方について（最終報告）」で，小・中学校において，LD，ADHD，HFA の児童生徒への教育的支援を行うための総合的な体制を早急に確立することが必要であると提言された。それを踏まえ文部科学省では，従来の特殊教育の枠組みでは十分な支援が行われていなかった知的な遅れのない LD，ADHD，HFA 等の発達障害について教育的な対応を検討してきた。

そして，2006 年 4 月の学校教育法施行規則の一部改正により，LD 者及び ADHD 者が新たに通級による指導の対象となり，また，これと併せて情緒障害者の分類が整理され，自閉症が独立の号として規定された。学校教育法施行規則の一部改正について Table 26 に示す。

自閉症児への教育的対応については，知的障害を伴う場合は，知的障害養護学校や知的障害特殊学級で，知的障害を伴わない場合は，情緒障害特殊学級，情緒障害の通級指導教室等で対応することとなっている。知的障害を伴う自閉症児については，「21 世紀の特殊教育の在り方について：一人一人のニーズに応じた特別な支援の在り方について（最終報告）」（21 世紀の特殊教育の在り方に関する調査研究協力者会議，2001）の中で，「知的障害を伴う自閉症児については，知的障害養護学校等でこれまで培われた実践により，卒業後の望ましい社会参加を実現している例も多いが，知的障害教育の内容や方法だけでは適切な指導がなされない場合もあり，知的障害と自閉症を併せ有する児童生徒等に対し，この二つの障害の違いを考慮しつつ，障害の特性に応じた対応について今後も研究が必要である。」と述べられている。

これに対して，木村（2012）は，「この指摘は，自閉症のある児童生徒に対する教育的対応の在り方を大きく転換していく契機になった。この後，各地

Table 26　学校教育法施行規則の一部改正

改正前		改正後	
第1号	言語障害者	第1号	言語障害者
第2号	情緒障害者	第2号	自閉症者
	自閉症等	第3号	情緒障害者
	選択性かん黙等		選択性かん黙等
第3号	弱視者	第4号	弱視者
第4号	難聴者	第5号	難聴者
第5号	その他心身に故障のある者で，本項の規定により特別の教育課程による教育を行うことが適当なもの	第6号	学習障害者
		第7号	注意欠陥・多動性障害者
		第8号	その他心身に故障のある者で，本項の規定により特別の教育課程による教育を行うことが適当なもの

(2006)

域・学校において，自閉症のある児童生徒の教育的対応に関する研究開発が急速に進んでいくことになったのである。」とし，自閉症のある人々に対する理解や環境づくり，支援の在り方に関する知見の整備の必要性と緊急性について述べている。

　この答申の指摘を受ける形で，国立特別支援教育総合研究所（旧，国立特殊教育総合研究所）は，「養護学校等における自閉症を併せ有する幼児児童生徒の特性に応じた教育的支援に関する研究」(2003年度〜2005年度) を行っている。3年間の研究のまとめとして，①知的障害と自閉症はまったく異なる障害である，②知的障害と自閉症を併せ有することは，知的発達の遅れを伴う自閉症と理解すべきである，③知的障害養護学校でこれまで培われてきた実践が参考になる部分はあるが，自閉症を伴う知的障害児という知的障害のバリエーションとして自閉症に対応すべきではない，という三点を挙げている。

　このように，アンバランスかつ特有の認知特性と，三つ組みといわれる症状，感覚の過敏性などに加えて知的障害の遅れが混在し，多種多様の状態像

を示す自閉症の児童生徒への教育的対応においては，教育及び支援の主軸はあくまで，自閉症の障害特性におくべきであるということが示されている。

三苫（2003a）は，自閉症への教育的対応として知的障害とは異なる対応が必要となる点を Table 27 のように示している。

Table 27 自閉症児への教育的対応

1	構造化が必要である。
2	決まったパターン，分かりやすいスケジュール等が必要である。
3	重点を置く課題は，コミュニケーションと社会性である。
4	集団による学習より個別化された学習の時間や内容が必要である。
5	落ち着ける環境として教室環境を整えることが必要である。
6	行事等では，内容や活用する環境を整える必要がある。

（三苫，2003a）

さらに，三苫（2003b）は，自閉症の障害特性を考慮して，自閉症にとっての教育課程の編成を想定した場合の留意点を Table 28 のように示している。

各学年段階で，教育内容，週時程，各教科等，自立活動，行事，交流，余暇活動，職業教育，地域生活等，教育課程と関係した内容を検討していくことになる。これらのことから，自閉症として一括りで画一的な内容を配置することのないように，生活年齢を重視し，その段階で必要な指導を進めることで，一人一人の自閉症児の違いを考慮した教育内容・方法が実施できるよう十分検討する必要がある。

なお，稲葉ら（2013）は，自閉症に特化した自閉症学級の編成について，「東京都立中野養護学校，小金井養護学校等で始まり，2004 年度には筑波大学附属久里浜養護学校が自閉症に特化した学校として設置された。2006 年度からは岐阜県立大垣養護学校，高知大学教育学部附属養護学校等多くの学校で自閉症学級が設置されている。さらに，2007 年に東京都教育委員会は，2010 年までに小・中学部を設置するすべての知的障害特別支援学校に自閉症学級を設置することを明記した第二次特別支援教育推進計画を策定した。このよ

Table 28 特化された教育課程編成上の留意点

1	移行の視点をもつ，実際の生活と連携した教育内容の設定をする。
2	自立活動を重視し，自立活動の時間と全教育活動での指導や配慮をする。
3	自立活動の内容の充実を図る。
4	個別指導の時間と自立課題の時間の設定をする。
5	各教科・領域等の内容と自立活動の関連性を工夫する。
6	領域・教科を合わせた指導を工夫する。
7	行事と行事単元学習の内容，方法を工夫，配慮する。
8	週時間の構成の仕方を工夫する。
9	交流，支援付きインクルージョンの設定の工夫。
10	リラックスやリラクゼーションの時間。

(三苫，2003b)

うに，自閉症学級の編成は，特別支援学校での実践研究の成果としてばかりでなく，教育委員会主導でもなされるようになってきている。」と，現状を述べている。

3　自立活動

　特別支援学校学習指導要領解説自立活動編」(2009) には，「個々の生徒が自立を目指し，障害による学習上又は生活上の困難を主体的に改善・克服するために必要な知識，技能，態度及び習慣を養い，もって心身の調和的発達の基盤を培う。」として自立活動の指導の重要性が示されている。また，「自立とは，児童生徒がそれぞれの障害の状態や発達の段階等に応じて，主体的に自己の力を可能な限り発揮し，よりよく生きていこうとすることを意味している。」とある。

　文部科学省は，特別支援教育総合推進事業の一つである2010年度からの「自閉症に対応した教育課程の編成等についての実践研究」において，「自閉症の児童生徒の障害特性等に応じた教育課程，指導内容・方法の改善を図る

ことが喫緊の課題となっている。」としている。

　学校教育法第72条では,「障害による学習上又は生活上の困難を克服し自立を図るために必要な知識技能を授けること」と明示しており,障害の状態に応じて行う教科指導に加えて,障害に起因して生じる種々の学習上・生活上の困難を改善・克服するために適切な指導領域としての自立活動が重要な役割を担っている。

　特別支援学校学習指導要領解説自立活動編では,「自立活動は,授業時間を特設して行う自立活動の時間における指導を中心とし,各教科等の指導においても,自立活動の指導と密接な関連を図って行わなければならない。このように,自立活動は,障害のある幼児児童生徒の教育において,教育課程上重要な位置を占めていると言える。」とされている。

　これまでの指導は,知的障害の障害特性に対応する内容を教科別の指導,領域別の指導,領域・教科を合わせた指導等において生活と関連付けながら指導するよう編成されており,個別の指導計画に基づいて個に応じた指導を図ることで対応されてきた。知的障害と自閉症の障害は,その社会性,コミュニケーションや認知の発達が異なり,その障害特性の違いに着目し,障害特性に応じて適切な指導内容や方法を研究・検討することが求められている。自閉症の障害特性に応じた指導の工夫,教育課程の改善,自立活動の時間の設定による個別的な指導の充実,各教科や領域・教科を合わせた指導等における個々の児童生徒への指導の工夫,その他,指導方法の開発や環境の設定等が必要であると考えられる。

　また,児童生徒一人一人は,知的障害の程度等について個人差があり,自閉症の障害特性への対応と一人一人の教育的ニーズに対応する指導が整えられることが必要であり,障害特性に応じた指導として自立活動の指導の充実が一層求められている。

　特別支援学校学習指導要領(2009年3月)における自立活動では,六つの区分ごとに26の内容項目が示されている。

自立活動の区分・内容項目では，障害の重度・重複化，発達障害を含む多様な障害に応じた指導を充実させるため，「他者とのかかわりの基礎に関すること」，「他者の意図や感情の理解に関すること」，「自己の理解と行動の調整に関すること」，「集団への参加の基礎に関すること」の四つの内容項目を，「3　人間関係の形成」として新たに区分している。また，「感覚や認知の特性への対応に関すること」の項については，「4　環境の把握」に示された。

自立活動の区分と内容項目を Table 29 に示す。

4　知的障害特別支援学校高等部における移行支援をめぐる現状と課題

（1）知的障害特別支援学校高等部卒業生の進路動向

特別支援教育が学校教育法に位置付けられた 2007 年度以降，在籍者数の増加，特に知的障害の在籍者数が増えてきている。知的障害特別支援学校では，自閉症の傾向を示す児童生徒や医療的ケアの必要な児童生徒の割合が増え，高等部においては，中学校の特別支援学級から入学してくる比較的障害の軽い生徒の割合が増えてきており，特に職業教育や就労支援への期待が高まっている。これらのことから，障害の多様化，重度化が進み，生徒のニーズに応じた指導や支援，とりわけ就労支援に関しては個のニーズに応じた進路選択のための適切な進路指導が求められている。

石塚（2009a）は，「2008 年 3 月の特別支援学校高等部卒業生の総数は，およそ 14,500 人（男子 9,200 人，女子 5,300 人）。就職者総数は，3,513 人（全卒業者数に占める比率 24.4%）となっている。就職者の職域は，近年の産業構造の変化や労働施策の効果などもあり，従来の製造業中心の職域から流通・サービス，事務補助等の職域へ広がりをみせている。学校段階におけるインターンシップがさらに充実すると，生徒や保護者の就職希望が高まり，卒業後の就職者の数が増える。」などと指摘している。

また，石塚（2009b）は，最近のインターンシップを実施している各職域の作業内容を Table 30 のようにまとめている。

Table 29 自立活動の区分と内容項目

1　健康の保持
　(1)生活のリズムや生活習慣の形成に関すること。
　(2)病気の状態の理解と生活管理に関すること。
　(3)身体各部の状態の理解と養護に関すること。
　(4)健康状態の維持・改善に関すること。
2　心理的な安定
　(1)情緒の安定に関すること。
　(2)状況の理解と変化への対応に関すること。
　(3)障害による学習上又は生活上の困難を改善・克服する意欲に関すること。
3　人間関係の形成
　(1)他者とのかかわりの基礎に関すること。
　(2)他者の意図や感情の理解に関すること。
　(3)自己の理解と行動の調整に関すること。
　(4)集団への参加の基礎に関すること。
4　環境の把握
　(1)保有する感覚の活用に関すること。
　(2)感覚や認知の特性への対応に関すること。
　(3)感覚の補助及び代行手段の活用に関すること。
　(4)感覚を総合的に活用した周囲の状況の把握に関すること。
　(5)認知や行動の手掛かりとなる概念の形成に関すること。
5　身体の動き
　(1)姿勢と運動・動作の基本的技能に関すること。
　(2)姿勢保持と運動・動作の補助的手段の活用に関すること。
　(3)日常生活に必要な基本動作に関すること。
　(4)身体の移動能力に関すること。
　(5)作業に必要な動作と円滑な遂行に関すること。
6　コミュニケーション
　(1)コミュニケーションの基礎的能力に関すること。
　(2)言語の受容と表出に関すること。
　(3)言語の形成と活用に関すること。
　(4)コミュニケーション手段の選択と活用に関すること。
　(5)状況に応じたコミュニケーションに関すること。

（注　下線部は，今回の改訂において改正された箇所を示す）

Table 30 インターンシップを実施している各職域の作業内容

各職域	作業内容
事務系作業	パソコン入力，社内メール等の仕分け，庶務・軽作業等
製造作業	ライン作業，成型機操作等
物流部門諸作業	入庫検品・棚入，ピッキング，発送準備，梱包作業等
小売販売周辺作業	商品のパック・袋詰，品出し，商品の陳列・整理，接客等
飲食店・厨房周辺作業	店内フロア清掃，調理器具・食器類等の洗浄作業，盛り付け，調理補助，接客等
サービスの諸作業	クリーニング，リサイクル，清掃，介護・用務等での補助作業

(石塚，2009b)

2009年3月に告示された特別支援学校学習指導要領の中には，特別支援教育の課題の一つとして，「特別支援学校卒業者の企業等への就職は依然として厳しい状況にあり，障害者の自立と社会参加を促進するため，企業や労働関係機関との連携を図った職業教育や進路指導の一層の改善が求められている。」としている。また，職業に関する教科については，現場実習等の体験的な学習を一層重視すること，地域や産業界との連携を図り，企業関係者等外部の専門家を積極的に活用することなどが示された。

(2) 就職率の推移

文部科学省学校基本調査をもとに作成した，全国知的障害特別支援学校高等部卒業生の就職率の推移を Fig. 1 に示す。

就職率は，2002年度まで減少傾向にあり，その後は増加している。

(3) 現場実習

特別支援学校高等部学習指導要領では，「学校においては，キャリア教育を推進するために，地域や学校の実態，生徒の特性，進路等を考慮し，地域及び産業界や労働等の業務を行う関係諸機関との連携を図り，長期の現場実習

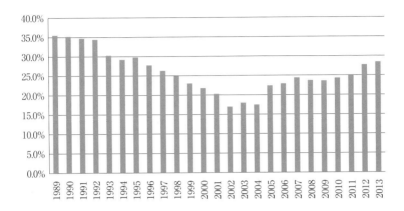

Fig. 1 全国知的障害特別支援学校高等部卒業生の就職率の推移
(文部科学省学校基本調査を参考に作成)

を取り入れるなど就業体験の機会を積極的に設ける」とされ,さらに「職業に関する各教科・科目については,就業体験をもって実習に替えることができる」ことが示されている。現場実習は,ほとんどの特別支援学校高等部において,働く力や生活する力を高めることを意図して,作業学習の発展として,あるいは教科職業の内容として教育課程に位置付けられている。なお,現場実習という呼称は1989年の学習指導要領で,産業現場等における実習は1999年の学習指導要領でそれぞれ示された。

国立特殊教育総合研究所(2005)によると,「総務省(2003)は,障害者の就業等に関する政策評価書の中で,知的障害者にとって,職業生活等への適応性の向上及び就業の促進を図る上で,養護学校における現場実習が特に重要な役割を果たしており,現場実習の履修の機会を十分に確保することにより就業の可能性が高まることが示された。このため養護学校は,現場実習をより積極的に実施することを十分配慮する必要がある。特に,地域障害者職業センターの職業評価の結果,訓練や指導・援助による支援を受けることが適当であると判断されるものについては,職業評価の結果を踏まえつつ,当該

者の職業能力，適正等に合致した現場実習の履修の機会を数多く付与すること等により，その就業の可能性を高めるように努めること。」としている。このように，知的障害教育における現場実習は作業学習の発展と位置付けられているが，事業所等での職場体験としての機能やそのプロセスで大きな役割を果たしている。

　一方，盲学校，聾学校及び養護学校学習指導要領（1999）の教育課程の編成の一般方針には，就業にかかわる体験的な学習の指導を適切に行うことが掲げられている。また，盲学校，聾学校及び養護学校学習指導要領解説（1999）の「職業教育に関して配慮すべき事項」では，「職業生活に必要な基礎的な知識や技術・技能の習得やしっかりとした勤労観・職業観の育成はすべての生徒に必要なものである。」としている。さらに，「現場実習は，実際的な知識や技術・技能に触れることが可能となるとともに，生徒が自己の職業適性や将来設計について考える機会となり，主体的な職業選択の能力や職業意識の育成が図られるなど，高い教育効果を有するものである。」と述べられている。

　以上により，現場実習は働くための基本となる勤労観・職業観を育成するために重要であるだけでなく，将来就労するために大きな役割をもっていると考えられる。また，障害のある生徒が校内の指導の成果を発揮する機会であるとともに，企業側が実習を受け入れることをとおして障害のある生徒の実態や障害について知る，すなわち障害のある人々に対する理解・啓発の機会の場としても意義がある。

　この点について，石塚（2009c）は，「インターンシップは，成人期の社会生活に向け，望ましい職業観・勤労観を育成するとともに，学校卒業後の生活へ向けての具体的な移行支援にも資する。」とし，将来の職業選択に向け，生徒の自己選択を促し，卒業後の生活を想定した移行支援の観点から行うことの大切さを述べている。

　現場実習は，職場で就労体験をしながら，特別支援学校教員の教育的な考えに基づく指導・支援と，受け入れ事業所職員の労働や雇用を視点とした指

導・支援を受けることができる貴重な機会である（北爪ら，2011）。また，霜田ら（2010）は，「現場実習を経て就労を実現させていくためには，生徒の職能や行動特性を詳細に実態把握し，職業評価を行っていく必要がある。そして，生徒自身の職能や行動特性を適切に把握し，その職能や行動特性に合わせた実習先を選ぶことや，職能や行動特性に応じた支援方法を実習先に伝えることが必要である。」と述べている。

一方，佐久間ら（2008）は，現場実習を進める上での課題を Table 31 のようにまとめている。

これまでも進路支援の中心として行われてきた現場実習であるが，体験的な学習での自己決定をしたとする割合が少ないこと（塚本ら，2007），第 3 次産業の現場実習先の選択に当たって，本人の希望を優先する割合が増加していないこと（蓮沼ら，2007）などの課題も指摘されている。

障害の多様化によって，特別支援学校に在籍している生徒の進路は多岐に

Table 31　現場実習を進める上での課題

1	実習先の確保が難しい中で，実習に出す予定があっても出られないことがある。また，進路先として企業側は採用が極端に減少しているので，進路先の確保も難しい。
2	事務所での実習を受け入れてもらえない状況が出てきている。福祉サイドの実習についても，近年定員の問題が出てきている。
3	実習を希望する生徒にとっては受け入れ事業所が少ないなど，選択の幅が狭い。また，保護者が本人の進路適性を十分理解できず，実習への協力が難しい場合がある。一方で，中学校，高校，障害者職業センターでそれぞれ実習を行っており，実習受け入れ側の負担も大きい。
4	生徒一人一人の特性を考慮して実習先を決定してはいるが，本人の希望と保護者の希望と噛み合わない場合も出てきている。
5	知的障害者は自己アピールが苦手で，時間をかけて理解してもらうことが必要である。また，人間関係を作り上げていくのが下手ということを考えると，就労後の定着化には仕事に関する支援だけでなく，生活全般にわたる支援ができるような体制作りが必要であろう。

（佐久間ら，2008）

渡ってきている。また，社会の情勢に目を向けると雇用形態も多様化しており，従来設置された職業科で実施されている指導では，生徒の進路希望に応じることが困難になってきている。そのため，特別支援学校においては，個々の生徒のニーズに応じると同時に，雇用側（企業等）のニーズも考慮した進路指導・職業教育を実施し，障害のある生徒の職場・職域開拓を進めていくことが求められている。

　今後の現場実習においては，こうした現場実習の機会など量的側面を十分確保すると同時に，ジョブコーチ的要素を取り入れ，生徒にとって成功体験となるような質の高い支援を提供すること，そしてそのための校内体制を作ること，さらには地域障害者職業センターによる職業リハビリテーション計画や外部のジョブコーチによる支援等も含め，関係諸機関と協働していくことなど質的側面の検討が重要になると考えられる。

（4）個別移行支援計画の作成と活用における現状と課題
　「21世紀の特殊教育の在り方に関する調査研究協力者会議」（最終報告）の中に，乳幼児期から学校卒業後まで一貫した相談支援の必要性が述べられており，具体的には，「盲・聾・養護学校の生徒の職業的自立を促進するためには，学校が，保護者や，企業，労働，福祉関係機関等と連携をしながら，生徒の障害の状況等に応じた職業教育や進路指導を充実する必要がある。このために，盲・聾・養護学校が中心となって関係諸機関と連携して，障害のある生徒の在学時から卒業後にわたる個別の就業支援計画を策定し，就業支援の充実を図ること。」が求められている。

　これを受けて，文部科学省（2001）は，全国特殊学校長会に，教育と労働関係機関等が連携した就業支援の在り方に関する調査研究を委嘱した。この調査研究の目的は，個別移行支援計画を開発し，教育と労働等が就業支援ネットワークの中で連携して，盲学校，聾学校，養護学校卒業生の就業支援を推進することにあった。この結果，個別移行支援計画が開発されることになっ

た。

　個別移行支援計画は，個別の教育支援計画の一部であり，特別支援学校高等部段階において学校から社会，また，子どもから大人へのスムーズな移行の実現のために，関係諸機関との連携を図りながら支援を行うためのツールである。また，生徒の社会参加への移行を円滑に進めるために，高等部在学時から卒業後にわたる個別移行支援計画を作成し，保護者や福祉・医療・労働など関係諸機関と連携を図りながら，生徒の障害の状態等に応じた職業教育や進路指導を充実させるための重要な計画となっている。

　なお，在学中に活用する計画表としての個別移行支援計画（1）と，卒業後に必要とされる支援内容を関係諸機関との連携によって明らかにした個別移行支援計画（2）とがあり，個別移行支援計画では，高等部入学後から卒業後3年間までの計6年間を移行期としている。

　個別移行支援計画（1）は，生徒・保護者の進路希望を受け，高等部入学直後から作成が開始されるが，進路希望があまり明確ではないことなどがみられ，支援計画も支援の方向性を示す程度の内容になることが多い。そのために，今後，進路希望に寄り添いながら具体的にどのような学習内容を設定し，学習を積み上げていくかが重要となる。

　個別移行支援計画（2）は，学校から社会へと移行する際の，外部の関係諸機関との共通理解を図るための計画となっており，個別の指導計画により明らかにされてきた本人への支援方法や支援内容が盛り込まれる。

　田中ら（2008a）は，個別移行支援計画（1）について，「高等部入学直後に策定するもので，主として担任が中心となる。しかし，特別支援教育コーディネーターや進路指導担当教員の助言や協力も受けながら策定することが必要であるが，逆に特別支援教育コーディネーターや進路指導担当教員に頼りきりになってしまう担任も少なくない。」というように，作成面に関する課題を挙げている。

　また，原ら（2002）は，個別移行支援計画（2）について，「進路先決定後

に開催する関係諸機関との相談会議を実際に試行してみると,相談会議の現実的な設定と連携の在り方には課題は多く,今後の実践的な検討課題である。」と,個別移行支援計画の活用方法や各関係諸機関との連携の在り方等に関する課題を挙げている。

田中ら (2008b) は,十分な進路指導を行うために,移行支援計画に基づく指導体制の構築を主張している。そのための学校の改革を Table 32 のように提言している。

Table 32　移行支援計画に基づく指導体制

1	全教員への指導法及び就労支援に関する研修の定期的実施
2	特別支援学校教諭免許状取得率の向上
3	特別支援学校との連携強化
4	企業 OB など教員以外の人材の登用
5	発達障害者支援センターとの連携強化
6	福祉・労働・医療関係との連携強化
7	特別支援教育コーディネーターの実質的機能の強化
8	進路指導担当教員から就労支援担当の専任配置

(田中ら,2008)

また,高垣ら (2011) は,進路先となる事業所及び家庭と定期的に連絡を取ることにより卒業生の職場における問題を早期発見・対応し,職場において個々の力がより発揮されるように職場定着を図ることを目的として行われるアフターケアからみえてくる課題を Table 33 のように挙げている。

さらに,「卒業後支援の課題として,長期間にわたる卒業後支援の実施に当たっては,担当者の転勤等を考えて正確な記録を残しておくとともに,担当者間の丁寧な引き継ぎが必要である。」としている。

また,2006 年及び 2007 年の 4 月には,全国の公共職業安定所を対象に厚生労働省より,特別支援学校等の障害のある生徒の就労支援に協力し,個別の教育支援計画の策定に協力するよう改正連携通知が発出されている。

Table 33 アフターケアからみえてくる課題

1	共同作業が好きではない（協調性に欠ける）。
2	自分の担当する仕事に対して，指示や援助が入ると嫌がる。
3	時間に対する意識が低く，マイペースで仕事を行う。
4	事業所と本人との連絡ノートに対する保護者の無関心。
5	保護者と事業所との連携が難しい。
6	あいさつが自分からできない。
7	担当する仕事に空き時間ができた時に，待つように指示があっても待っていられない。
8	指導された時の態度が，相手によって変わる。
9	社会的ルールの未獲得。
10	安全面を含めたルールの厳守ができない。
11	障害からくるこだわりとその対応策を現場で行うことの難しさ。
12	家庭のバックアップの重要性。
13	個々の適正に合った職種のマッチング。

（高垣ら，2011）

　こうした福祉・労働等の状況を踏まえ，特別支援学校及び中学校・高等学校においては，キャリア教育の推進と職業教育の充実を目指し，地域の関係諸機関の協力を得ながら，生徒への進路情報及び就業体験の提供の機会を積極的に作ることが求められている。

第二章　研究の目的と方法

第一節　研究1「TTAPを活用した就労支援に関する研究」

研究1-1「TTAPを活用した進路指導」

　本研究では，知的障害特別支援学校高等部から一般企業就労に向けたスムーズな移行支援を図るために，ASD児者の特性や長所を取り入れた検査であるTTAPを実施することにより，ASDの症状からもたらされる問題点の把握，ASDの強みを生かした支援内容及び支援方法をみつけ，ASD生徒の進路指導におけるTTAPの活用について検討する。

　TTAPは米国において，知的障害を伴うASD生徒が学校を卒業後，社会に参加する上で必要な教育サービスを提供するためのITP（Individualized Transition Plan：個別移行計画，以下「ITP」）を策定するために使われるアセスメントである。TTAPフォーマルアセスメント及びTTAPインフォーマルアセスメントを現場実習事前学習及び現場実習にそれぞれ活用することで，ASD生徒の強みを生かせる現場実習先の選定を始め，知的障害特別支援学校高等部で実施している進路指導の全体をとおし，移行支援における就労に向けたより具体的な指導内容及び方法等を明らかにする。

研究1-2「現場実習事後学習と自立活動の学習内容比較検討」

　現場実習において，ASD生徒の実習目標や自立を促す支援方法を見出す目的で，TTAPインフォーマルアセスメントの一つである「毎日の達成チャート（Daily Accomplishment Chart，以下「DAC」）」を活用し，現場実習にお

ける課題を明らかにする。その課題に対しては，現場実習の期間中に生徒と一緒に確認し現場で指導を行っているが，現場実習の事後学習で青年期以降の自立に必要なスキルとはどのようなものかを個別に検討し，求められるスキルを学校在学中に獲得することを目標としている。また，現場実習中にTTAPインフォーマルアセスメント（DAC）で芽生えがみられた項目と自立活動の内容と比較検討する。

以上のことから，それらの内容を中心とした現場実習事後学習を実施することをとおして，今後の現場実習事後学習の在り方について検討する。

研究1-3「TTAPインフォーマルアセスメント（CSC）（地域版）の開発」

現場実習を進める際には，生徒一人一人の実態や進路に関するニーズ等を把握し，もっている力を十分に発揮できる事業所を選定するなど，適切な就労に向けた方向性を検討することが求められる。筆者が以前所属していた宇都宮大学教育学部附属特別支援学校高等部では，年間3回の現場実習を実施しているが，生徒一人一人の実習先については，①進路に関するアンケート，②個別懇談，③学習への取組状況，④現場実習での様子，⑤本人の進路に関する希望，等をもとに，職種や協力事業所における職場環境等を併せ，総合的に検討した上で決定する。また，それらのアセスメント等と併せて，TTAPインフォーマルアセスメントの一つである「地域でのスキルチェックリスト（Community Skills Checklist，以下「CSC」）」を取り入れ，整合性を確認している。

なお，TTAPインフォーマルアセスメント（CSC）は，関連する現場実習とそこでアセスメントする重要な職業スキルの両方を見出すために教員や支援者によって使われる簡便な引用フォームであり，自閉症者を生産的な雇用に導く5つの主要な職業領域（事務，家事，倉庫／在庫管理，図書，造園／園芸）において獲得しているスキルを把握することができるチェックリストとなっている。

しかし，宇都宮大学教育学部附属特別支援学校高等部卒業生の就労先は，TTAPインフォーマルアセスメント（CSC）に位置付けられている5つの職業領域以外にも，製造業，清掃業，調理補助等，他の職種に就職をする例も多くみられるのが現状である。

梅永（2010a）は，「従来のAAPEPに比べ，TTAPでは実際の現場での作業体験におけるインフォーマルアセスメントが加わった点でより地域に根づいた具体性のあるものと大きく変化を遂げた。それは，就労という現実場面では地域差があり，また時代によっても産業構成が異なってくるため，それぞれの地域産業との関連から支援法をみつけていく必要がある。」と，地域の実情に応じて進路指導を進める必要性を述べている。

以上のことから，地域の実情や，その地域及び特別支援学校から，実際に就労している事業所や職種を分析し，その地域及び学校等の実情に合ったものを作成する必要があると考え，宇都宮大学教育学部附属特別支援学校版のTTAPインフォーマルアセスメント（CSC）を検討する。

第二節　研究2「自閉症生徒への就労移行支援に関する研究」

研究2-1「自閉症生徒の自己理解を深める支援に関する研究」

HFA児は，思春期になると自分と周囲とのズレに敏感になり，心理的な二次障害を負いやすくなる。HFA児への教育的支援において，本人自身の生きる目的を明確にし社会性を伸ばす上でも，自己認知を伸ばす指導が今後重要になってくる。つまり，自分の特性とのつきあい方，自分自身に対する援助技術を習得するためには，正しい自己認識が前提となってくる。

今回の研究では，知的障害特別支援学校高等部の進路指導において，一般企業への就労を目指すASD生徒に対して，ICF関連図，ソーシャル・ストーリーズ，TTAP，サポートカード等を適用することで，生徒自身が就労に向

けて自分の得意な点を活かし苦手な点を改善していくといった自己理解を深める支援の在り方について検討する。

研究2-2 「自閉症生徒のライフプラン構築に関する研究」

知的障害者に関するQOLに関する研究は，ノーマライゼーションの潮流と連動してADL（Activities of Daily Living：日常生活動作）重視からQOL重視の支援が必要であるとの認識の高まりとともに，1980年代頃より進められてきた。

特別支援学校においては，現場実習が進路指導の重要な柱であり，この現場実習をとおして，働く力を身に付けることの意味を理解し，自己実現としての進路選択につなげるようにしている。

今回の研究では，特別支援学校高等部生徒を対象に，キャリアプランを含む人生設計に関する事例研究を行い，今後求められる支援の在り方について検討する。

第三章　研究1「TTAPを活用した就労支援に関する研究」結果

第一節　研究1-1「TTAPを活用した進路指導」

1　はじめに

　我が国においては,「初等中等教育と高等教育との接続の改善について（答申）」（中央教育審議会, 1999）以降, キャリア教育に関連した様々な施策が進められ, キャリア教育は教育改革の重点行動計画に位置付けられた。また, 2004年1月の文部科学省のキャリア教育の推進に関する総合的調査研究協力者会議において,「学校の教育活動全体を通じて, 児童生徒の発達段階に応じた組織的・系統的なキャリア教育の推進が必要であること」,「キャリア発達を促す指導と進路決定のための指導とを, 一連の流れとして系統的に調和をとって展開することが求められること」など, 職業教育と進路指導の充実に必要な視点が報告されている。その流れを受け, 2009年3月に告示された特別支援学校学習指導要領の改訂の基本方針を踏まえ, 特別支援学校高等部学習指導要領総則に, 職業教育に当たって配慮すべき項目及び進路指導の充実に関するキャリア教育の推進が規定され, 就労につながる職業教育の一層の充実が課題となっている。

　菊地（2011c）は,「全国特別支援学校知的障害教育校長会加盟校676校中38.6％が学校の特色及び本年度の研究課題として, キャリア教育, 進路指導, 職業教育を挙げており, 前年度と比較してキャリア教育を挙げている学校は倍増している。」と述べている。

一方，就職率を見ると，2008年3月の特別支援学校高等部卒業生の総数は，およそ14,500人（男子9,200人，女子5,300人）で，就職者総数は，3,513人（全卒業者に占める比率24.4%）となっている。就職者の職域は，近年の産業構造の変化や労働施策の効果などもあり，従来の製造業中心の職域から流通・サービス，事務補助等への職域への広がりをみせている（石塚，2009）。内藤ら（2011）による障害者の就業に関する調査では，知的障害生徒が2003年調査17.9%，2006年調査21.9%，2009年調査29.0%となっており，この6年間で約10%増加となっている。このように特別支援教育におけるキャリア発達を支援する教育への注目と理解が広がりをみせている。

　特別支援教育においてもこの点を踏まえ，進路指導，職業教育を含めた学校から社会への適切な移行支援計画を策定していく必要があり，その中でも自閉症児に対する試みは重要である。

　特別支援学校高等部の自閉症卒業生の進路調査をみると，1989年度から1994年度までの平均就職率は21.5%となっている。これらの調査から，青年期に達した自閉症者の5人に1人は職業的自立を果たしているが，逆に5人に4人は一般就労以外の道をたどっていることになる。一般就労以外の進路としては，小規模作業所，更生施設，授産施設などの福祉的就労が主な進路先となっている。

　以上のように自閉症成人の就労・社会参加はきわめて難しいことが報告されている。また，ジョブマッチングや定着支援等で課題がみられ，残念ながら離職してしまうケースも少なくない。この他にも，対人関係の問題や仕事上のミス，上司や同僚の発達障害に関する理解不足等が離職の原因として挙げられている。

　佐竹（2009）は，「発達障害者の就労支援に関しては，その必要性が指摘されつつも，まだまだ試行的段階で，様々な検討と試行がなされている段階と言える。とりわけ，発達障害の障害特性と発達課題を理解したきめ細かな就労支援を行うことには，多くの困難を伴っているのが現状である。」としてい

る。

　ASD者の中でも，特にASの人々は，一見流暢に話すが，語義・語用障害があるためにさまざまな生活の困難さをもっており，そのことがまわりの人々に理解され難く，知的障害のある人々とは異なる次元での深刻な就労問題を抱えている（日詰，2005）。このような課題に対して，米田（2009）は，「ASDをもつ人々の就労のために必要となる条件は大きく分けて二つあり，一つは直接的に作業を行うために必要とされる能力であり，もう一つは環境としての職場で人々に疎まれないようにする能力である。」とし，そこで，これらの必要な能力について，具体的にどのような問題が想定されるか検討する必要性について述べている。

　就労支援における現場実習は，ASD生徒一人一人の適切な就労移行やキャリア教育を進める上で重要であり，本人が実習を円滑に行えるように移行支援計画を活用した支援をすることが必要であるとされている。しかし，梅永（1999b）は，「特別支援学校のみならず発達障害者の就労支援を担う機関においては，従来の職業評価バッテリーではASDの特性を十分に把握することができない。」とし，就労支援の在り方について，各関係諸機関が困惑している状況について述べている。

　障害のある人の就労支援については，職業相談・職業評価・職業前トレーニング・プレイスメント及びオンザジョブトレーニング・フォローアップなどの流れで行われることが多いが，職業トレーニングやプレイスメント，フォローアップを行う際には，適切なアセスメントが必要となる。現在，障害者の職業評価や適性検査は，障害者職業センター，障害者就業・生活支援センター，更生相談所など多くの支援機関で実施されているが，ASD者に特化した職業適性検査が実施されているところはほとんどない。

　ASD生徒の成人期への移行に向け就労や居住等における課題を解決するためには，ASD当事者のことをよく知り，どのような環境が適しているかなど，生徒と環境との相互作用の部分等を検証するアセスメントが必要となる。

従来のアセスメントは当事者のみの能力評価が中心であり，それぞれの環境とのマッチングにずれが生じ，適切な支援が行われていたかどうか等については課題が残されていた。そのような中，ノースカロライナ州にあるTEACCHセンターにおいて学校在学中のASD生徒の成人生活移行のためのアセスメントとしてTTAPが作られた。

　TTAPは，環境とASD者の双方を視野に入れたアセスメントになっており，ASD生徒が学校を卒業後，社会に参加する上で必要な教育サービスを提供するためのITPを策定するために使われるアセスメントである。自閉症の特性や長所を取り入れた検査であるTTAPを実施することにより，自閉症の強み（strength）を生かした支援方法をみつけることができると考えられる。このことにより，主要な移行支援の目標を見出し，生徒の興味と強みを明確にし，家族と学校関係者間の連携を促すための包括的なスクリーニングの役割を果たすことができる。

　さらに，TTAPはインフォーマルアセスメントとして現場実習や地域での行動が含まれていることが特徴であり，従来のAAPEPに比べると，より地域に根付いた具体性のあるものに変更された。それは，実際の就労現場では地域差があり，また時代によっても産業構成が異なってくるため，それぞれの地域産業との関連から支援方法をみつけていく必要があるからである。

　しかしながら，TTAPの特色は学校在学中の移行のためのアセスメントにとどまらず，直接観察尺度，家庭尺度，学校／事業所（職場／作業所）尺度の異なった3側面からの視点，またインフォーマルアセスメントとしての現場実習などが含まれることにより，我が国の福祉施設や就労支援機関におけるアセスメントとしても極めて有効なものと考えられる。

　以上のことから，知的障害特別支援学校高等部在籍の一般企業就労希望ASD生徒を対象として，学校から就労へのスムーズな移行支援を図るために，ASDの特性や長所を取り入れた検査であるTTAPを活用することにより，ASDの特性からもたらされる問題点の把握及びASDの強みを生かす就

労支援について検討することを目的とする。

2　TTAPの概要

（1）TTAPとは

AAPEPの改訂版であり，軽度から重度の知的障害のあるASD者のために作られた成人期の自立を促すためのアセスメントである。AAPEPから，①居住場面や職場での自立生活により身近で有益な課題への検査項目の適合，②より知的に軽度のASD者をアセスメントできる項目の追加，③ASD者のもつ強みや視覚的手がかりを使う能力をアセスメントするための広範囲の視覚的構造化の項目という基準または項目の変更等を行っている。

（2）TTAPの特徴

TTAPには，以下のような特徴がある。

①移行のためのアセスメント

中度から重度の知的障害のある自閉症のための検査の中で，効果の認められたアセスメント法は，自閉症生徒及び家族と職場に焦点が当てられていた。TTAPは，直接観察尺度と家庭尺度，学校／事業所尺度の3つの尺度を通じて，効果的で包括的なアセスメントの要素に取り組んでいる。

②6つの領域に焦点化

職業スキル，職業行動，自立機能，余暇スキル，機能的コミュニケーション，対人行動の6つの生活課題の機能領域に焦点を当てることによって，また，自閉症生徒に影響を与える特定の学習上の問題を解決する潜在的カリキュラムを推奨する。

③3つの異なった環境条件の中でのアセスメント

TTAPは，スキルの直接アセスメント（直接観察尺度）と，居住場面（家庭尺度）や学校／職業場面（学校／事業所尺度）での行動を評価する面接を結びつけて，3つの環境条件から機能的評価を1つの検査に組み込んだものである。

直接観察尺度は教員，心理士，ジョブコーチ，その他の訓練された専門家によって，静かな検査環境で従来の知能検査やスキルアセスメントと同じような手続きで実施される。家庭尺度と学校／事業所尺度は直接観察尺度とは異なり，主要な支援者への問診に基づいた行動の報告によって作成される。家庭尺度では，両親やグループホームの職員，学校／事業所尺度では，教員や作業所職員，職場の上司によって記入される。これらの3つの異なった環境条件から得られた検査結果は，教育的，職業的プランを作成するための強力な資料となる。

④ユニークな採点システム

TTAPの採点システムは，PEP同様，3種類の基準の中から1つを選んで採点する。「合格」は生徒が課題解決に成功した場合に採点する。「不合格」は生徒が課題に取り組もうとしなかったり，取り組んでも課題が達成できなかったりした場合に採点する。「芽生え」は課題を部分的に解決できたり，どう解決したらよいのか初歩的な理解をしていたりする場合に採点する。この採点法と採点結果は，検査者に生徒が成人期の移行に成功するために必要な機能的なスキルレベルと教育課題，環境的支援についての情報を与えることができる。

⑤環境調整

TTAPでは環境の中での自立を支援する環境調整の種類を明確にしている。自閉症生徒は，もっているスキルを新しいさまざまな状況に般化することや，般化を助ける物理的，視覚的構造を明確にすることが苦手なので，明確になった環境調整の方法で自立を促進することが必要である。TTAPの項目で使われている構造化による指導の要素は，課題を自分で達成するために，さまざまな構造を使う自閉症生徒の能力に関する情報を提供する。

（3）機能領域

3領域の尺度は，以下の6つの機能領域に分けられる。

①職業スキル

さまざまな職業的課題を達成する際に必要な特定の技術的能力を測定する。例えば，直接観察尺度では分類，計算能力，測定能力が測定される。家庭尺度，学校／事業所尺度では自立生活と雇用機会の可能性に関するスキルがある。家庭尺度では清掃や調理のスキルとして道具や台所の使用，学校／事業所尺度では道具の使い方，サイズの弁別能力などがある。

職業スキルの下位検査項目を Table 34 に示す。

Table 34　職業スキルの下位検査項目

1	ボルト，ナットなどの分類作業	7	旅行キットのパッケージング
2	分類ミスの修正	8	文字カードの50音順への並べかえ
3	絵カードによる部品の収納	9	定規による長さの測定
4	色カードのマッチング	10	数字によるファイリング
5	同じ数字カードのクリップ留め	11	カップとスプーンによる計量
6	フィルムケースのパッキング	12	パソコンへの入力

②職業行動

職業に関する行動の能力を見出し評価する。直接観察尺度では自立して働く能力，妨害されることや修正されることに適切に応じる能力，すでに獲得した課題を持続して行う能力などを評価する。家庭尺度は必要なときに助けを求める能力，新しい課題を達成する能力，時間が経過した後の指示に従う能力を評価する。学校／事業所尺度では，グループで働く能力，指示に従う能力，ルーチンの変化に適応する能力，間違いを正す能力などを評価する。

職業行動の下位検査項目を Table 35 に示す。

Table 35　職業行動の下位検査項目

1	束ねられた用紙の封筒への封入	7	環境に対する反応
2	封入作業の継続	8	次の課題への移行
3	雑音による課題への集中	9	必要な時の援助の求め方
4	監視者なしの作業	10	修正に対する反応
5	封入作業の生産性	11	中断された時の耐性
6	作業の丁寧さ	12	作業中のスタミナ（持続性）

③自立機能

　自立的な活動と自己決定の能力をみる。家庭での自立スキルから地域社会のさまざまな場面でどの位自立的に活動できるかについて広範囲の行動がアセスメントされる。自立活動は，洗髪，入浴，更衣，食事，排泄を含む。自己決定能力は，交通手段を自立して使える能力，スケジュールに従う能力，安全基準に従う能力，個人の持ち物を自立して管理する能力などが含まれる。

　自立機能の下位検査項目を Table 36 に示す。

Table 36　自立機能の下位検査項目

1	時間の理解	7	適切な食事の仕方
2	お金の理解	8	お金の使用
3	お金の計算	9	メッセージの伝達
4	生活に必要な標識の理解	10	カレンダーの理解
5	手を洗う	11	電卓の利用
6	自動販売機の利用	12	スケジュールに従う

④余暇スキル

　就業以外の時間を社会的に適切な活動で楽しめるかどうかをみる。この領域では，個人の興味と活動を維持する能力が評価される。1人及びグループでの活動の両方が評価できるため，検査者はそれぞれの個人の活動を始める

能力や，他の人が始めた活動に参加する本人の意思の程度が分かる。項目として，単純なボードゲームやカードゲームにおける遊び方，音楽を聴くこと，運動，植物の世話，ペットの世話などが含まれる。

余暇スキルの下位検査項目を Table 37 に示す。

Table 37　余暇スキルの下位検査項目

1	一人で余暇を楽しむ	7	ゲーム終了の理解
2	休憩後道具をしまう	8	雑誌やカタログを見る
3	ダーツゲームで遊ぶ	9	UNO などの高レベルのカードゲーム
4	ダーツゲームのスコアを記録する	10	余暇活動の要求とワークシステムの理解
5	簡単なトランプゲーム	11	映画などの余暇活動の準備
6	バスケットゲーム	12	余暇活動に必要なお金の計算

⑤機能的コミュニケーション

職場や居住場面で十分に適応するために必要な最低基準のコミュニケーション能力を評価する。基本的な要求に関するコミュニケーションや，指示やジェスチャーの理解，要求や禁止への反応が含まれる。さらに，場所や色，人や物の名前などの理解やその基本的概念を使うことは，教育支援の効果的な方法を決めることを目的としている。

機能的コミュニケーションの下位検査項目を Table 38 に示す。

Table 38　機能的コミュニケーションの下位検査項目

1	ことばによる指示の理解	7	適切な感情表現
2	現在の状況における質問に答える	8	禁止の理解
3	タイマー及び検査者の終了指示の理解	9	自発的なコミュニケーション
4	絵による指示の理解	10	文字による指示に従う
5	住所，氏名，電話番号を答える	11	簡単な買い物
6	お菓子や飲み物の要求	12	電話メッセージの理解

⑥対人行動

　人との関わりのあり方をみる。対人関係を形成する過程で，ソーシャルスキルや対人関係スキルは，職業及び居住で適応するために最も重要なスキルとして位置づけられる。それゆえに，他人を邪魔しないで働くこと，グループで行う通常の行動，他人の存在にどう反応するかなどを評価する。また，見知らぬ人が存在するときに不適切な行動を示すことがある。そのため，家庭尺度や学校／事業所尺度において身近な人とそうでない人との対人行動を評価する。

　対人行動の下位検査項目を Table 39 に示す。

Table 39　対人行動の下位検査項目

1	名前を呼ばれた時の反応	7	好ましくない対人行動
2	自ら適切な挨拶をする	8	検査者と一緒に移動する
3	検査者の存在に対する反応	9	適切な身体接触
4	適切な笑顔を見せる	10	複数で行うゲームの対応
5	自己抑制ができる	11	会話への集中
6	好ましい対人行動	12	視覚的ルールに従う

（4）TTAP インフォーマルアセスメント

　TTAP フォーマルアセスメントは，成人生活をうまく生きていくために重要な 6 領域（①職業スキル，②職業行動，③自立機能，④余暇スキル，⑤機能的コミュニケーション，⑥対人行動）における個人のレベルを 3 つの異なる尺度（直接観察尺度，家庭尺度，学校／事業所尺度）においてそれぞれ明らかにするものである。しかし，就労と居住を成功に導くように準備をするためには，地域に存在するさまざまな就労現場において，どのように行動するのかを実際の現場で評価し，さらに詳細な情報を得なければならない。

　ASD 者は，ある状況でできる課題について，たとえそれがよく似た状況で

あっても別の場面では同じ課題を遂行することができないという特性がある。これは，ASD生徒が学校で学んだスキルを実際の地域場面へ般化することの困難さをもつことを示唆している。TTAPインフォーマルアセスメントでは，こういった般化の問題もアセスメントすることができる。よって，より多彩な場面にわたって自立性を促進するための効果的な支援方略を打ち立てることも可能になる。

また，生徒の就労先の決定と居住支援を成功に導くように準備をするためには，地域に存在するさまざまな就労場面において，どのように行動するのかを実際の現場で評価し，さらに詳細な情報を得なければならない。現に，移行支援の最も優れた実践結果は，教育や職業訓練，さらに地域での現場実習を組み合わせた多様な場面で，アセスメントと支援を積み重ねることが最も効果的であると示唆している。TTAPインフォーマルアセスメントは，生徒の学校教育と成人生活全般をとおして，実施されるべき継続的で文脈ごとの系統的なスキル評価である。

TTAPインフォーマルアセスメントには，①スキルの累積記録（CRS），②地域での実習現場アセスメントワークシート（CSAW），③地域でのスキルチェックリスト（CSC），④地域行動チェックリスト（CBC），⑤毎日の達成チャート（DAC）がある。

(5) TTAPインフォーマルアセスメントのツール

①スキルの累積記録（CRS：Cumlative Record of Skill，以下「CRS」）

実習環境で必要なスキルを決めるために使う詳細な引用のための文書。

②地域での実習現場アセスメントワークシート（CSAW・Community Site Assessment Worksheet，以下「CSAW」）

実習現場で教える目標や使う支援方法を決めるうえで教員を支援するために計画された事前支援と事後支援のフォーム。

③地域でのチェックリスト（CSC：Community Skills Checklist，以下「CSC」）

関連する実習現場とそこでアセスメントする重要な職業スキルの両方を見出すために教員によって使われる簡便な引用フォームである。

④地域行動チェックリスト（CBC：Community Behaviors Checklist，以下「CBC」）

実習現場で支援する必要のある行動や行動スキルを決めるために教員が使う簡便な引用フォームである。これらの行動やスキルは，職業行動，自立機能，余暇スキル，コミュニケーション，対人スキル，移動の各領域にわたっている。

⑤毎日の達成チャート（DAC）

教員やジョブコーチが実施した支援方法や環境調整法の有効性をアセスメントするのを助けたり，地域ベースで支援を行っている間の進歩状況や退行状況を記録したりするための毎日のデータ収集フォームである。

3　我が国におけるTTAPの活用状況

東京都教育委員会は，2004年11月に東京都特別支援教育推進計画を策定し，都立知的障害特別支援学校に30％程度在籍する自閉症の児童生徒の支援と指導内容及び方法等について研究を進め，自閉症の障害特性に応じた指導の充実を図ってきた。

また，東京都特別支援教育推進計画第三次実施計画（2010年11月策定）に基づいて実施している2012年度～2013年度の東京都立知的障害特別支援学校の自閉症教育充実事業の研究の成果を，「自立と社会参加に向けた高等部における自閉症教育の充実」（2014年3月）として報告している。

この中には，実践事例として，①適切なアセスメントに基づき生徒一人一人に応じた教科学習及び作業学習の指導内容及び方法等の充実を図った実践例，②移行支援の充実に関する実践例，③高等部単独の知的障害特別支援学校と小・中学部を設置する知的障害特別支援学校との自閉症生徒の引き継ぎに関する実践例等が挙げられている。この7つの実践事例では，すべてアセスメントとしてTTAPが活用されている。

TTAP の活用における現状と課題を Table 40 に示す。

Table 40　TTAP の活用における現状と課題

成果	1	支援方法の明確化	・言語以外のコミュニケーション方法を考え，使用方法等を提示。 ・ルールを明確に表示する。 ・目標や活動手順を具体的に示す。 ・アセスメントを組み合わせた生徒の実態把握の重要性。
	2	作業内容の選定	・事前のアセスメントを活用し，生徒一人一人の能力に応じた仕事内容の選定。
	3	教員間及び事業所との連携	・円滑な行動を促すために，活動を選択できるようにする。 ・教員間で関わり方を共通理解する。 ・施設との円滑な連携で，生徒が安定して力を発揮できる。 ・施設の職員が生徒に常時付き添う必要がなくなり，生徒と施設の双方に有益。 ・生徒の能力と周囲の評価の大きな差が生徒に与える影響。 ・高等部における知的障害が軽度の自閉症生徒の指導課題の明確化。
課題	1	現場実習及び進路先との連携	・生徒のコミュニケーションの実態やコミュニケーションツールの活用状況。
	2	進路先への移行支援に関する内容	・生徒の能力や支援の有効性について，進路先に上手く引き継ぐこと。 ・サポートブックの作成をとおし，進路先との連携を図る。

TTAP をアセスメントツールとして活用したことで，生徒の実態把握ができ，その実態に応じた作業学習における授業内容及び教材教具の工夫等が適切に行われた。しかし，次の学部や進路先等への移行の部分では，コミュニケーションの実態などを中心に，課題となっていることが多くみられる。

清水ら (2012) は，HFA 生徒が学校から就労へのスムーズな移行を図る目的で，進路指導に TTAP を活用した実践例を報告している。その結果，TTAP フォーマルアセスメント及び TTAP インフォーマルアセスメントを現場実習に活用することで，就労に向けたより具体的な支援方法等を明らか

にしている。また，今後の課題については，「現場実習時におけるTTAPインフォーマルアセスメントを中心として生徒個人のアセスメントと職場環境のアセスメントに重点を置き，相互作用の中で，何が課題となっており，何を教えなければならないのかを検討し，それらを個別の教育支援計画や個別移行支援計画等と関連付けながら，長期目標や短期目標，現場実習における目標の設定方法等を検証すること。」であると述べている。

　若松ら（2013）によると，「TTAPは，自閉症生徒が学校を卒業後，社会に参加する上で必要な教育サービスを提供するための個別移行計画を策定するために行われるアセスメントである。TTAPはインフォーマルアセスメントとして現場実習や地域での行動が含まれていることが特徴である。TTAPインフォーマルアセスメントを実習の開始時に行うことで，初めての仕事内容のどのようなことができて，できないことは何なのかということを把握することができる。そして，それらを基に，できない作業をどうやったらできるようになるのかを考えていくための資料を作成することができる。また，実習中にも専用のフォームを利用して日々の記録をしていくことで，スキルの向上を知ることができ，まだ獲得できないスキルに着目して指導していくための有効な資料となる。さらに，自閉症者は普段の学校生活の中では問題なく行っているような行動でも，実際の就労場面では般化できないことがある。このように学校や家庭といった慣れた状況とは異なる状況での行動や普段行っていることの般化をみることができるという意味で，TTAPは自閉症者に特化した職業適性検査であると言える。」とし，TTAPインフォーマルアセスメントの有効性について述べている。

　以上のように，知的障害特別支援学校高等部における就労支援の場面で，TTAPを活用する取り組みが始まっている。

4 手続き

ASD 生徒の移行アセスメントである TTAP フォーマルアセスメント及び TTAP インフォーマルアセスメント（CSC）に基づき現場実習先を選定し，現場実習を実施する。

また，現場実習において TTAP インフォーマルアセスメント（CSAW）及び（DAC）を実施し，現場実習期間中にどの程度望ましいスキルを獲得することができたかを確認する。

5 対象者

知的障害特別支援学校高等部一般企業就労希望生徒 10 名（男子 6 名，女子 4 名）である。

以下に，事例 1～10 の ASD 生徒の名前（仮名），性別，障害名を示す。

事例 1　　タツオ（仮名）男子，自閉症
事例 2　　コウジ（仮名）男子，自閉症
事例 3　　ケイ　（仮名）男子，自閉症
事例 4　　ミカ　（仮名）女子，自閉症
事例 5　　カイト（仮名）男子，自閉症
事例 6　　ナホコ（仮名）女子，自閉症
事例 7　　リサ　（仮名）女子，自閉症
事例 8　　ショウ（仮名）男子，アスペルガー症候群
事例 9　　タケシ（仮名）男子，高機能自閉症
事例 10　ナツコ（仮名）女子，高機能自閉症

6 結果

事例1

1 対象生徒の実態及び特性

対象生徒は，知的障害特別支援学校高等部2年タツオ（仮名）男子。

乳児期は，一人歩き1歳5ヶ月，片言の始め1歳6ヶ月でそれぞれみられた。幼児期は，二語以上の言葉がなかなか出ず，友達と一緒に遊ぶこともあまりなかった。小学校1年から4年まで通常の学級に在籍し，5年からは特別支援学級に転入，8歳時に自閉症と診断され，療育手帳（B2）を取得した。行動面の特性としては，自分の気持ちをコントロールすることが難しいため，思い通りにならないとすねてしまったり，怒り出したりすることがある。

WISC-Ⅲの結果（実施時16歳3ヶ月）をFig.2に示す。全検査IQ43，言語性IQ46，動作性IQ53，群指数VC（未満），PO（58），FD（59），PS（52）であった。言語性下位検査は評価点1〜5の範囲に分布し，「数唱」が最も高い。一方，動作性下位検査は評価点1〜9の範囲に分布し，「迷路」が最も高く，評

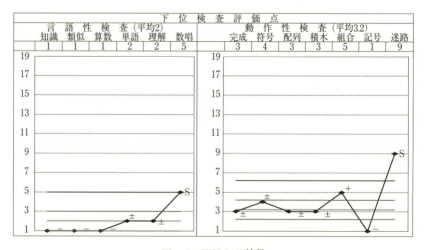

Fig. 2 WISC-Ⅲ結果

価点9となっている。

2　手続き

自閉症児の移行アセスメントであるTTAPフォーマルアセスメントに基づき現場実習場所を選定し，TTAPインフォーマルアセスメント（DAC）を実施した。このTTAPの結果を参考にして，より実践的，具体的な進路指導を行った。実施場所及び期間は，A高齢者介護施設にて201X年6月から201X年7月に15日間実施した。

3　結果

現場実習時における課題を分析することにより事後学習や今後の進路指導を充実させる目的で，TTAPフォーマルアセスメント及び，TTAPインフォーマルアセスメント（DAC）を実施した。

（1）TTAPフォーマルアセスメント結果（実施時15歳10ヶ月）
TTAPフォーマルアセスメントの結果をFig. 3に示す。
1）検査得点プロフィール
①職業スキル

直接観察尺度「7．（項目番号，以下同じ）旅行キットのパッケージング」，「8．単語カードの配列」，「10．番号による索引カードの収納」で芽生えがみられた。家庭尺度「74．日常的に使うものの分類」，「81．ベッドメイキング」で芽生えがみられた。学校／事業所尺度「150．測る・量る」，「152．作業場所を清潔にする」で芽生えがみられた。これらのことから，職業スキルは高く，機械や道具の操作もある程度行えると思われる。

②職業行動

直接観察尺度「13．封入作業」，「17．生産性」，「18．作業の丁寧さ」等で芽生えがみられた。家庭尺度「85．一人で働く」，「87．保護者の存在を認め，

検査得点プロフィール

	職業スキル			職業行動			自立機能			余暇スキル			機能的コミュニケーション			対人行動		
	直接	家庭	学校職場	直接	家庭	学校職場	直接	家庭	学校職場	直接	家庭	学校職場	直接	家庭	学校職場	直接	家庭	学校職場
合格得点	9	10	10	7	7	7	11	8	5	9	7	6	8	10	11	9	7	5
芽生え得点	3	2	2	5	5	5	1	4	7	3	5	6	3	2	1	3	5	7

スキル・尺度平均プロフィール

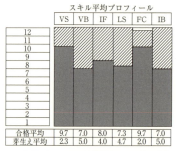

	VS	VB	IF	LS	FC	IB
合格平均	9.7	7.0	8.0	7.3	9.7	7.0
芽生え平均	2.3	5.0	4.0	4.7	2.0	5.0

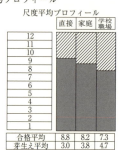

	直接	家庭	学校職場
合格平均	8.8	8.2	7.3
芽生え平均	3.0	3.8	4.7

VS=職業スキル　VB=職業行動　IF=自立機能　LS=余暇スキル　FC=機能的コミュニケーション　IB=対人行動

Fig. 3 TTAPフォーマルアセスメント結果

指示を受け入れる」,「90. 時間差のある指示に従う」等で芽生えがみられた。学校／事業所尺度「160. 作業中に関心事を自制する」,「161. 器物, 規則, 規範などを尊重する」,「163. 監督者を認識する」等で芽生えがみられた。これらのことから, 職業行動は, 職業スキルに対して芽生えが多く, 指示を受け入れたり, 修正に従ったり, また, 数種類の指示を覚えていて行動すること等が苦手である。

③自立機能

直接観察尺度「36. スケジュールに従う」で芽生えがみられた。家庭尺度「97. 身だしなみ」,「100. 生理の処理, または髭剃り」,「104. 良い食習慣を示す」等で芽生えがみられた。学校／事業所尺度「170. 食事のマナー」,「171.

伝言するために自分で移動する」,「172. 日課スケジュールに従う」等で芽生えがみられた。これらのことから，自立機能は直接観察尺度と家庭尺度，学校／事業所尺度に開きがあり，時間的経過があったり，他に刺激となるものがあったりすると妨げになってしまうことが考えられる。

④余暇スキル

　直接観察尺度「40. ダーツゲームの得点を記録する」,「46. 余暇活動への要求とワークシステムへの反応」,「47. 地域における余暇スキルの計画」で芽生えがみられた。家庭尺度「111. 他の人と協力して遊ぶ」,「112. 卓上ゲームをする」,「114. 現在継続中の収集の趣味に携わる」等で芽生えがみられた。学校／事業所尺度「181. 適切に自由時間を過ごす」,「182. 協力して遊びに従事する」,「184. 集団行事に参加する」等で芽生えがみられた。これらのことから，余暇スキルは他の人と協調することは芽生えだが，一人で自由時間を過ごすことができ各種催し物への興味・関心もある。また，一人でファーストフード店を利用することもできる。

⑤機能的コミュニケーション

　直接観察尺度「54. 必要なコミュニケーションスキル」,「56. 禁止の理解」,「60. 電話メッセージの録音」で芽生えがみられた。「53. 緊急情報の伝達」は不合格であった。家庭尺度「125. 表示や標識を読む」,「128. 自発的に会話をする」で芽生えがみられた。学校／事業所尺度「194. 活動中にニーズを伝える」で芽生えがみられた。これらのことから，機能的コミュニケーションでは，どうすればよいか理解している場面ではコミュニケーションを図ることができる。逆に電話のメッセージなどあまり経験がないものは苦手である。

⑥対人行動

　直接観察尺度「62. 自ら適切な挨拶をする」,「71. 会議への集中」,「72. 視覚的ルールに従う」で芽生えがみられた。家庭尺度「134. 初めての人に対して好ましい行動をとる」,「135. 好ましくない行動をとる－攻撃，所有物の

破壊」,「139. 公共の場で,他の人に対して適切に行動する」等で芽生えがみられた。学校／事業所尺度「207. 知らない人に好ましい行動を示す」,「208. 好ましくない行動を示す-攻撃性や器物の損壊」,「209. 好ましくない行動を示す-盗取的で,不快で,妨害的で,混乱させるような自己刺激行動」等で芽生えがみられた。これらのことから,対人行動は,学校／事業所尺度が最も低く,慣れた場所や親しい人（友達など）では,適切なマナーやルールを忘れがちになる。

2）スキル平均プロフィール

機能領域ごとに3つの尺度の合格得点の平均値,芽生え得点の平均値を求めることで得られる。なお,VSとは職業スキル領域のことであり,以下,VB（職業行動),IF（自立機能),LS（余暇スキル),FC（機能的コミュニケーション),IB（対人行動）となっている。

スキル平均プロフィールでは,職業スキルと機能的コミュニケーションで合格点が高く,職業行動,余暇スキル,対人行動で芽生えが高い。

3）尺度平均プロフィール

直接観察尺度の平均値は,6つの機能領域の直接観察項目の得点によって求めることができる。家庭尺度及び学校／事業所尺度の平均値も同様である。

尺度平均プロフィールでは,学校／事業所尺度で芽生えが高い。

（2）TTAPインフォーマルアセスメント（DAC）結果

実習期間中に望ましいスキルを獲得するために,201X年6月から201X年7月に15日間実施した現場実習先において,実習期間の初日及び最終日の2回,TTAPインフォーマルアセスメント（DAC）を実施し,作業状況の変化,獲得スキルの確認等を行った。

なお,TTAPインフォーマルアセスメント（DAC）もTTAPフォーマルアセスメントと同様に6つの機能領域に分けられ,採点システムも同じである。

また，記入の仕方であるが，左端に現場実習における実習内容をTTAPフォーマルアセスメントと同様に，6つの機能領域に分け，具体的な内容を記入する。その右隣に実習の様子を評価する。構造化／設定の欄は実習内容を行う際に気を付ける点を記入する。また，コメントは実際の取組の様子を記入する。

A高齢者介護施設において現場実習初日に実施したTTAPインフォーマルアセスメント（DAC）の結果をTable 41に示す。

Table 41 TTAPインフォーマルアセスメント（DAC）結果

実習内容	評価	構造化／設定	コメント
・食器の準備	E	・担当者の見本	・丁寧だが，スピードは遅い。指示の仕方が抽象的だと，間違った食器を出したり，指示された食器棚が分からなかったりして困惑する。注意を受けると反論したり，言い訳をしたりしてしまう。
・おしぼりたたみ	P	・見本の提示	・丁寧だが，スピードは遅い。示範をみせれば同じように行えた。かなりの枚数を根気よくたためた。教員が離れてもたたむスピードは落ちなかった。
・お茶配り	E	・見本の提示	・一人分の目安に自信がないが，「これくらいですか。」と質問することはできた。食器を片手で配った。座席の近くにもって行かず，同じ位置から身体を伸ばして配った。

P（Pass）＝合格　EH（Emerge High）＝高い芽生え　EL（Emerge Low）＝低い芽生え
F（Fail）＝不合格　NM（Not Measured）＝検査されていない

①職業スキルでは，食器の準備は芽生えであった。状況に応じて作業スピードを上げることについては現段階では難しいので，スピードが要求されない仕事，あるいは丁寧さが評価される仕事がよいと思われる。また，示範があればある程度の作業はできる。お茶配りは芽生えであった。食器を両手

でもつことや利用者の近くまで行き「どうぞ」等の言葉を添えて食器を置くこと等，お茶配りでの工程を確認する必要がある。

②職業行動／自立機能については，合格である。

③コミュニケーションに関しては，注意を受けたときの態度や言葉遣いが課題の一つとなっている。このことについては，本人も自覚しているがなかなか改善することが難しいので，今後タツオにあった日々の指導の手立てを考える必要がある。余暇スキルは合格である。

以上のような，特に芽生えの部分に対して目標を決め，巡回指導時に評価をしたり，手立て等の確認をしたりすることを行った。

次に15日間の現場実習の成果等を確認するために，最終日に再度TTAPインフォーマルアセスメント（DAC）を用いてアセスメントを実施した。

TTAPインフォーマルアセスメント（DAC）の結果をTable 42に示す。

①職業スキルでは，箸・茶碗・コップの準備はカードをみながら，一人で配ることができた。また，途中からカードをみなくてもできるようになり，「できます」と自信をもつことができた。配膳は，何をすればよいか分かっていたがスピードは遅かった。しかし，その際，食器を両手にもって丁寧に配膳するなど，利用者の方を敬う様子がみられた。

②対人スキルでは，利用者の方との関わりでは，優しく思いやりの気持ちがあるのは良い点であると思われる。しかし，会話が続かず，話しを聞く際に相づちができないことが多かった。このことから，コミュニケーションがうまく取れないと高齢者を相手にする対人援助は難しいのではないかという指摘を受けた。

また，事前指導と事後指導データフォームとしてTTAPインフォーマルアセスメント（DAC）を使用することで，場面間，経過時間ごとの作業の比較分析をする累積的なアセスメント一覧や支援におけるデータ収集を簡素化することができた。

Table 42 TTAPインフォーマルアセスメント（DAC）結果

実習内容	評価	構造化／設定	コメント
・箸・茶碗・コップの準備	E	・担当者の見本	・スピードは遅い。利用者の方一人一人が私物の食器を使用しているため，誰の食器であるか覚える必要がある。また，座席が決まっており座席も覚える必要がある。
・おしぼりたたみ	P	・見本の提示	・手慣れた様子であるが，今後も視覚支援が必要である。
・味噌汁配り	P	・見本の提示	・一人分の目安を事前に教わり，丁寧によそうことができた。一人一人の横から両手で「どうぞ」と言いながら配膳することができた。
・ワゴンからのおかず配膳	E		・数種類のおかずを，間違えずにワゴンから出し，利用者の方に配ることができた。たれのかけ方やとろみのつけ方等に関しては，細かい配慮がその都度必要であった。

P（Pass）＝合格　EH（Emerge High）＝高い芽生え　EL（Emerge Low）＝低い芽生え
F（Fail）＝不合格　NM（Not Measuredv＝検査されていない

4　考察

　タツオは，TTAPフォーマルアセスメントの結果にあるように職業スキルや機能的コミュニケーションの領域において評価が高い。現場実習でのTTAPインフォーマルアセスメント（DAC）においても，コミュニケーションは合格となっていることが多い。

　A高齢者介護施設での現場実習では，利用者の方との関わりの中で，優しくて思いやりがあり，また，利用者の方を敬う気持ちがみられるなど，気持ちの優しい部分が良い評価を受けた。今後も，この部分については，学校や家庭で練習をすることで，事業所の求める仕事により近づくのではないかと考える。また，他のTTAPフォーマルアセスメント領域では，職業行動，余暇スキル，対人行動において芽生えが高い。具体的には直接観察尺度は合格

であるが，家庭尺度や学校／事業所尺度で芽生えが高い。

　先にも述べたように，ASD者の就労支援の課題として対人行動やコミュニケーションが挙げられている。タツオもTTAPの結果，対人行動の得点が低いことが分かる。TTAPフォーマルアセスメントおいてもTTAPインフォーマルアセスメントにおいても共通して課題がみえていることから，もっているスキルを発揮することができるよう，対人関係面における支援が必要であると考える。

事例2
1　対象生徒の実態及び特性

　対象生徒は，知的障害特別支援学校高等部3年コウジ（仮名）男子。家族構成は，父親，母親，2人の弟の5人家族である。乳児期における身体発育は良好であったが，幼児期に発語の遅れがみられた。5歳時，医療機関にて自閉症と診断され，療育手帳（B2）を取得した。小学校及び中学校では特別支援学級に在籍した。言葉による指示を理解し，正確に行動に移すことができるが，語彙数の少なさのため，的確に自分の意思を伝えることができず，トラブルに巻き込まれる場面が多くみられた。

　WAIS-Ⅲの検査結果（実施時18歳3ヶ月）は，全検査IQ50，言語性IQ49，動作性IQ58であった。

2　手続き

　自閉症児の移行アセスメントであるTTAPフォーマルアセスメント及びTTAPインフォーマルアセスメント（CSC）に基づき現場実習場所を選定し，TTAPインフォーマルアセスメント（DAC）を実施した。このTTAPの結果を参考にして，より実践的，具体的な進路指導を行った。現場実習は，飲食チェーン店A及びM自動車部品製造会社にて実施した。なお，実施回数及び実施期間については以下のとおりである。

第1期現場実習（高等部2年1月）
　　場所：飲食チェーン店A　　期間：201X年1月に10日間
第2期現場実習（高等部3年6月）
　　場所：M自動車部品製造会社　　期間：201X年6月に10日間
第3期現場実習（高等部3年11月）
　　場所：M自動車部品製造会社　　期間：201X年11月に10日間

3　結果
（1）TTAPフォーマルアセスメント結果（実施時15歳11ヶ月）
　TTAPフォーマルアセスメントの結果をFig. 4に示す。
　以下に6つの機能領域の結果について示す。
　1）検査得点プロフィール
　①職業スキル
　直接観察尺度では，課題全般の理解はある程度できており，言葉での指示や示範をみて検査に取り組むことができた。「8．（項目番号，以下同じ）単語カードの配列」，「9．カップとスプーンによる計量」において芽生えがみられた。家庭尺度では，全項目合格であった。学校／事業所尺度では，「149．大きさで見分ける」，「150．測る・量る」，「156．物を持ち上げて動かす」において芽生えがみられた。
　②職業行動
　直接観察尺度では，「18．作業の丁寧さ」において芽生えがみられた。「14．作業の継続」においては落ち着いて封入作業を行っていたが，ため息をつく様子もみられた。家庭尺度では，「90．時間差のある指示に従う」において芽生えがみられた。学校／事業所尺度では，全項目合格であった。
　③自立機能
　直接観察尺度では，「28．生活に必要な標識の理解」，「33．メッセージの伝達」，「35．請求伝票の計算をする」等，文字による指示理解において芽生え

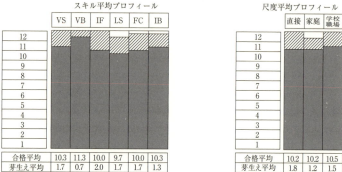

Fig. 4 TTAPフォーマルアセスメント結果

がみられた。家庭尺度では,「97. 身だしなみ」,「100. 生理の処理,または髭剃り」において芽生えがみられた。学校／事業所尺度では,「171. 伝言するために自分で移動する」において芽生えがみられた。

④余暇スキル

直接観察尺度では,「44. 雑誌やカタログを読む」,「48. 地域での余暇活動に必要なお金の計画」において芽生えがみられた。家庭尺度では,「114. 現在進行中の収集の趣味に携わる」,「115. 現在進行中の絵を描くことや工作

の活動に携わる」において不合格であった。「117. 公共の娯楽行事に関心を示す」については芽生えがみられた。学校／事業所尺度では，「188. 一人での室内活動を行う」，「190. ダーツゲーム，盤を使った将棋やオセロゲーム，カードゲームで遊ぶ」において芽生えがみられた。

⑤機能的コミュニケーション

直接観察尺度では，「60. 電話メッセージの録音」において芽生えがみられた。家庭尺度では，「122. 現在の状態についての質問に答える」，「124. 概念を用いる」において芽生えがみられた。学校／事業所尺度では，「194. 活動中にニーズを伝える」，「197. 個数を数える」において芽生えがみられた。

⑥対人行動

直接観察尺度では，「71. 会話への集中」，「72. 視覚的ルールに従う」において芽生えがみられた。家庭尺度では「140. 特定の人との交友関係を求める」において不合格であり，「143. 癇癪を制御し不満を建設的に表現する」について芽生えがみられた。学校／事業所尺度では，「207. 知らない人に好ましい行動を示す」において芽生えがみられた。

2）スキル平均プロフィール

スキル平均プロフィールでは，職業行動において合格点が最も高く，自立機能についての芽生えが高い。

3）尺度平均プロフィール

尺度平均プロフィールでは，家庭尺度で合格点が低く芽生えが高い結果となっている。

（2）TTAPインフォーマルアセスメント（CSC）結果（実施時15歳11ヶ月）

TTAPフォーマルアセスメントからコウジの職業に対する能力や強みを把握したが，それらと実際の現場実習先との適合性をスクリーニングする目的で，TTAPインフォーマルアセスメント（CSC）を実施した。

TTAPインフォーマルアセスメント（CSC）の結果をTable 43に示す。

Table 43 TTAPインフォーマルアセスメント（CSC）結果

職種	割合（%）
事務	40.0
家事	92.0
倉庫／在庫管理	100.0
図書	55.0
造園／園芸	78.0

　この結果から，調理補助業務が経験できる飲食チェーン店 A と，M 自動車部品製造会社を現場実習先として選定することにした。

4　結果
（1）第1期現場実習（高等部2年1月）

　飲食チェーン店 A にて，201X 年1月に10日間，現場実習を行った。この際，スキル獲得の確認をするために TTAP インフォーマルアセスメント（DAC）を実施した。

　TTAP インフォーマルアセスメント（DAC）の結果を Table 44 に示す。

　第1期の現場実習は，飲食チェーン店 A でのバックヤード業務を経験した。コウジは自分がいる場所や位置などの空間を把握することが難しいという実態より，実習面接時に店内の様子を見学し，店舗内の全体を確認した。飲食チェーン店 A は，バックヤード内の掲示や作業別のカラー表示など視覚支援が充実した職場環境であり，安心して働く様子がみられた。また，実習で使用する食器洗浄機の使い方についても，スタッフの方から順序立てて説明していただくことで使い方を把握することができた。

　実習では，食器洗浄機を的確に操作でき，食器等の片付け業務を自分から進んで行うことができた。また，調理時間を計測して食品を焼くという作業や計量作業では，手順表が示されており，コウジは自分で確認しながら正確

Table 44 TTAP インフォーマルアセスメント (DAC) 結果

実習内容	評価	構造化／設定	コメント
職業スキル ・食洗機の使用 ・作業台の工夫	EH P	・担当者の見本	・バックヤード内の色分けをみて，一人で食洗機を使用した。 ・右利きのため，作業台上の食材の置き方を変えて作業する。
職業行動／自立機能 ・バックヤード内の移動	EH	・見本の呈示	・移動時に，スタッフとすれ違いができ，もっている食材を落としていない。
余暇スキル ・休憩時の会話	P		・シフトで交代するスタッフと会話をしながら，午後の準備をする。
コミュニケーション ・相づち，共感の姿勢	EH		・女性スタッフの問いかけにうなずく。
対人スキル ・担当者の手伝い	EH		・休憩時間に次に行う作業の準備に気付き，担当者の補助業務を行う。

P（Pass）= 合格　EH（Emerge High）= 高い芽生え　EL（Emerge Low）= 低い芽生え
F（Fail）= 不合格　NM（Not Measured）= 検査されていない

に作業を進めることができた。その結果，積極的に働く姿勢や報告を適切に行える点等を高く評価された。しかし，課題点として，手先を使った細かな作業に支援が必要である点と，初めての指示内容に対して内容を理解できないまま「はい」と返事をしてしまう点等が挙げられた。

（2）第2期現場実習（高等部3年6月）

M自動車部品製造会社にて，201X年6月に10日間，現場実習を行った。この際，スキル獲得の確認をするためにTTAPインフォーマルアセスメント（DAC）を実施した。

TTAPインフォーマルアセスメント（DAC）の結果をTable 45に示す。

高等部3年の6月に実施した現場実習は，M自動車部品製造会社で10日間実施し，排水処理業務とバネ製造補助業務を担当した。

Table 45 TTAP インフォーマルアセスメント (DAC) 結果

実習内容	評価	構造化／設定	コメント
職業スキル ・数量報告	EH	・担当者の見本	・担当者に身振りと指で，数量を報告できた。
職業行動／自立機能 ・ライン業務の遂行 ・メモの持参，活用	EL EL	・見本の提示	・隣のラインを参照して，ねじを3個ずつ置くことができた。 ・作業着にメモ帳を入れ，担当者からの指示を箇条書きにすることができた。
余暇スキル ・休憩時間の会話	P		・担当者と話を合わせて会話できる。
コミュニケーション ・挨拶，目配せ	P		・自分から挨拶することができる。
対人スキル ・担当者の手伝い	EH		・休憩時間に次に行う作業の準備に気付き，担当者の補助業務を行う。

P（Pass）＝合格　EH（Emerge High）＝高い芽生え　EL（Emerge Low）＝低い芽生え
F（Fail）＝不合格　NM（Not Measured）＝検査されていない

　各担当者の仕事の手順をみて覚え，特に環境整備の仕事については掃除を進んで行うことができた。また，休憩時間に担当者の手伝いを行える点や，次の作業の準備を行える点も評価された。ねじの研磨作業は，機械音が常時響く職場環境のため，耳栓とゴーグル着用が求められた。担当者への数量確認報告や，連絡方法は身振りと筆談であった。コウジは複雑な言葉でのやり取りに支援が必要となるため，数字の提示と簡潔なメモのやり取りで作業の確認・報告が行われるライン作業は，理解しやすい職場環境であった。

（3）第3期現場実習（高等部3年11月）

　M自動車部品製造会社にて，201X年11月に10日間，現場実習を行った。この際，スキル獲得の確認をするためにTTAPインフォーマルアセスメント（DAC）を実施した。

　TTAPインフォーマルアセスメント（DAC）の結果をTable 46に示す。

Table 46 TTAPインフォーマルアセスメント（DAC）結果

実習内容	評価	構造化／設定	コメント
職業スキル ・数量報告	EH	・担当者の見本	・機械音が響き，耳栓とゴーグルが必要であるため，数量報告時に，指で数を示し，伝えていた。
職業行動／自立機能 ・ライン業務の遂行 ・メモの活用	EH F	・見本の提示	・隣のラインを参照して，ねじを3個ずつ置くことができた。 ・メモ帳を携帯し担当者からの指示を書くが，指示内容を理解していない。
余暇スキル ・休憩時間の会話	EH		・担当者と話ができ，作業の手伝いを続ける。
コミュニケーション ・挨拶	EH		・自分から挨拶することができる。うなずくことが多い。
対人スキル ・担当者の手伝い	P		・休憩時間に次に行う作業の準備に気付き，担当者の補助業務を行う。

P（Pass）＝合格　EH（Emerge High）＝高い芽生え　EL（Emerge Low）＝低い芽生え
F（Fail）＝不合格　NM（Not Measured）＝検査されていない

　実習2週目に，卒業後の就労移行支援を担当する障害者就業・生活支援センター職員と巡回指導を行った。担当者から，「業務については，排水処理場業務，環境整備業務，ねじ製造業務の3ヶ所をローテーションし，補助として働く立場となる。コウジの対人面の強みが生かせるが，トラブルに巻き込まれる可能性も考えられる。また，周囲への気遣いによる言動からトラブルに発展する可能性もあるため，指示や注意の確認及びメモによる確認等を身に付けることが必要である。」と助言を受けた。それをもとに事後学習で課題となった点を指導した。

4　考察

コウジは在学中に現場実習を実施した事業所に就職が決定した。今後，離職することなく，安定した職業生活を続けていくためには，製造ラインでの工程理解や作業に必要なスキルを身に付けることが重要である。また，仕事をする上で，幅広い年齢層の従業員とのコミュニケーション力が求められるので，自分から支援者に必要な支援を求めることができる力を身に付ける必要がある。

事例3

1　対象生徒の実態及び特性

対象生徒は，知的障害特別支援学校高等部3年ケイ（仮名）男子。

乳児期は，一人歩き1歳，片言の始め1歳6ヶ月でそれぞれみられ，身体発育は良好であった。幼児期は，一人遊びが多く，友達関係では，相手の話すことは理解できるが，返答が上手くできないことが多かった。3歳時，自閉症との診断を受け，療育手帳（B2）を取得した。

穏やかな性格で友人からも好かれているが，自分から話しかけることは少ない。また，時間に対するこだわりがあり，見通しをもてると安心して行動することができる。

小学校は通常の学級で，中学校から特別支援学級に在籍した。また，田中ビネー式知能検査の結果（実施時13歳3ヶ月）は，IQ63であった。

2　手続き

自閉症児の移行アセスメントであるTTAPフォーマルアセスメントに基づき現場実習場所を選定し，TTAPインフォーマルアセスメント（CSAW）及び（DAC）を実施した。この結果を参考にして，より実践的，具体的な進路指導を行った。実施場所及び期間は，ハンバーグショップDにて201X年1X月に15日間実施した。

第三章 研究1「TTAPを活用した就労支援に関する研究」結果 97

3 結果

現場実習時における課題を分析することにより，事後学習や今後の指導を充実させる目的で，TTAPフォーマルアセスメント及びTTAPインフォーマルアセスメント（CSAW），（DAC）を実施した。

（1）TTAPフォーマルアセスメント結果（実施時17歳10ヶ月）

TTAPフォーマルアセスメントの結果をFig.5に示す。

検査得点プロフィール

	職業スキル			職業行動			自立機能			余暇スキル			機能的コミュニケーション			対人行動		
	直接	家庭	学校職場	直接	家庭	学校職場	直接	家庭	学校職場	直接	家庭	学校職場	直接	家庭	学校職場	直接	家庭	学校職場
合格得点	11	12	10	8	9	5	12	12	11	11	8	9	11	10	12	12	6	9
芽生え得点	1	0	2	4	3	7	0	0	1	1	1	2	1	2	0	0	6	2

スキル・尺度平均プロフィール

スキル平均プロフィール

	VS	VB	IF	LS	FC	IB
合格平均	11.0	7.3	11.7	9.3	11.0	9.0
芽生え平均	1.0	4.7	0.3	1.3	1.0	2.7

尺度平均プロフィール

	直接	家庭	学校職場
合格平均	10.8	9.5	9.3
芽生え平均	1.2	2.0	2.3

VS=職業スキル　VB=職業行動　IF=自立機能　LS=余暇スキル　FC=機能的コミュニケーション　IB=対人行動

Fig. 5 TTAPフォーマルアセスメント結果

1）検査得点プロフィール

①職業スキル

直接観察尺度「3．（項目番号，以下同じ）絵カードを用いた部品の収納」で

芽生えがみられた。家庭尺度は，全部合格であった。学校／事業所尺度「145. 物の分類」，「150. 測る・量る」で芽生えがみられた。これらのことから，職業スキルは高く，機械や道具の操作もある程度行えると思われる。

②職業行動

直接観察尺度「13. 封入作業」，「15. 音による課題への集中」，「17. 生産性」，「20. 次の活動への移行」で芽生えがみられた。家庭尺度「86. 必要な時，援助を求める」，「92. ルーチンの変化への適応」，「96. テレビやコンピューターまたは好きなものによって気が散らない」で芽生えがみられた。学校／事業所尺度「158. 一定の割合で働く」，「160. 作業中に関心事を自制する」，「162. 他人の近くで働く」，「163. 監督者を認識する」，「164. 作業効率をあげるために道具を整理する」，「165. 作業場での作業中に自立して次の作業に移ることができる」，「168. ルーチンの変化に適応する」で芽生えがみられた。これらのことから，職業行動は，職業スキルに対して芽生えが多く，指示を受け入れたり，修正に従ったり，また，数種類の指示を覚えていて行動することが苦手である。

③自立機能

直接観察尺度，家庭尺度は全て合格であった。学校／事業所尺度「174. 公共の場で適切に行動する」で芽生えがみられた。

④余暇スキル

直接観察尺度「44. 雑誌やカタログを読む」で芽生えがみられた。家庭尺度「114. 現在継続中の収集の趣味に携わる」，「115. 現在継続中の絵を描くことや工作の活動に携わる」，「116. 現在継続中の野外での活動に携わる」が不合格，「118. ペットの世話をする」で芽生えがみられた。学校／事業所尺度「181. 適切に自由時間を過ごす」，「192. 定期的な運動」で芽生えがみられた。これらのことから，余暇スキルは他の人と協調することは芽生えだが，一人で自由時間を過ごすことができ各種催し物への興味もある。また，一人で本屋，理髪店，ファーストフード店等を利用することもできる。

⑤機能的コミュニケーション

直接観察尺度「60. 電話メッセージの録音」で芽生えがみられた。家庭尺度「126. 電話をかける」、「128. 自発的に会話をする」で芽生えがみられた。学校／事業所尺度は全て合格であった。これらのことから，機能的コミュニケーションでは，どうすればよいか理解している場面ではコミュニケーションを図ることができる。逆に電話のメッセージなどあまり経験がないものは苦手である。

⑥対人行動

直接観察尺度は全て合格であった。家庭尺度「133. 親しい人たちに好ましい行動をとる」、「137. 社交的な集まりに参加する」、「138. 他の人の存在を意識して反応する」、「139. 公共の場で，他の人に対して適切に行動する」、「140. 特定の人との交友関係を求める」、「143. 癇癪を制御し不満を建設的に表現する」で芽生えがみられた。学校／事業所尺度「212. 特定の人々との仲間関係を求める」、「214. 良いスポーツマンシップを示す」で芽生えがみられた。「210. 作業中に自制心を持つ」は不合格であった。これらのことから，対人行動は，家庭尺度が最も低く，慣れた場所や友達など親しい人では，適切なマナーやルールを忘れがちになる。

2）スキル平均プロフィール

スキル平均プロフィールでは，職業スキル，自立機能，機能的コミュニケーションで合格点が高く，職業行動で芽生えが高い。

3）尺度平均プロフィール

尺度平均プロフィールでは，直接観察尺度で合格点が高く，学校／事業所尺度で芽生えが高い。

（2）TTAPインフォーマルアセスメント結果

今回は，201X年1X月に15日間実施した現場実習先においてTTAPインフォーマルアセスメントを行った。実習期間の初日にTTAPインフォーマ

ルアセスメント（CSAW），及び実習期間中に TTAP インフォーマルアセスメント（DAC）を実施し，作業状況の変化，獲得スキルの確認等を行った。

ハンバーガーショップ D において現場実習初日に実施した TTAP インフォーマルアセスメント（CSAW）の結果を Table 47 に示す。

以上の結果から，巡回指導では特に芽生えの部分への支援を中心に行った。

Table 47 TTAP インフォーマルアセスメント（CSAW）結果

名　前：　ケイ　　　　　日付：　201X／1X
実習現場：　ハンバーグショップ D　　　ジョブコーチ/スタッフ：

目標（作業が目標かどうかチェック）	仕事の内容（作業）	実行レベル			芽生えスキルに関して行ったあらゆる作業の修正点，視覚的構造化，指導方法についての記述
		合格	芽生え（高か低で記述し，その基準も明記）	不合格	
	オーダー表をみて肉を出す		高 時々グラムを間違えていた		オーダー表にグラム数で書かれていることや，肉がグラム毎に分かれて引き出しに入っていて分かりやすい。
	右側の鉄板で片面を 90 秒焼く	?			肉を鉄板に置いたときにタイマーに触れることで時間のカウントが始まる。また，10 秒ごとにランプが点灯し 90 秒経つと音が鳴るので分かりやすい。
	もう片面を左側の鉄板で 6 分焼く	?			鉄板のふたをセットした時点で自動的に時間のカウントが始まる。ふたが色分けしてあり，6 分経ったときにそれぞれ違う音が鳴るので分かりやすい。
	鉄板のこげ取り		高 道具の持ち方		もち方について支援が必要。
	秤でサラダの重さを計り，マヨネーズやゴマ，トマトのトッピングをする。		高 通常のメニューにおいてはできていたが，特別な場合の対応		「マヨなし」というメニューにないオーダーが入った。このとき言葉による指示だけでなく，視覚的に分かる物が必要。
	食器をスポンジで洗い，食洗機にかける。		高 洗う順番の変更を求められたときの対応		店の状況で，洗う順番が変わることがある。この時の指示の仕方。

合格＝手助けを必要としない／自立している　　芽生え（高か低）＝手助けがあってできる
不合格＝作業のどの部分も完成できない

この際，TTAP インフォーマルアセスメント（CSAW）の現場実習初日で見出された高い芽生えレベルにある特定の職業スキルを TTAP インフォーマルアセスメント（DAC）の職業スキルのタイトルの下の項目に転記した。転記した項目は，①オーダー表をみて肉を出す，②鉄板のこげとり，③秤でサラダの重さを測り，マヨネーズやゴマ，トマトのトッピングをする，④食器をスポンジで洗い，食洗機にかける，の4点である。その他として，実習初日のアセスメント結果から，実習期間に重要だと思われる職業行動，自立機能，余暇スキル，コミュニケーション，対人スキルを見出した。また，TTAP インフォーマルアセスメント（DAC）を使用して，実習を巡回した教員は，選定した目標に関して毎日のケイの仕事の実施状況を記入することとした。

TTAP インフォーマルアセスメント（DAC）の結果を Table 48 に示す。

ケイが行なった仕事は，ハンバーグを焼くこと，サラダの盛り付け，食器洗いであった。この職場は非常によく構造化されていた。

ハンバーグショップDではハンバーグを焼くのに，片面を90秒焼くための鉄板と反対側の面を6分焼くための鉄板がある。まず片面を90秒焼くのであるが鉄板に置いてタイマーに触れると時間のカウントが始まる。10秒ごとにランプが光り，あとどれくらいで終わるのかの見通しがもてるものだった。さらに，90秒経った時には音が鳴るのでとても分かりやすい仕組みになっていた。その後，左側にある鉄板に裏返してふたをして6分焼く。こちらの鉄板では，ふたが色分けされていた。また，6分経ったときに音が鳴るのだが，ふた毎に音が異なっているので非常に分かりやすくなっていた。ハンバーグを焼く作業は合格であった。

ハンバーグを焼き終わり，皿に盛り付けると鉄板のこげ取りをする。こげをとるための道具があるのだがこの道具の使い方が芽生えであった。道具をもつ位置が上すぎて力が入らないようで従業員に指導を受けていたがうまくいかないようだった。

サラダの盛り付けは，何をどの順番で盛付ければよいのかは分かっている

Table 48 TTAPインフォーマルアセスメント（DAC）結果

実習内容	評価	構造化／設定	コメント
職業スキル ・オーダー表をみて肉を出す。 ・右側の鉄板で片面を90秒焼く。 ・もう片面を左側の鉄板で6分焼く。 ・鉄板のこげ取り。 ・秤でサラダの重さを計り，マヨネーズやゴマ，トマトのトッピングをする。 ・食器をスポンジで洗い，食洗機にかける。	EH P P EH EH EH	・オーダー表にグラム数で書かれていることや，肉がグラム毎に分かれて引き出しに入っている。 ・肉を鉄板に置いたときにタイマーに触れることで時間のカウントが始まる。また，10秒ごとにランプが点灯し90秒経つと音が鳴るので分かりやすい。 ・鉄板のふたをセットした時点で自動的に時間のカウントが始まる。ふたが色分けしてあり，6分経ったときにそれぞれ違う音が鳴るので分かりやすい。	・こげ取りの際に，こげを取るということは理解しており，なんとなく形にはなっていたものの，もち方が曖昧でうまくできない様子。もち方の指示必要。 ・メニューにない注文「マヨネーズ抜き」のときに言葉による指示であったため何度も従業員に確認する様子がみられた。このような注文における指示の方法も必要である。
職業行動／自立機能			・学校の先生の巡回だったためか，きょろきょろとこちらの様子をみていることが多かった。
余暇スキル			・特になし。
コミュニケーション ・分からないときに助けを求める。 ・言葉での指示に従う。	 P EH		・従業員の方からの指示を忘れてしまった場面において「もう一度お願いします」と質問することができていた。 ・食器洗いの場面で，洗う食器の順番の変更を指示されていたが「こっち」や「あっち」という指示で理解できない様子だった。
対人スキル			・特になし。

P（Pass）＝合格　EH（Emerge High）＝高い芽生え　EL（Emerge Low）＝低い芽生え
F（Fail）＝不合格　NM（Not Measured）＝検査されていない

ようであった。しかし,「マヨネーズ抜き」というイレギュラーな注文が入った時は,言葉による指示だけであったため,何度も従業員に質問して,作業に取り組むまでに少し時間がかかっていたということで芽生えとした。

食器をスポンジで洗い食洗機にかける作業はできていたのだが,洗う食器の順番の変更を求められたときに指示を理解できなかったようであったため芽生えとした。

今回は,事前指導と事後指導データフォームとしてTTAPインフォーマルアセスメント（CSAW）及び（DAC）を使用したが,その結果,場面間,経過時間ごとの作業の比較分析をする累積的なアセスメント一覧や支援におけるデータ収集を簡素化することができた。

4　考察

ハンバーグショップDのキッチンは構造化されているものが多くあった。ハンバーグを焼く際に使われる機械には,ふたが色分けしてありそれぞれのふた毎に音が異なっていた。その他にも,引き出しには何が入っているのか書かれたシールが貼ってあったり,音やランプで時間を知らせたりするなど,ASD者であるなしに関わらず分かりやすい構造になっていた。そのため,音や光の合図によってハンバーグを焼くという作業に取り組むことができたと考えられる。

サラダの盛り付け作業では,どのように,また,どの順番で盛り付けるのかは理解していた。しかし,「マヨネーズ抜き」といったイレギュラーなオーダーの際には支援が必要であった。言葉のみでの指示だったため,その後何度か従業員に確認しており,紙に書いて示すことなど,視覚的に分かりやすい工夫が必要なのではないかと考える。

また,食器洗いの場面では,店の混雑状況から急に洗う順番の変更が求められる場面があった。実際の職場では,店の状況によってさまざまな変更や要求が出てくる。このような場面に対応できるようなより実際の状況に近い

指導が学校の授業で行われる必要性があると考える。ケイは，いくつかの実習現場を経験してきたが，このハンバーグショップDが「今までで一番いい。」,「一番うまくできます。」と話していた。理由としては，構造化された環境が整っておりケイにとって作業が分かりやすいことが挙げられると考える。

事例4

1　対象生徒の実態及び特性

　対象生徒は，知的障害特別支援学校高等部3年ミカ（仮名）女子。

　家族構成は，父親，母親，妹，の4人家族である。幼児期は，人に触られるのを嫌がり，友達とあまり遊ぶことがなかった。また，言語面に関しては言葉がなかなか出てこない状況であり，4歳時に医療機関にて自閉症と診断され，療育手帳（B2）を取得した。小学校及び中学校は特別支援学級に在籍した。また，興味・関心の幅が狭く，自分とは関係のない出来事や人に対して，ほとんど関心をもつことがないなど，対人関係面においては広がりがみられない。自分の身の回りのことはほとんど一人でできるが，人や時間，場所に対するこだわりがみられる。

　WISC-Ⅲの結果（実施時15歳9ヶ月）は，全検査IQ63，言語性IQ43，動作性IQ92であった。

　言語性下位検査は評価点1～8の範囲に分布し，「数唱」が最も高い。一方，動作性下位検査は評価点6～11の範囲に分布し，「積木模様」,「組合」が評価点11となっている。群指数は，VC40以下，PO95，FD68，PS78，である。

　検査結果から，視覚的な処理，絵や図の理解や操作，聴覚的な記憶は得意であるが，ことばの理解や操作は苦手である。また，運動速度は低い。

2　手続き

　自閉症児の移行アセスメントであるTTAPフォーマルアセスメントに基づき現場実習場所を選定し，TTAPインフォーマルアセスメント（CSAW）及び（DAC）を実施した。このTTAPの結果を参考にして，より実践的，具体的な進路指導を行った。実施場所及び期間は，スーパーマーケットBにて200X年1X月に15日間実施した。

3　結果

　現場実習時における課題を分析することにより事後学習や今後の指導を充実させる目的で，TTAPフォーマルアセスメント及びTTAPインフォーマルアセスメント（CSAW），（DAC）を実施した。

（1）TTAPフォーマルアセスメント結果（実施時16歳8ヶ月）
　TTAPフォーマルアセスメントの結果をFig.6に示す。
　1）検査得点プロフィール
　　①職業スキル
　直接観察尺度では，課題ののみ込みも早く，作業スピードも速い。しかし，自分のやり方にこだわりをもち，終了したものを何度もやり直す場面が多くみられた。新しいことでも，指導すればいろいろなことができそうである。家庭尺度では，未経験のことも多いようである。技能はもっているので，今後家庭用品の使い方など経験していくことが必要である。
　　②職業行動
　直接観察尺度では，文字で書かれたスケジュールの理解はよくできた。自分の興味に没頭してしまうと，検査に戻るのに少し時間がかかった。
　　③自立機能
　直接観察尺度では，カレンダーの課題で，「○月○日は何曜日？」というよ

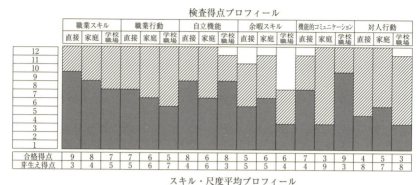

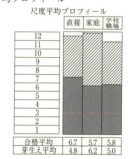

VS=職業スキル　VB=職業行動　IF=自立機能　LS=余暇スキル　FC=機能的コミュニケーション　IB=対人行動

Fig. 6 TTAPフォーマルアセスメント結果

うな質問は答えられるが,「1週間は何日か」や「○月○日は学校へ行くか」などの質問には答えることができなかった。また,「紙に書かれた内容を伝える」では,少し手助けすればその役割を果たすことができた。

④余暇スキル

　直接観察尺度では,人と一緒の遊び方は経験もないのか,あまり分からないようであった。ミカのもつ視覚的スキルの強さを,ゲームをするスキルに生かして,人と一緒に遊ぶという経験に結び付けていくことも考える必要がある。家庭でもやはり人との遊びの経験が少ない。家庭生活以外の場面でも,自由な時間をうまく過ごせるような支援が求められる。

⑤機能的コミュニケーション

直接観察尺度では，話し言葉の指示や質問もある程度は分かるが，慣れない言葉を使われたり慣れないことを聞かれたりすると理解できなかった。また，言語を多用する課題では混乱してきて，いらいらする様子がみられた。文字で書くとスムーズに伝わるし，難しくて理解できなくても集中して理解しようと努力する姿がみられた。

⑥対人行動

直接観察尺度では，受動的には，人からの関わりを受け入れることができる。ただ，自分の興味が優先してしまい反応しないこともある。また，自分からの働きかけは一方的なものになりがちである。

2）スキル平均プロフィール

スキル平均プロフィールでは，職業スキル，職業行動で合格点が高く，対人行動で芽生えが高い。

3）尺度平均プロフィール

尺度平均プロフィールでは，家庭尺度で芽生えが高い。

（2）TTAPインフォーマルアセスメント結果

今回は，200X年1X月に15日間実施した現場実習先において，実習期間の初日にTTAPインフォーマルアセスメント（CSAW），及び実習期間中にTTAPインフォーマルアセスメント（DAC）を実施し，作業状況の変化，獲得スキルの確認等を行った。

TTAPインフォーマルアセスメント（CSAW）の結果をTable 49に示す。

以上の結果から，巡回指導では特に芽生えの部分への支援を中心に行った。この際，TTAPインフォーマルアセスメント（CSAW）の現場実習初日で見出された高い芽生えレベルにある特定の職業スキルを，TTAPインフォーマルアセスメント（DAC）の職業スキルのタイトルの下の項目に転記した。転記した項目は，①ジャガイモの袋詰め，②ジャガイモの袋に機械でシールを

Table 49 TTAP インフォーマルアセスメント（CSAW）結果

名　前：＿＿＿＿ミカ＿＿＿＿　日付：＿200X／1X＿
実習現場：＿＿＿スーパー＿＿＿　ジョブコーチ/スタッフ：＿＿＿＿＿

目標（作業が目標かどうかチェック）	仕事の内容（作業）	実行レベル			芽生えスキルに関して行ったあらゆる作業の修正点，視覚的構造化，指導方法についての記述
		合格	芽生え（高か低で記述し，その基準も明記）	不合格	
	じゃがいもの袋詰め。4つずつ袋に入れる。		高 傷のあるジャガイモがあったときの対応や，大きさのバランス，入れ方（配置）。		4つ入れることは分かっているが，傷があったときに毎回報告していた。傷があったジャガイモを入れるボックスなどを用意して置けば，毎回確認せずに済むと思われる。ジャガイモの袋の詰め方などの指示が必要。見本をみせたあとは気を付けていたので，最初に見本をみせるとよい。
	ジャガイモの袋に機械でシールを巻く。		高 ねじりが弱かったり，シールの位置が上過ぎたり下過ぎたりする。		テープをとめる位置を示したものがあれば適当な位置に留めることができると思われる（しかし，ジャガイモの大きさによってはずれるので難しい）。
	袋の口が長すぎた場合は機械で切る。		低 短く切りすぎることが多い。		どの位残すのか，または，どこを切るのかを示したものが必要。
	小松菜の袋詰め。痛んでいるところを捨てる。		高 間違って違うところまで剥ぎ取ってしまう。		
	袋の周りの水を拭く。	✓			
	袋の口をテープでとめる。	✓			

合格＝手助けを必要としない／自立している　　芽生え（高か低）＝手助けがあってできる
不合格＝作業のどの部分も完成できない

巻く，③小松菜の袋詰め，の3点である。その他として，実習初日のアセスメント結果から，実習期間に重要だと思われる職業行動，自立機能，余暇スキル，コミュニケーション，対人スキルを見出した。また，TTAP インフォー

マルアセスメント（DAC）を使用して，実習を巡回した教員は，選定した目標に関して毎日のミカの仕事の実施状況を記入することとした。

TTAPインフォーマルアセスメント（DAC）の結果をTable 50に示す。

①職業スキル

スーパーマーケットBにおける現場実習では，まず，青果の袋詰め作業を行った。ジャガイモを4つずつ袋に入れることは芽生えであった。傷があったジャガイモを毎回まわりにいる人にみせることが多く，詰め方への指示が必要とされたからである。また，ミカは正しい詰め方にするために何度も言葉かけを必要とした。

袋詰めしたらその袋の口の部分に機械を当てテープで留める作業をした。これも芽生えである。袋の口のどの辺りをテープで留めたらよいのかが難しく，適切でないところにテープを留めることが多かった。視覚的な指示があれば作業もスムーズに進んだと思われる。

また，テープで留めた後に袋の口の長く余った部分を同じ機械で切る作業は，低い芽生えであった。どの長さ以上だったら切るのか，どの辺りを切ればよいのかが分かりにくいためだと思われる。

小松菜の袋詰めの作業では，傷んでいる葉を切りとらなければならないのだが，必要以上に切り取ってしまうことがあったためこれも芽生えである。

袋の周りについた水滴を拭くことや，袋の口をセロハンテープでとめることは合格であった。

②職業行動

職業行動において芽生えや不合格が多い。しかし，この職場は人の出入りが多く，気温も低く肌寒いにも関わらず与えられた作業に対しては長時間集中して取り組んでいた。

ミカは，やることがあるときには近くに人がいたり話をしていたりしても自分の作業だけをみて集中して取り組むことができる。しかし，一つの作業が終わり，次の作業が指示されていないときは，周りの人の作業をじっと眺

Table 50 TTAP インフォーマルアセスメント（DAC）結果

実習内容	評価	構造化／設定	コメント
職業スキル ・ジャガイモの袋詰め。 ・袋の口に機械でテープでとめる。 ・袋の口の長い部分を機械で切る。 ・小松菜を袋詰めする。 ・小松菜の傷んでいる部分を切る。 ・袋の口をテープでとめる。	EH EH EL P EL P	・どのようにジャガイモを入れるかの視覚的な指示があると問題なく入れることができると思われる。 ・どの部分にテープを留めるのか，どの長さを切れば良いのかの視覚的な指示があると良い。袋をねじる回数を先生が指示したことでスムーズになった。	・見本をみせるとその後から正しく詰めることができていたことから，入れ方の見本を初めに提示しておけば問題ない。 ・傷があるジャガイモがあると毎回報告していた。傷があるジャガイモを入れる箱を用意しておいてとりあえずそこに入れるようにしておけば作業ははかどると思われる。 ・小松菜で傷んでいる部分を切る作業では，切り取るべき部分以外も切ってしまう。
職業行動／自立機能 ・人の出入りがあったりしても自分の作業に集中する。 ・間違いをすると間違ったことが気になり作業に影響する。 ・やることがないときにまわりをウロウロする。 ・要求が通らないとき。	P EL F F	・やることがないときにまわりをウロウロしていたことから，作業の内容をあらかじめ示し見通しをもたせる必要がある。 ・終了時刻間際になって時間を気にしだした。終わりの時間を知らせることはもちろん，どこまでやったら終わりなのかを伝える必要がある。	・失敗した物を別のところに置いておき別のことを指示されたときに，失敗した物を直そうとして作業が進まなくなった。 ・作業一つ一つが終わると近くにいる人に「終わりました」と報告していた。報告するのは誰なのかを把握させる必要がある（学校の先生が一緒にいたことでどうしても先生に報告してしまう）。 ・要求が通らないとき（報告したい人が話し中で待たされているとき）に，落ちついていられなくなった。 ・終了間近になって終了時間を気にしだした。
コミュニケーション ・援助を求める。	EH		・困ったときに，先生に助けを求めていた。ただし，近くの人に誰でもお構いなしに話しかけていたため，どの人に報告するべきなのか把握させるべきである。
対人スキル ・近くに人がいても作業に集中することができる。	P		・特になし。

P（Pass）＝合格　EH（Emerge High）＝高い芽生え　EL（Emerge Low）＝低い芽生え
F（Fail）＝不合格　NM（Not Measured）＝検査されていない

めたり部屋の中をウロウロしたりすることがあった。このことから職業行動の面で芽生えということになる。

③自立機能

身だしなみ及び通勤等に関しては，特に問題となる点はみられなかった。

④余暇スキル

TTAPインフォーマルアセスメントでは，ミカの与えられた仕事に対する集中力はとても高いことが分かった。職場の環境や，人の動きに左右されることなく作業に取り組むことができていた。しかし，作業がないときにはまわりをウロウロする様子がみられた。学校／事業所尺度のチェックでも昼休みなどの決まった時間においては適切な行動をとることができるが，急にできた5分間の休憩では適切でない行動をとることがあるということであった。このことから，作業のスケジュールを明確にしてミカに示すことができれば，上記のような行動をせずに仕事に取り組むことができるのではないかと考える。しかし，実際の現場では急に予定が変更されることは多くみられるため，何もしない時間ができたときに適切に待つことや，すべきことを聞きにいく力などを身に付けさせる指導が考えられる。

⑤機能的コミュニケーション

一つの作業が終わったときや，困ったことがあったときに報告することに関しては従業員であるなしに関わらず近くにいる人に報告していたり，自分がした間違いをずっと気にして作業が進まなくなったりすることもあった。

始めに従業員が見本をみせてから作業を進めさせたのだが，どのようにやればよいのか分からなかったようで，その従業員をじっとみつめていた。そこで，従業員が一度ミカの作業を支援したところ次からはできるようになった。このとき，一つ金具を留める作業が終わるたびに「終わりました」と報告していた。コミュニケーションの面で芽生えである。

⑥対人スキル

空いたトレイを別の部屋にもって行く仕事を頼まれる場面があった。その

トレイを運ぶ際に人が通り道をふさいでいたので,「失礼します」と言ってよけてもらおうとした。自分のもっているトレイをうまく傾けたりすれば通れたものの,自分はそのまま通ろうとし,人がよけるのを待つという様子もみられた。そのトレイを置いてきた後は,他の部屋の様子が気になり寄り道していた。よって芽生えである。

4　考察

　TTAPフォーマルアセスメントの結果から,機能的コミュニケーションや対人行動において芽生えの数が多いことが分かる。現場実習におけるTTAPインフォーマルアセスメントでも報告や援助を求めることにおいて芽生えであったことから,これらの領域における支援が必要であることが考えられる。

　TTAPインフォーマルアセスメントでは,ミカの与えられた仕事に対する集中力はとても高いことが分かった。職場の環境や,人の動きに左右されることなく作業に取り組むことができていた。しかし,作業がないときにはまわりをウロウロする様子がみられた。学校／事業所尺度のチェックでも昼休みなどの決まった時間においては適切な行動をとることができるが,急にできた5分間の休憩では適切でない行動をとることがあるということを把握できた。このことから,作業のスケジュールを明確にしてミカに示すことができれば上記のような行動をせずに仕事に取り組むことができるのではないかと考える。しかし,実際の現場では急に予定を変更することは多くみられるため,何もしない時間ができたときに適切に待つことや,すべきことを聞きにいく力などを身に付けさせる指導が考えられる。

　スーパーバックヤードで野菜を詰めた袋にテープを貼る仕事があったが,どの部分にテープをとめるのかが分かりづらいようだった。袋の口からどのくらいのところをとめたらよいのか分かるような視覚的な見本があると作業量も増えたのではないかと考えられる。

現場実習の際，一つのことが終わるたびに報告をしている場面があった。学校の作業ではどこで報告するのかを示したスケジュールのようなものが示されている。しかし，このときは報告をいつするのかということが分からなかったため，日頃から練習している報告を一つ一つの作業毎に行っていたのだと考える。いつ報告するのか，またはどこまでやったら報告するのかなど示しておくことが必要だったと考える。学校で行なっていることを実習先でも継続して行う，もしくは，今後このような実態を踏まえて，報告の仕方の練習の工夫を行う必要があるのではないだろうかと考える。

また，課題として報告をする相手が適切でないことが挙げられた。誰に報告するべきかをあらかじめ確認することや，報告する相手を視覚的に示しておくなどの方法が考えられる。学校では教員が近くにいるのが当たり前のようになっているが，実際の現場ではシフトによって店長や責任者が常にいるとは限らない。どんな状況でも適切な相手に報告できるような柔軟性をもった指導が求められると考える。

事例5

1　対象生徒の実態及び特性

対象生徒は，知的障害特別支援学校高等部3年カイト（仮名）男子。家族構成は，父親，母親，祖父，祖母及び兄の6人家族である。1歳6ヶ月検診時に言葉の遅れを指摘された。3歳時に医療機関にて，自閉症と診断を受けた。幼児期は簡単な二語文の発話が聞かれたが，その後は多語文の顕著な増加はみられなかった。また，家族や友人との関わりではコミュニケーション面での課題が多くみられた。小学校及び中学校では特別支援学級に在籍し，マイペースではあるがどの学習にも丁寧に取り組むことができた。高等部における状況は，性格は穏やかで真面目であるが，集中を持続することが難しく，個別の言葉かけを要する。学習課題に対しては自分で課題を解決しようとする気持ちが強く，指示を素直に受け入れることが難しいことがある。

カイトは調理が好きで，家庭では自分で調理をすることが多く，調理器具の使い方も上手であることから，調理に関係する職種での一般企業就職を希望している。それに伴い，知的障害者が一貫した療育・援助等の福祉施策を受けるための手帳である療育手帳（B2）を取得した。

WAIS-Rの検査結果（実施時17歳2ヶ月）は，全検査IQ64，言語性IQ69，動作性IQ66であり，言語性IQと動作性IQに有意差はみられなかった。言語性下位検査では，「類似」が評価点8と一番高く，「算数」と「理解」が評価点3と一番低い。「数唱」では，順唱よりも逆唱で高い結果を得られた。動作性下位検査では，「絵画配列」が評価点10と全検査中一番高く，「符号」が評価点3と一番低い。「絵画配列」が高いことから，視覚的な支援があれば物事を順序立てて考えることができる。普段の生活の中でも，話し言葉で指示されたすべてを行動に移すことは難しいが，レシピをみながらであれば複数の手順を理解し，調理をすることができることとも一致している。「符号」が低いことや反応時間が長いなどの検査時の様子から，事務的な処理速度や動作の機敏さには弱さがみられると考えられる。作業学習においても作業速度は遅いが，丁寧かつ正確に行うことができる。

2 手続き

自閉症児の移行アセスメントであるTTAPフォーマルアセスメント及びTTAPインフォーマルアセスメント（CSC）に基づき現場実習場所を選定し，現場実習を実施した。

現場実習は，Bスーパーマーケットにて実施した。なお，実施回数及び実施期間については以下のとおりである。

第1期現場実習（高等部2年11月）
　場所：スーパーマーケットB　期間：201X年11月に15日間
第2期現場実習（高等部3年6月）
　場所：スーパーマーケットB　期間：201X＋1年6月に15日間

第3期現場実習(高等部3年11月)

場所:スーパーマーケットB　期間:201X+1年11月に15日間

また,現場実習においてTTAPインフォーマルアセスメント(DAC)を実施し,現場実習期間中にどの程度望ましいスキルを獲得することができたかを確認した。

3　結果

(1) TTAPフォーマルアセスメント結果(実施時17歳3ヶ月)

TTAPフォーマルアセスメントの結果をFig.7に示す。

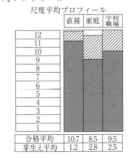

Fig. 7　TTAPフォーマルアセスメント結果

１）検査得点プロフィール

以下に，６つの機能領域の結果について示す。

得点プロフィールは，３つの尺度それぞれについての各機能領域の項目の得点を示したものである。このプロフィールから，異なった環境での各機能領域間のスキルの達成度を比較する。

①職業スキル

直接観察尺度では，課題ののみ込みも早く，全項目が合格である。家庭尺度では，「74.（項目番号，以下同じ）日常的に使うものの分類」，「77. 衣服を洗濯し乾かす」，「83. テーブルセット」において芽生えがみられた。学校／事業所尺度では，全項目が合格である。

②職業行動

直接観察尺度では，「13. 封入作業」において，途中で休むこともなく，丁寧かつ継続して作業に取り組む様子がみられた。このことはカイトの日頃の作業課題への取り組み方にも当てはまる。また，多少の時間的負荷をかけても課題を遂行できる可能性があることも分かった。家庭尺度では，「85. １人で働く」，「89. 新しい課題を行う」，「90. 時間差のある指示に従う」，「93. 自分の領域や持ち物を維持管理する」，「96. テレビやコンピューターまたは好きなものによって注意が逸れない」において芽生えがみられた。学校／事業所尺度では，「167. 指示に対する応答をする上で間違いを正す」において芽生えがみられた。

③自立機能

直接観察尺度では，課題ののみ込みも早く，全項目が合格である。家庭尺度では，「107. 1泊の外出または学校で使用するリストのために荷物をまとめる」において芽生えがみられた。学校／事業所尺度では，「171. 伝言するために自分で移動する」，「174. 公共の場で適切に行動する」，「177. 時計の時間が分かる」において芽生えがみられた。

④余暇スキル

　直接観察尺度では,「47. 地域における余暇活動の計画」において芽生えがみられた。家庭尺度では,「111. 他の人と協力して遊ぶ」,「116. 現在進行中の野外での活動に携わる」,「118. ペットの世話をする」において芽生えがみられた。また「114. 現在進行中の収集の趣味に携わる」,「115. 現在進行中の絵を描くことや工作の活動に携わる」は不合格であった。学校／事業所尺度では,「182. 協力遊びに従事する」,「183. 昼食,あるいは休憩時間の活動に従事する」,「189. 植物の世話をする」,「191. ゲームの図や文書の指示に従う」,「192. 定期的な運動」において芽生えがみられた。

⑤機能的コミュニケーション

　直接観察尺度では,「49. ことばによる指示あるいはジェスチャーの理解」,「53. 緊急情報の提供」,「55. 肯定的な感情の理解」,「60. 電話メッセージの録音」において芽生えがみられた。家庭尺度では,「128. 自発的に会話をする」,「131. 身振りか言葉で拒否する」において芽生えがみられた。また,「127. 社会的な活動に対してコミュニケーションをとる」は不合格であった。学校／事業所尺度では,「194. 活動中にニーズを伝える」において芽生えがみられた。

⑥対人行動

　直接観察尺度では,「71. 会話への集中」においては,普段口数の少ないカイトが,家族について質問に答えながら3分間以上話し続けることができた。「72. 視覚的ルールに従う」において,カイトの実態に合うように,「独り言を言わない」,「思い出し笑いをしない」などの文字で示された「ルールカード」をみせると,これらの行動をやめることができた。このことは視覚的指示に従い自分の行動を修正できることを表している。カイトが,これらの行動の自覚があることから,行動の改善を要求できる可能性があることが分かった。また,「64. 適切な笑顔を示す」,「66. 適切な対人行動を示す」において芽生えがみられた。家庭尺度では,「133. 親しい人たちに好ましい行動

を示す」,「137. 社会的な集まりに参加する」,「138. 他の人の存在を意識して反応する」において芽生えがみられた。また,「140. 特定の人との交友関係を求める」は不合格であった。学校／事業所尺度では,「205. 他者がいることを意識する」,「206. 慣れた人々にポジティブな行動を示す」,「210. 作業中に自制心を持つ」,「212. 特定の人々との仲間関係を求める」,「213. 他者と食べ物や持ち物を共有する」において芽生えがみられた。

　2）スキル平均プロフィール

　スキル平均プロフィールでは,対人行動において合格点が最も低く,芽生えが高い。

　3）尺度平均プロフィール

　尺度平均プロフィールでは,家庭尺度で合格点が低く,芽生えが高い。

　以上の結果から,①指示理解力があり,多少の時間的負荷をかけても課題を遂行できること,②いろいろな機械や道具等に興味をもち,上手に操作したり安全手順に従って扱ったりすることができること,③品物の梱包や収納が丁寧で,作業が効率的に行えること,④これらの作業に集中力を切らさずに取り組めること等,カイトが機械や道具を操作し,品物の梱包や収納などを一つ一つ丁寧に扱うスキルの領域で強みをもっていることが分かった。

（2）TTAPインフォーマルアセスメント（CSC）結果（実施時17歳4ヶ月）

　TTAPフォーマルアセスメントの結果から,カイトの職業に対する能力や強みを把握したが,それらと実際の現場実習先との適合性をスクリーニングする目的で,TTAPインフォーマルアセスメント（CSC）を実施した。

　TTAPインフォーマルアセスメント（CSC）の結果をTable 51に示す。

　TTAPインフォーマルアセスメント（CSC）の結果,カイトの獲得しているスキルの割合は,それぞれ,事務（53%）,家事（96%）,倉庫／在庫管理（67%）,図書（33%）,造園／園芸（75%）であった。この結果から,家事に関するスキルが高いことが分かる。

Table 51 TTAPインフォーマルアセスメント（CSC）結果

事務	家事	倉庫／在庫管理	図書	造園／園芸
■パソコンの使用	■ほこり払い	■在庫品調べ	□カード目録の使用	■じょうろやホースでの植物の水やり
■ワープロの使用	■掃除機がけ	□品物の特定	□本を探すための本棚の見渡し	■除草
■データ入力	■ほうき・ちり取りがけ	□注文受け	■本の配置	■植物の鉢植え
□タイプ：原稿修正	■モップがけ	■箱からの品物の取り出し	■書架棚の認識	■穴掘り
■ファイル	■テーブル拭き	■箱への品物詰め	□返却された本のカードの差し替え	■道具の運搬
■数字による分類（1桁の数字順）	■窓と鏡の掃除	■ラベルを前にして棚への陳列	□参考文献の検索と使用	■芝刈り
■文字による分類（1文字順）	■清掃場所の確認	■荷物の持ち上げ		■草刈り機の使用
■コピー機の使用	■清掃用具の確認	■ラベルと値札つけ		■種まき
□用具そろえ	■洗濯機の使用	□貯蔵と積み重ね		■落ち葉集め
■封筒への用紙詰め	■乾燥機の使用	■物の収納		■野菜の採取
□電話帳の使用	■洗濯物たたみ	■品物集め		□生垣刈り
□電話の応答	■リサイクル品の分類	□テープ貼りと郵送		■容器での水やり
■はさみの使用	■ベッドメイキング			
□文書のシュレッダーがけ	■レシピを使った食事の用意			
□名刺ホルダーへの名刺の整理	■カットとスライス			
□スキャナーの使用	■電子レンジの使用			
□ラミネート	■電気やガスのレンジの使用			
	■安全手順に従う			
	■ポット用流し台の使用			
	■食器洗い機の使用			
	■きれいな皿と汚れた皿の確認			
	■未使用の皿の分類と収納			
	■調理料詰め			
	■トレーからの品物の除去			
	□レジ係			
	■他の人への食べ物の給仕			
	■手袋はめ			

■合格□不合格

　以上の結果とTTAPフォーマルアセスメントの結果を併せて検討し，現場実習先をスーパーマーケットに選定した。

（3）TTAPインフォーマルアセスメント（DAC）結果

　カイトの職種に対する適性と，ニーズアセスメントをもとにして進路指導を行い，201X年11月～201X＋1年11月の期間に，スーパーマーケットBのバックヤードにて現場実習を3回実施した。この際，決められた実習期間

中にどの程度望ましいスキルを獲得することができたかを確認するために，TTAPインフォーマルアセスメント（DAC）を採用し，指導を行った。

　1）第1期現場実習（高等部2年11月）時におけるTTAPインフォーマルアセスメント（DAC）結果

　高等部2年の11月に実施した第1期現場実習は，スーパーマーケットB店で15日間実施し，バックヤードの精肉部門，青果部門，鮮魚部門を担当した。

　TTAPインフォーマルアセスメント（DAC）の結果をTable 52に示す。

　以下に，TTAPインフォーマルアセスメント（DAC）の各領域における結果を示す。

　①職業スキルでは，豚肉をトレイに乗せラッピングをする作業で，ラッピング機からラップを出し過ぎて注意を受けたが，少しずつ適切な長さで切ることを覚え，ラップがけをすることができた。また，店員の見本と言葉かけがあれば，ラップの両端を強く引っ張って，たるみを作ることなく，より正確にラップがけをすることができた。

　②職業行動／自立機能においては，自分のペースで仕事をし，スピードを意識することがなかった。

　③余暇スキルにおいては，現場実習の事前学習で過ごし方リストを作成した。これを確認しながら，昼休みの時間を過ごすことができた。

　④対人スキルでは，作業中に，「独り言を言わない」，「身体を揺らさない」などの注意事項を仕事場の壁に貼り，作業が始まる前に確認することで，自分で注意して作業を進めることができた。

　実習先からは「真面目で素直であり，仕事に対する姿勢は評価できる。初日に比べると格段にラッピングの技能が向上し，速く効率よくできるようになってきた。仕事のスピードに関しては，普段の生活の中でも自分で目標を立て，時間に区切りをつけて進めることで身に付いてくると思う。」という評価を受けた。

Table 52 第1期現場実習時におけるTTAPインフォーマルアセスメント（DAC）結果

実習内容	評価	構造化／設定	コメント
職業スキル ・機械でのラッピング	EL	・見本	・しわができないようにラッピングすることは，まだ十分ではない。魚の干物はトレイからはみ出すのでラップがけが難しかった。
・品名及び値段シール貼り	P	・見本	・見本をみて，所定の場所に貼ることができた。
・商品の仕分け（野菜と果物の袋詰め）	P		・腐っている果物とそうでない果物を仕分けしてパック詰めすることができた。
職業行動／自立機能 ・休憩時間終了の目安	F	・時間配分の学習	・休憩時間終了の2分前にトイレに行き，作業開始時間に遅れる。
余暇スキル ・昼休みの過ごし方	P	・過ごし方のリストを作成	・自分の席で弁当を食べ，その後持参した本を読んで過ごすことができた。
コミュニケーション ・返事，挨拶，報告	EL		・自分から改善しようとする様子がみられたが，声の大きさや自分の意思を相手に正確に伝えることに課題がある。
対人スキル ・作業終了後の報告	EL	・注意事項を壁に貼る	・作業終了後，「終わりました」と報告することができた。報告の際声が小さい。

P（Pass）＝合格　EH（Emerge High）＝高い芽生え　EL（Emerge Low）＝低い芽生え
F（Fail）＝不合格　NM（Not Measured）＝検査されていない

2）第2期現場実習（高等部3年6月）時におけるTTAPインフォーマルアセスメント（DAC）結果

高等部3年の6月に実施した第2期現場実習は，スーパーマーケットB店で15日間実施し，バックヤードの精肉部門，青果部門，鮮魚部門，デリカ（惣菜）部門を担当した。

TTAPインフォーマルアセスメント（DAC）の結果をTable 53に示す。

以下に，TTAPインフォーマルアセスメント（DAC）の各領域における結果を示す。

①職業スキルでは，トレイより大きめ目の魚をラッピングする時にしわを

作り,何度もラッピングし直しすることがあった。これについては,ラッピングする際,トレイと魚の大きさを比べ,大きいときは,ラッピングを後回しにし最後にまとめて作業することを確認した。

②職業行動／自立機能においては,作業中に間が空くと身体を前後に揺らす行動がみられた。

③対人スキルでは,出勤時,退勤時の挨拶はよくできていたが,返事の声が小さかった。また,報告する際,報告のタイミングが分からず,店員の言葉かけを待っていることが多くみられた。カイトにこのことについて確認す

Table 53 第2期現場実習時におけるTTAPインフォーマルアセスメント（DAC）結果

実習内容	評価	構造化／設定	コメント
職業スキル			
・魚・野菜のラッピング	EL	・見本	・しわを作ってしまうことがあった。
・商品の補充・前出し	P		・商品を丁寧に扱い,冷蔵庫や商品棚に並べることができた。お菓子の袋や箱を前出しすることができた。
・売れ残り商品の回収・分別作業	EL		・最初の頃は手順を理解していなかったために,何度か店員に手順を示してもらっていた。
・箱のひも縛り	E	・従業員の見本	・発泡スチロールの箱を重ねて,ビニルひもをカッターで切り,箱を縛る作業がうまくできない。
職業行動／自立機能	EL		・作業中に間が空くと,身体を前後に揺らす行動がみられた。
余暇スキル			・特になし。
コミュニケーション・挨拶	EH		・出勤時,退勤時の挨拶がよくできた。しかし,返事の声がやや小さい。
対人スキル・報告	EL	・報告する場面でのルール作り	・「できました」,「終わりました」等の報告はできるが,タイミングが分からず,店員の言葉かけを待っていた。

P（Pass）＝合格　EH（Emerge High）＝高い芽生え　EL（Emerge Low）＝低い芽生え
F（Fail）＝不合格　NM（Not Measured）＝検査されていない

ると，報告をする人の顔色を窺ってしまい，いつ報告したらよいのか分からなくなってしまうということであった。これについては，報告する人の顔色を観察しているとその分仕事が遅れてしまうので，仕事が終了したらすぐに報告することと，報告する人が他の人と話をしている場合は，「お話し中失礼します」と言ってから報告するということの二つのルールを確認した。

3) 第3期現場実習（高等部3年11月）時におけるTTAPインフォーマルアセスメント（DAC）結果

高等部3年の11月に実施した第3期現場実習は，スーパーマーケットB店で15日間実施し，バックヤードの精肉部門，青果部門，鮮魚部門，デリカ（惣菜）部門を担当した。

TTAPインフォーマルアセスメント（DAC）の結果をTable 54に示す。

また，豚肉のラッピングの様子をFig. 8に示す。

以下に，TTAPインフォーマルアセスメント（DAC）の各領域における結果を示す。

①職業スキルでは，仕事の手順を早く覚え，正確に進めることができた。また，機械の扱いについても手順表や注意事項が書かれたメモを確認し安全に行うことができた。特にラッピング機の扱いについては，第1期・第2期の現場実習で，ラップの長さを調整できずに注意を受けていたが，言葉での指示やラップを切る長さを見本と合わせることで適切な長さで切ることを覚え，ラップがけを適切に行うことができるようになった。

②職業行動／自立機能では，作業スピードよりも，正確にラッピングをして商品として出せることが求められた。一つ一つの作業を丁寧に自分のペースで進めるカイトに合う作業であったが，今後は，現場実習反省時に事業所側から出されたように，「実際の仕事の現場では作業の効率を求められる。今後出来映え以上にどれだけできたか，どれくらい進んだのかということを目標に作業をすると良い。」，「仕事のスピードに関しては，自分で目標を立て，時間に区切りを付けて進めていくことで付いていくと思う。」等に注意して

Table 54 第3期現場実習時における TTAP インフォーマルアセスメント (DAC) 結果

実習内容	評価	構造化／設定	コメント
職業スキル ・豚肉のラッピング	P	・従業員の見本と言葉かけ	・最初はラッピング機からラップを出し過ぎて注意を受けたが，少しずつ適切な長さで切ることを覚え，ラップがけをすることができた。
	P		・ラップの両端を強く引っ張って，たるみを作ることなく，しっかりラップがけをすることができた。
職業行動／自立機能 ・仕事の速さ	EL		・自分のペースで仕事をし，スピードを意識することがなかった。
余暇スキル ・昼休みの過ごし方	P	・休憩中の活動リスト	・自分の席で弁当を食べ，その後持参した本を読んで過ごすことができた。
コミュニケーション ・作業終了後の報告	EH	・言葉かけ	・一つの作業終了後，「終わりました」と報告することができた。
対人スキル ・返事，挨拶，報告	EH	・注意事項を壁に貼る	・報告の際，声が小さい時がある。「できました」の報告はよくできた。

P (Pass) = 合格　EH (Emerge High) = 高い芽生え　EL (Emerge Low) = 低い芽生え
F (Fail) = 不合格　NM (Not Measured) = 検査されていない

Fig. 8　豚肉のラッピング

③余暇スキルでは，昼食休憩の過ごし方を教員と一緒に考え，過ごし方リストを作成した。これにより落ち着いて過ごすことができた。

④対人スキルでは，返事，挨拶，報告をするときに下を向いてしまうので，相手の顔をみたり目を合わせたりしないでよいから，その場面では顔を上げるということを確認した。また，実習期間中課題になっていた報告をするタイミングに関しては，報告する相手のことを観察しないですぐに報告するという作業中のルールを決めたことで，一つの作業を終了したらすぐに報告することができるようになった。

4　考察

ラッピングの作業において，ラッピング機の使い方がよく分からず何度もラッピングを繰り返したり，食材の大きさにより，ラッピングにしわがよってしまったりすることが多くみられていたが，見本を作成し，見本に合わせることで，正確にラッピングをすることができるようになってきた。このように見本の活用で正確に作業することができるようになり，決められた時間内に行える作業量も増えてきた。

事例6

1　対象生徒の実態及び特性

対象生徒は，知的障害特別支援学校高等部3年ナホコ（仮名）女子。家族構成は，父親，母親，姉の4人家族である。3歳時に言葉での指示が理解しにくい様子がみられはじめた。

療育機関にて，6歳時に自閉症と診断され療育手帳（B2）を取得した。小学校及び中学校は特別支援学級に在籍した。中学校1年時に不適応が原因となり不登校の様子がみられた時期があったが，2年時，3年時と欠席日数が減り登校できるようになった。高等部においては，責任感が強く何事も最後

まで自分の力でやろうと努力する様子がみられる。また，友達との共同作業を一生懸命行うことができる生徒である。ナホコは，高等部入学時より一般企業就労を目指している。また，卒業後は，将来的に一人暮らしをして，家族から独立した生活を送りたいと考えている。

WAIS-Ⅲの検査結果（実施時18歳1ヶ月）は，全検査IQ64，言語性IQ70，動作性IQ62であった。

2　手続き

自閉症児の移行アセスメントであるTTAPフォーマルアセスメント及びTTAPインフォーマルアセスメント（CSC）に基づき現場実習場所を選定し，現場実習を実施した。

現場実習は，A百貨店にて実施した。なお，実施回数及び実施期間については以下のとおりである。

第1期現場実習（高等部2年1月）
　場所：A百貨店　　期間：201X年1月に10日間
第2期現場実習（高等部3年6月）
　場所：A百貨店　　期間：201X年6月に10日間
第3期現場実習（高等部3年9月）
　場所：A百貨店　　期間：201X年9月に10日間

また，現場実習においてTTAPインフォーマルアセスメント（DAC）を実施し，現場実習期間中にどの程度望ましいスキルを獲得することができたかを確認した。

3　結果

（1）TTAPフォーマルアセスメント結果（実施時15歳9ヶ月）

TTAPフォーマルアセスメントの結果をFig.9に示す。

以下に，6つの機能領域の結果について示す。

第三章 研究1「TTAPを活用した就労支援に関する研究」結果　127

検査得点プロフィール

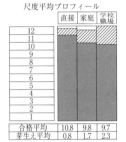

Fig. 9　TTAPフォーマルアセスメント結果

VS=職業スキル　VB=職業行動　IF=自立機能　LS=余暇スキル　FC=機能的コミュニケーション　IB=対人行動

1）検査得点プロフィール

①職業スキル

直接観察尺度では，課題全般の理解はある程度できており，言葉での指示や示範をみて，検査に取り組むことができた。「8.（項目番号，以下同じ）単語カードの配列」，「9. 定規での測定」に芽生えがみられた。家庭尺度では，「74. 日常的に使うものの分類」，「79. 台所用品の使用」において芽生えがみられた。学校／事業所尺度では，「145. 物の分類」，「150. 測る・量る」，「155. 規格，タイマーに沿ってスイッチなどの装置を操作する」において芽生えがみられた。

②職業行動

　直接観察尺度では，全項目が合格である。検査全般の様子より，座った状態で一定の時間内であれば，落ち着いて課題に取り組み，教員の指示を素直に聞いて検査を行う事ができていた。家庭尺度では，「89. 新しい課題を行う」，「90. 時間差のある指示に従う」において芽生えがみられた。学校／事業所尺度では，「159. 正確に課題を完成させる」，「160. 作業中に関心事を自制する」，「164. 作業効率を上げるために道具を整理する」において芽生えがみられた。

③自立機能

　直接観察尺度では，「34. カレンダーの使用」が不合格であった。家庭尺度では，「89. 新しい課題を行う」，「90. 時間差のある指示に従う」において芽生えがみられた。家庭尺度では，「103. 1人で交通機関を利用する」，「107. 1泊旅行の荷物や学校の荷物をまとめる」において芽生えがみられた。学校／事業所尺度では，「178. 公共のサインに従う」において芽生えがみられた。

④余暇スキル

　直接観察尺度では，全項目が合格であった。家庭尺度では，「114. 現在進行中の収集の趣味に携わる」，「115. 現在進行中の絵を描くことや工作の活動に携わる」，「117. 公共の娯楽行事に関心を示す」において不合格であった。「118. ペットの世話をする」においては芽生えがみられた。学校／事業所尺度では，「184. 集団行事に参加する」，「187. 新しい余暇活動を学ぶ」，「188. 1人での室内活動を行う」，「192. 定期的な運動」において芽生えがみられた。

⑤機能的コミュニケーション

　直接観察尺度，家庭尺度共に全項目が合格であった。学校／事業所尺度では，「199. 形，色，文字，数字の名前を理解する」において芽生えがみられた。

⑥対人行動

　直接観察尺度では，「62. 自ら適切な挨拶をする」，「65. 自己抑制ができ

第三章　研究1「TTAPを活用した就労支援に関する研究」結果　129

る」，「71. 会話への集中」において芽生えがみられた。家庭尺度では「133. 親しい人たちに好ましい行動を示す」，「137. 社交的な集まりに参加する」，「143. 癇癪を制御し不満を建設的に表現する」において芽生えがみられた。学校／事業所尺度では，「211. グループ活動に参加する」，「215. 癇癪を制御し建設的に不満を表明する」において芽生えがみられた。

2）スキル平均プロフィール

スキル平均プロフィールでは，対人行動において合格点が最も低く，芽生えが高い。

3）尺度平均プロフィール

尺度平均プロフィールでは，家庭尺度で合格点が低く芽生えが高い。

(2) TTAPインフォーマルアセスメント (CSC) 結果（実施時17歳2ヶ月）

TTAPフォーマルアセスメントからナホコの職業に対する能力や強みを把握したが，それらと実際の現場実習先との適合性をスクリーニングする目的で，TTAPインフォーマルアセスメント (CSC) を実施した。この結果，ナホコの獲得しているスキルの割合は，事務 (53%)，家事 (77%)，倉庫／在庫管理 (33%)，図書 (81%)，造園／園芸 (44%)，であった。

(3) TTAPインフォーマルアセスメント (DAC) 結果

ナホコの職種に対する適性をもとにして進路指導を行い，201X年1月〜201X年9月の期間に，A百貨店総務課での現場実習を3回実施した。この際，TTAPインフォーマルアセスメント (DAC) を実施し，現場実習期間中にどの程度望ましいスキルを獲得することができたかを確認した。

1）第1期現場実習（高等部2年1月）時におけるTTAPインフォーマルアセスメント (DAC) 結果

高等部2年の1月に実施した現場実習は，A百貨店で10日間実施し，総務課の業務を担当した。TTAPインフォーマルアセスメント (DAC) の結果

を Table 55 に示す。

以下に，TTAP インフォーマルアセスメント（DAC）の各領域における結果を示す。

①職業スキルでは，請求伝票の確認印を押す作業の際，押印箇所を確認しながら，正確に業務を進めることができた。シュレッダーがけでは，機械操作の手順を確認後，一人で操作することができた。主電源と切り替え電源の使い方，用紙サイズ別の効率のよい処理方法等については，担当者の言葉かけと確認が必要であった。印刷機とコピー機の使い分けでは，担当者の付き添いと示範が必要であった。書類のファイリングでは，前後の書類と穴開けの位置が異なり，綴じ込みに際して確認が必要であった。

Table 55 TTAP インフォーマルアセスメント（DAC）結果

実習内容	評価	構造化／設定	コメント
職業スキル ・請求伝票の確認印を押す作業	P	・メモを使用しての確認	・押印する場所を確認しながら，確実に作業を進めていくことができた。
・ファイリングのための穴あけ	EH	・複数枚開けるときの後ろの用紙への注意	・源泉徴収票をファイルするため，パンチで5枚ずつ穴を開ける。一番下の紙がずれているときがあり，穴がずれてしまう。
職業行動／自立機能 ・注意された内容をメモする	P	・繰り返しの練習	・実習連絡帳に仕事内容や注意を受けたことをメモすることができた。
余暇スキル ・従業員との昼食	P		・従業員といろいろな話をしながら食事をすることができた。
コミュニケーション ・従業員との会話	P	・昼食時間	・他の女性従業員と一緒にお昼を食べる。緊張しないで自分のことを話すことができた。
対人スキル ・指示理解	P		・仕事の指示に関しては，しっかり理解することができていた。

P（Pass）＝合格　EH（Emerge High）＝高い芽生え　EL（Emerge Low）＝低い芽生え
F（Fail）＝不合格　NM（Not Measured）＝検査されていない

②職業行動／自立機能では，実習連絡帳に仕事内容や担当者からの注意点を，メモすることができた。

③余暇スキルでは，昼食を他の従業員ととることができた。昼食中に，会話を楽しむ様子もみられた。

④対人スキルでは，言葉による指示を理解し，業務を続けることができた。

2）第2期現場実習（高等部3年6月）時におけるTTAPインフォーマルアセスメント（DAC）結果

高等部3年の6月に実施した現場実習は，A百貨店で10日間実施し，総務課の業務を担当した。

TTAPインフォーマルアセスメント（DAC）の結果をTable 56に示す。

以下に，TTAPインフォーマルアセスメント（DAC）の各領域における結果を示す。

①職業スキルでは，シュレッダー業務において主電源と切り替え電源等の使用方法が一定しておらず，主電源を切る様子が何度かみられた。また，裁断口に指先を置くこともあったため，安全意識をしっかりと身に付けることが必要であった。

②職業行動では，書類のホチキス止めの位置が左右反対になり修正を求められた。見本を呈示してもミスが続いたため，ホチキスのもち方の統一と，綴じ込み書類のもつ位置を確認した。

③自立機能では，仕事のペース配分について，他の従業員の言葉かけが必要であったので，低い芽生えである。また，業務が増えると緊張してしまい，担当者の言葉かけに対してきちんと返事ができない様子もみられた。

④余暇スキルでは，休憩時間の過ごし方について課題がみられた。休憩は担当ごとに分かれて15分間ずつ取ることになっているが，ナホコは休憩をいつ，どこで，どのように過ごしたらよいのか分からない状態であった。そのため，担当者に休憩について言葉をかけられても，業務を中断してよいのか，また，休憩中に他の従業員は仕事を続ける中，自分だけお茶を飲んで休

Table 56 TTAP インフォーマルアセスメント (DAC) 結果

実習内容	評価	構造化／設定	コメント
職業スキル			
・シュレッダー	P		・シュレッダーをストップさせる時に，主電源で ON，OFF の切り替えをしていた。指示を聞き，手元のスイッチで切り替え修正ができた。
・安全意識	EL		・裁断口に指先を置く様子がみられた。
・会計シート配布	F		・アルファベットと番号の書いてある伝票を，ポストのネームプレートと照合し，ポストに入れる仕事では，ローマ字が読めず片仮名表記の店舗のポストに入れることができなかった。
職業行動／自立機能			
・メモを取っての業務	F	・見本の提示	・話の内容を聞き取りながら，メモを取ることが難しい。
・仕事のペース配分	EL	・担当者の言葉かけ	・作業に一生懸命になると，周囲のことが目に入らなくなることが多い。
・清掃	EL		・ペース配分が速く，息切れが心配される。また，周囲を疲れさせてしまう可能性がある。
	EL	・担当者の言葉かけ	・清掃を時間内に終了することはできるが，抜けがあり担当者の確認が必要である。
余暇スキル			・特になし。
コミュニケーション			
・総務課内の挨拶	EL	・担当者の言葉かけ	・担当者の問いかけに，慌てて内容を理解しないまま「はい」と答えていた。
	EL	・担当者の言葉かけ	・12 時 30 分出勤の方に，「こんにちは」と挨拶してしまうことが何度かみられた。
対人スキル			
・担当者の名前	EL		・担当者の名前は言えていたが，他のスタッフの名前を覚えていない。

P (Pass) = 合格　EH (Emerge High) = 高い芽生え　EL (Emerge Low) = 低い芽生え
F (Fail) = 不合格　NM (Not Measured) = 検査されていない

んでよいのか分からず，仕事を続けていた。

⑤対人スキルでは，報告や確認時に相手の顔をみて行う事はできていたが，上司の役職名を付けて名前を言う場面では，何回か名前を忘れてしまうこと

第三章 研究1「TTAPを活用した就労支援に関する研究」結果　133

があり，高い芽ばえである。

3）第3期現場実習（高等部3年9月）時におけるTTAPインフォーマルアセスメント（DAC）結果

高等部3年の9月に実施した現場実習は，A百貨店で10日間実施し，総務課の業務を担当した。

TTAPインフォーマルアセスメント（DAC）の結果をTable 57に示す。

Table 57 TTAPインフォーマルアセスメント（DAC）結果

実習内容	評価	構造化／設定	コメント
・シュレッダー業務	EH	・担当者の言葉かけ	・シュレッダーをストップさせる時に，主電源でON，OFFの切り替えをしていたが，指示を聞き，手元のスイッチで切り替えることができた。
・紙の弁別（A4, A3, B4）	P	・見本の提示	・B4, A3の用紙やポスターをA4にカットして裁断する。
・安全意識	EL	・見本の提示	・裁断口に指先を置く様子がみられた。

P (Pass) =合格　EH (Emerge High) =高い芽生え　EL (Emerge Low) =低い芽生え
F (Fail) =不合格　NM (Not Measured) =検査されていない

今回の実習では，事前に担当者とナホコの支援方法を検討する機会を得ることができた。その結果，ボード式の小型タスクリストの掲示や，書類ホチキス止めの示範の呈示，休憩時間の設定等，本人の障害特性に合わせた業務内容について共通理解を図ることができた。

①職業スキルでは，シュレッダー業務において，主電源と切り替え電源の使い分けを覚え，安全に機械を操作することができるようになった。

②職業行動／自立機能では，仕事のペース配分を自分で確認することができた。このことについて担当者より，「6月の時と比べると，姿勢もよくなって笑顔でのお茶出しや，各店舗へのメールの仕事等ができるようになった。」と評価された。

③余暇スキルでは，用事を告げてから仕事場を離れることができるように

なった。

④対人スキルでは，朝礼の時に，上司の役職名と名前を覚え，挨拶ができるように練習した。この結果，報告をする回数が多い課長については，報告時に役職名を正確に言うことができるようになった。

4　考察

今回，TTAP フォーマルアセスメントの結果より導き出された強みと芽生えの項目について，具体的な支援方法を実習先の担当者と一緒に確認をすることができた。また，ナホコは，現場実習全体をとおして，業務の積み重ねにより業務の精度が上がり，こだわりをみせないで担当者の要求に応えることができるようになった。

事例 7

1　対象生徒の実態及び特性

対象生徒は，知的障害特別支援学校高等部 3 年リサ（仮名）女子。家族構成は，父親，母親，兄の 4 人家族である。3 歳時に自閉症と診断され，療育手帳（B2）を取得した。

家事や食品に興味があり，食品製造関係業務への就労を希望している。現場実習では，スーパーマーケットバックヤードでの調理補助業務を経験したが，対人面に課題があり，指示された作業工程以外の場面において，報告や確認，状況を理解することに支援が必要な場面が多くみられた。また，周囲の視線を過剰に意識してしまい，担当者への言葉かけを躊躇してしまう点等も課題となっている。

WAIS-Ⅲを実施した（実施時 17 歳 3 ヶ月）。全検査 IQ64，言語性 IQ70，動作性 IQ62，言語理解 76，知覚統合 68，作動記憶 88，処理速度 57 であった。言語性下位検査は評価点 3〜11 の範囲に分布し，「語音整列」が最も高い。一方，動作性下位検査は評価点 2〜7 の範囲に分布し，「行列推理」が最も高

い。

2 手続き

自閉症児の移行アセスメントであるTTAPフォーマルアセスメントに基づき現場実習場所を選定し，TTAPインフォーマルアセスメント（DAC）を実施した。このTTAPの結果を参考にして，より実践的，具体的な進路指導を行った。実施場所及び期間は，Aスーパーマーケットのバックヤードで，201X年9月に10日間実施した。

3 結果

（1）TTAPフォーマルアセスメント結果（実施時17歳4ヶ月）

TTAPフォーマルアセスメントの結果をFig.10に示す。

1）検査得点プロフィール

直接観察尺度では，機能的コミュニケーション及び対人行動を除く全ての項目に合格している。また，余暇スキルにおいて芽生えが多くみられた。

以下に，6つの機能領域の結果について示す。

①職業スキル

12項目すべて合格である。緊張している様子もみられたが，指示をよく聞き，検査を進めることができた。「7．（項目番号，以下同じ）旅行キットのパッケージング」では，間違いがなく，5セットを正確に時間内に完成させることができた。「8．単語カードの配列」と「11．カップとスプーンによる計量」では，検査項目の内容を処理する時間が短く正確に行っていた。

②職業行動

「21．必要な時に援助を求める」では，混乱してボルトを要求できないことがあった。「23．中断された時の許容の度合い」では，中断は許容できるが，作業に従事する際に不安をみせることがあった。

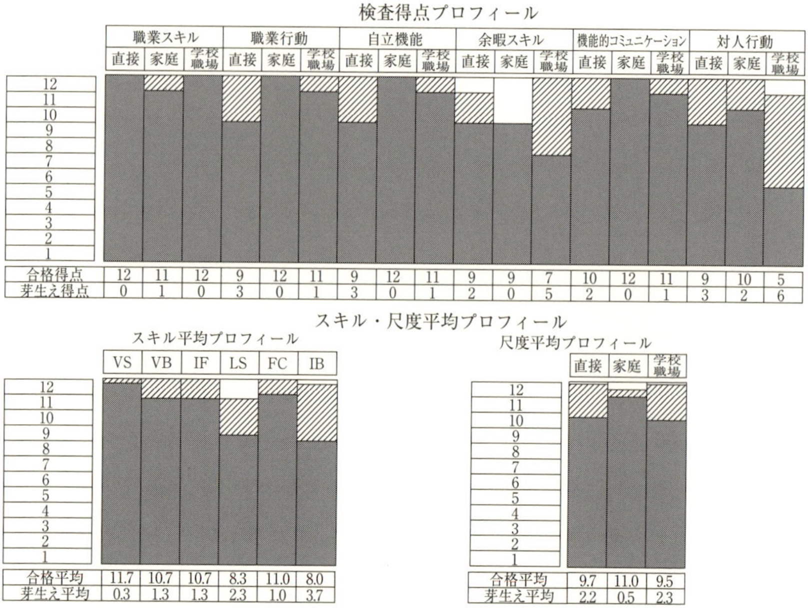

検査得点プロフィール

	職業スキル			職業行動			自立機能			余暇スキル			機能的コミュニケーション			対人行動		
	直接	家庭	学校職場	直接	家庭	学校職場	直接	家庭	学校職場	直接	家庭	学校職場	直接	家庭	学校職場	直接	家庭	学校職場
合格得点	12	11	12	9	12	11	9	12	11	9	9	7	10	12	11	9	10	5
芽生え得点	0	1	0	3	0	1	3	0	1	2	0	5	2	0	1	3	2	6

スキル・尺度平均プロフィール

スキル平均プロフィール

	VS	VB	IF	LS	FC	IB
合格平均	11.7	10.7	10.7	8.3	11.0	8.0
芽生え平均	0.3	1.3	1.3	2.3	1.0	3.7

尺度平均プロフィール

	直接	家庭	学校職場
合格平均	9.7	11.0	9.5
芽生え平均	2.2	0.5	2.3

VS=職業スキル　VB=職業行動　IF=自立機能　LS=余暇スキル　FC=機能的コミュニケーション　IB=対人行動

Fig. 10 TTAPフォーマルアセスメント結果

③自立機能

「33. メッセージの伝達」,「35. 請求伝票の計算をする」など, 合格しているが検査内容がよく理解できず, 疑問をもちながら取り組み, 検査中に「意味が分かりません」など抵抗を示す言動がみられた。

④余暇スキル

「41. 簡単なトランプゲーム」では, 順番を守る活動において間違いがみられた。「42. バスケットゲーム」では, ボールを投げる時に促すことが必要であった。「46. 余暇活動への要求とワークシステムへの反応」では, 作業終了を示しても活動を終了することができなかった。

⑤機能的コミュニケーション

「54. 必要なコミュニケーションスキル」では, 欲しいものを伝えることは

できるが継続的ではなかった。「57. 自発的コミュニケーション」では，自ら話し始めることはない。

⑥対人行動

検査項目全体をとおして，芽生えが多くみられた。一対一で検査を行うことに気持ちの乱れはない様子であった。「69. 適切な対人交渉における身体的接触」においては，緊張が伴うことが多くみられた。また「70. 何人かでするゲームの対人交渉」では，相手との関わりに対する反応が鈍かった。

2）スキル平均プロフィール

スキル平均プロフィールでは，職業スキルにおいて合格点が高く，余暇スキル，対人行動にて芽生えが高い。

3）尺度平均プロフィール

尺度平均プロフィールでは，家庭尺度において合格点が高く，直接観察尺度，学校／事業所尺度において芽生えが高い。

4　検査項目における構造化の実施

TTAPフォーマルアセスメントの結果から，対人関係面における課題に対する指導目標及び指導の手だてを以下のように検討し，作業学習及び現場実習にて支援を行った。

（1）指導目標

①作業学習（調理接客・福祉サービス班）

リサに合わせた接客マニュアルを作成し活用することで，接客時における人との距離の取り方や気配り等,対人関係スキルの向上を図ることができる。

②現場実習（Aスーパーマーケットバックヤード）

職場や地域社会の中で必要とされる対人関係スキルを身に付けることができる。

（2）指導の手だて

①調理接客・福祉サービス班において対人関係スキルを中心とした接客マニュアルの作成を行い，作業環境を整えた授業を実践する。

②現場実習時及び事前事後学習において，対人関係スキルに関する指導内容及び支援方法を検討する。

5　指導・支援の実際
（1）作業学習

調理接客・福祉サービス班に所属し作業学習を行った。

基本的な衛生面の管理（Fig.11）や適切な挨拶及び言葉遣いを身に付けると共に，リサの課題となっている対人面におけるスキル獲得を目的とした練習を行う機会を多くもつようにした。お茶を見本通りに提供する作業はある程度身に付いており，下級生に数量や種類の指示を出すことができていた。しかし，教員をお客様に見立てての活動（Fig.12）では不安が生じたので，トレイに記載された接客の文言（Fig.13, Fig.14）を順序通りに読み上げて注文の取り方について確認をした。

Fig. 11　身支度確認表　　　　　Fig. 12　教員への接客

リサの反省としては「紅茶をこぼさずうまく運ぶことができた。また，お茶出しを繰り返すうちに接客の仕方が良くなった。反省点は接客するときの

言葉遣いを変えてしまった。態度が少し良くなかった。ハーブの効能を聞かれたときに説明の仕方が分からず困った。」と，緊張しながらも接客時の自分の言動や混乱を客観視できる様子がみられた。

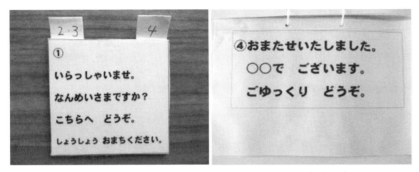

Fig. 13　接客の文言　　　　　　　Fig. 14　接客の文言

　また，作業学習においてどの程度望ましいスキルを獲得することができたかを確認するために，TTAPインフォーマルアセスメント（DAC）を採用し，指導を行った。

　TTAPインフォーマルアセスメント（DAC）の結果をTable 58に示す。

　家庭内での調理経験とリサの調理に対する興味・関心の高さもあり，職業スキルはほぼ達成していた。ドリンクの提供では，ホットとコールドの基本的なお茶入れは手順表（Fig.15）とオーダー票（Fig.16）を確認しながらほぼ正確に行うことができた。また，コーヒーについてはコーヒーメーカーを使用し，お客様の人数に合わせて豆の分量を変えることができた。文字による指示を読み取り，カップとスプーンによる計量を正確に行える様子はTTAPの検査項目（11番，58番，72番）等の達成レベルからも，リサの能力や特性を十分発揮できる作業内容を考える必要がある。

　機能的コミュニケーションにおいては高い芽生えがみられたが，お客様や担当者から言われた言動そのものに戸惑いや不安感を抱いている様子が多く

Table 58 TTAPインフォーマルアセスメント（DAC）結果

実習内容	評価	構造化／設定	コメント
職業スキル ・全品目のお茶入れ ・接客全般	 P P	・コーヒー分量 　表の貼付	・人数に合わせてドリップできた。 ・マニュアルなしで接客できた。丁寧に行うことができた。
職業行動／自立機能 ・下膳	 EL		・お客様が飲んでいる最中に，ミルクのポーションを片付けていた。
余暇スキル			・特になし。
コミュニケーション ・スタッフ同士のやりとり	 EH	・オーダー票の 　提示	・オーダーを取った後，「○○ホットでオーダー入りました。」と報告することができていたが，担当テーブルで注文の品が届いていない場面があった。
対人スキル ・接客用語	 P		・顔をみて挨拶できた。

P（Pass）＝合格　EH（Emerge High）＝高い芽生え　EL（Emerge Low）＝低い芽生え
F（Fail）＝不合格　NM（Not Measured）＝検査されていない

みられたので，課題に対する改善策を確認した。
　課題に対する改善策をTable 59に示す。

（2）現場実習
　現場実習は，Aスーパーマーケットのバックヤード（Fig.17）で実施した。
　主な仕事は，そうめんや麺類のパック詰め，お弁当と盛り付け，シール貼り，海鮮丼作り，品出し等であった。以上のように，食器洗浄や調理補助の仕事が主であったが，調理時間や，調理手順，計量の表示等，作業種別にみやすい表示が工夫されていた。
　以下に，6つの機能領域毎の様子を示す。
　①職業スキル
　担当した作業については，各作業工程を理解し，丁寧に行うことができた。また，従業員の様子もよく観察し，作業効率について努力する様子が多くみ

第三章 研究1「TTAPを活用した就労支援に関する研究」結果　141

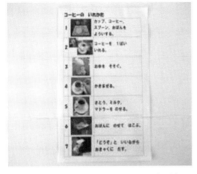

Fig. 15　コーヒー入れの手順表

Fig. 16　オーダー票

Table 59　課題に対する改善策

困った場面	改善策
・コーヒーの濃度の説明を求められた場面	・濃度別の分量表の提示
・灰皿を要求されたこと	・教員に確認をする
・お客様の質問を受ける場面	・質問内容をメモで残し，対応する

られるようになった。

　仕事を進める際，手順を本人が自分で分かりやすいように工夫するなど，どうすれば効率的に仕事ができるかを考えながら取り組むことができた。

②職業行動／自立機能

　毎日休まないで遅れないように出勤することができない日があった。今後は，実習中の家での過ごし方も含め，時間の使い方等を一緒に検討する必要がある。

③余暇スキル

　休憩中に，分かりやすいように自分用のレシピを準備するなどの時間の使い方ができた。

④コミュニケーション・対人スキル

　対人面で，報告や指示を受ける際に苦手さがみられ，自分で判断して仕事

Fig. 17 現場実習での様子

を進めることが多くみられた。今後は現場実習中の文脈を大切にしながら，対人関係面におけるスキル学習を積み重ねていく必要がある。

6　考察

　TTAPを活用し，作業学習及び現場実習における就労支援に取り組んだ。
　TTAPフォーマルアセスメントの活用では，3尺度からのアセスメントを行うことで，総合的にその生徒を捉えることができた。また，家庭尺度と直接観察尺度及び学校／事業所尺度間に差異がみられたので，各環境下での行動の様子からそれぞれの場面での支援について検討し，獲得しているスキルを般化させる支援が必要である。
　TTAPインフォーマルアセスメントの活用では，TTAPインフォーマルアセスメント（DAC）を活用し記録を付けることで，実習の内容や課題となった仕事などのデータを集めたり，実習期間での成長と獲得できたスキル及び獲得できなかったスキルを把握したりすることができた。
　以上のようなことから，作業学習及び現場実習時における生徒個人のアセスメントと職場環境のアセスメントに重点を置き，職業的自立に必要な対人関係スキルとはどのようなものかを個別に検討し，そのようなスキルを学校

在学中に獲得することを目標とした個別移行支援計画の在り方を検討することが今後の課題である。

事例8

1　対象生徒の実態及び特性

　対象生徒は，知的障害特別支援学校高等部3年ショウ（仮名）男子。6歳時に複数の相談機関にてASと診断された。家族構成は，母親及び祖母の3人家族である。

　1歳6ヶ月検診時より，多動，独り遊び，視線の回避などがみられ，自分の要求が通らないと激しいパニックを起こしていた。言語はやや発語が遅れ，1～2歳頃は独り言や反響言語が多かった。3歳頃からは急速に発達し，他者との会話ができるようになったが，自分の言いたいことを一方的に話すことが多かった。

　知能や言語発達に目立つ遅れはなかったため，小学校の通常の学級に入ったが，対人関係のトラブルが多く，他の児童から些細なことで注意されただけで，パニック・興奮状態となり，物を投げてガラスを壊したりすることが多くみられた。

　語彙数は非常に豊富で，かなり難しい語彙を使って話すことができる。しかし，逆に形式張っていたり，不必要に難しい言い回しを選んだりすることがある。言葉を全く字義通りに理解するため，思わぬトラブルが起こったりすることもある。また，比喩や冗談が分からない，抽象的な概念，仮定のことが理解できないなどの特徴がみられる。さらに，気持ちや感情をうまく表現できないことや相手の立場に立ち考えることが難しいなど，対人関係面において多くの困難さを抱えている。

　パソコンが趣味で，日本語ワープロ検定第2級（日本情報処理検定協会）及び，Excel表計算処理技能認定第3級（ソフトウェア活用能力認定委員会）をそれぞれ取得した。療育手帳に関しては，B2外との診断を受けたので，相談機

関との連携により精神障害者保健福祉手帳2級を取得し，一般企業障害者枠での就労を目指した。

WAIS-Rの結果（実施時16歳9ヶ月）をFig.18に示す。全検査IQ88，言語

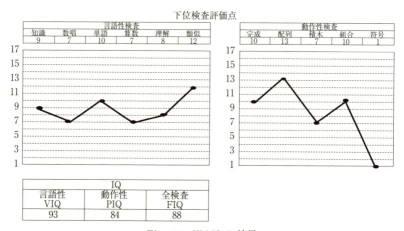

Fig. 18 WAIS-R 結果

性IQ93，動作性IQ84であった。言語性下位検査は評価点7～12の範囲に分布し，「類似」が最も高い。一方，動作性下位検査は評価点1～13の範囲に分布し，「絵画配列」が評価点13，「絵画完成」，「組合」が評価点10となっている。

有意味画の視知覚や視覚的体系化などが相対的に高い傾向を示している。反面，視覚-運動系（協応，速さ）はむしろ低く，視知覚に対する反応としての行動が伴わない傾向を示した。

2 手続き

TTAPフォーマルアセスメントに基づき現場実習場所を選定し，現場実習先にてTTAPインフォーマルアセスメント（DAC）を実施した。このTTAPの結果を参考にして，より実践的，具体的な進路指導を行った。支援

期間は，201X年6月〜201X年10月である。

3　結果

現場実習時における課題を分析することにより事後学習や今後の進路指導を充実させる目的で，TTAPフォーマルアセスメント及びTTAPインフォーマルアセスメント（DAC）を実施した。

（1）TTAPフォーマルアセスメント結果（実施時17歳3ヶ月）
TTAPフォーマルアセスメントの結果をFig.19に示す。
1）検査得点プロフィール
①職業スキル

直接観察尺度では，課題ののみ込みも早く作業スピードも速い。「8．（項目番号，以下同じ）単語カードの配列」では芽生えであった。これはあいうえお順にアルファベットの単語カードを並べるものである。1セットの並べ替えはできたが，2回の間違いがあった。新しいことでも，指導をすればいろいろなことができそうである。これらのことから職業スキルに関してあまり問題はない。

家庭尺度では，未経験のことも多いようである。日常的に使うものの分類，特に，食事または料理の後片付けでは，芽生えを示した。自分のもち物や課題の材料を整頓することは弱いようである。入れる場所をはっきりさせたり，目印や容器を使って自分でやるようにしたりすればよいと思われる。

②職業行動

直接観察尺度の「13．封入作業」では，6セットから12セットを仕上げることができたが，封入に時間がかかり生産性でも芽生えを示した。丁寧さを意識して作業や生産性に時間がかかったので，芽生えにした。流れ作業，監視者なしでの作業，騒音のある状況での作業もきちんと行うことができた。

家庭尺度では，「90．時間差のある指示に従う」，「96．テレビやコンピュー

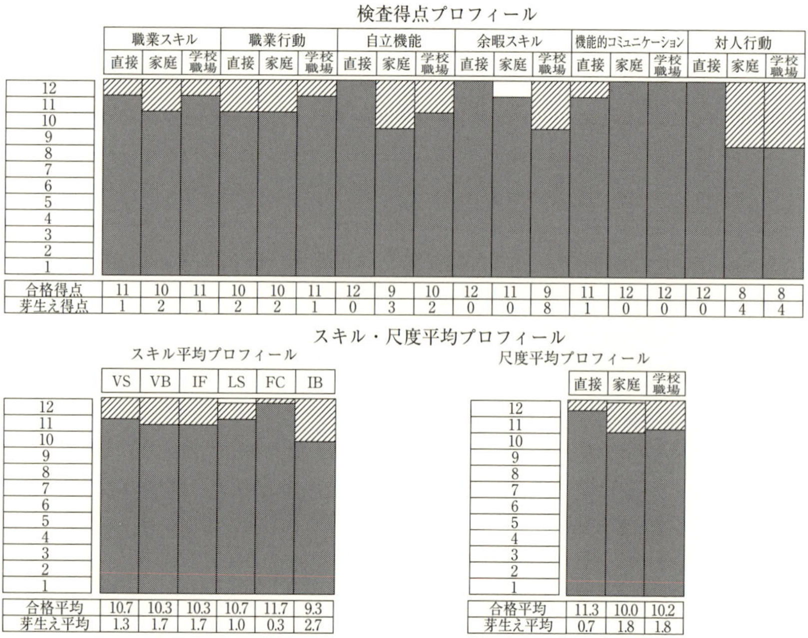

検査得点プロフィール

	職業スキル			職業行動			自立機能			余暇スキル			機能的コミュニケーション			対人行動		
	直接	家庭	学校職場	直接	家庭	学校職場	直接	家庭	学校職場	直接	家庭	学校職場	直接	家庭	学校職場	直接	家庭	学校職場
合格得点	11	10	11	10	10	11	12	9	10	12	11	9	11	12	12	12	8	8
芽生え得点	1	2	1	2	2	1	0	3	2	0	0	8	1	0	0	0	4	4

スキル・尺度平均プロフィール

スキル平均プロフィール

	VS	VB	IF	LS	FC	IB
合格平均	10.7	10.3	10.3	10.7	11.7	9.3
芽生え平均	1.3	1.7	1.7	1.0	0.3	2.7

尺度平均プロフィール

	直接	家庭	学校職場
合格平均	11.3	10.0	10.2
芽生え平均	0.7	1.8	1.8

VS=職業スキル　VB=職業行動　IF=自立機能　LS=余暇スキル　FC=機能的コミュニケーション　IB=対人行動

Fig. 19 TTAPフォーマルアセスメント結果

ターまたは好きなものによって気が散らない」において芽生えを示した。また，学校／事業所尺度では，「158. 一定の割合で働く」で芽生えを示した。

③自立機能

直接観察尺度では全部合格であった。家庭尺度では，「97. 身だしなみ」，「105. 安全基準に従う」，「106. 処方された薬を自分で服薬する」で芽生えを示した。また，学校／事業所尺度では，「171. 伝言するために自分で移動する」，「174. 公共の場で適切に行動する」で芽生えを示した。

家庭での自立機能は，今後是非取り組んで欲しい課題である。衣服の身だしなみや季節に合わせての調節も視覚提示など利用してできるのではないかと思われる。

④余暇スキル

一人で時間を過ごすことに不自由はない。家庭尺度では,「116. 現在継続中の野外での活動に携わる」で不合格を示した。また,学校／事業所尺度では,「187. 新しい余暇活動を学ぶ」,「189. 植物の世話をする」,「191. ゲームの図や文書の指示に従う」で芽生えを示した。

⑤機能的コミュニケーション

直接観察尺度では,「60. 電話メッセージの録音」で芽生えを示した。また,たとえ記入欄が間違っていても,メッセージ用紙に少なくとも一つの情報を正しく書くことができた。

⑥対人行動

家庭尺度では,「134. 初めての人に対して好ましい行動をとる」,「135. 好ましくない行動をとる－攻撃,所有物破壊」,「138. 他の人の存在を意識して反応する」,「143. 癇癪を制御し不満を建設的に表現する」で芽生えを示した。

学校／事業所尺度では,「206. 慣れた人々に好ましい行動を示す」,「207. 知らない人に好ましい行動を示す」,「214. 良いスポーツマンシップを示す」,「215. 癇癪を制御し建設的に不満を表明する」で芽生えを示した。

2）スキル平均プロフィール

スキル平均プロフィールでは,機能的コミュニケーションにおいて合格点が高く,対人行動にて芽生えが高い。

3）尺度平均プロフィール

尺度平均プロフィールでは,直接観察尺度において合格点が高く,家庭尺度において芽生えが高い。

(2) TTAP インフォーマルアセスメント (DAC) 結果

実習期間中に望ましいスキルを獲得するために,TTAP インフォーマルアセスメント (DAC) を実施した。

1）A 人材派遣会社における現場実習

本人の職種に対する適性と，ニーズアセスメントをもとにして進路指導を行い，201X年6月に事務補助の仕事を行うA人材派遣会社にて現場実習を実施した。仕事内容は，パソコン入力業務と文書処理及び再生紙準備等であった。

　A人材派遣会社における現場実習中に実施したTTAPインフォーマルアセスメント（DAC）の結果をTable 60に示す。

　①職業スキルでは，パソコンでのデータ入力を行った。入力の場所や方法についての指示を理解することはできたが，ミスが目立ち低い芽生えとなった。入力が正確にできると思い確認せず進めていたが，時々入力の順番を間違えることがあった。これについては，入力の終了した部分を蛍光ペンで塗

Table 60 TTAPインフォーマルアセスメント（DAC）結果

実習内容	評価	構造化／設定	コメント
職業スキル ・データ入力 ・封入作業	EL P	・確認した部分は蛍光ペンで塗る	・指示を理解し丁寧に行うことはできたが，確認が足りなかった。
職業行動／自立機能 ・仕事の正確さ	EL	・入力量の設定	・入力量，速さを意識しすぎて，確認が足りないことがあった。速さよりも正確さを意識することが難しかった。
余暇スキル ・昼休みの過ごし方	P	・過ごし方リスト	・自分の席で弁当を食べ，その後持参したノートに絵を描いたり，本を読んだりして過ごすことができた。
コミュニケーション ・指示された仕事の終了後，自分で確認しながら報告をする	EH	・机上のみえやすいところに，報告する時の決まりを書いた紙を貼る	・指示された仕事の終了後に，「終わりました」と報告することができたが，確認が足りないことがあった。
対人スキル			・特になし。

P（Pass）＝合格　EH（Emerge High）＝高い芽生え　EL（Emerge Low）＝低い芽生え
F（Fail）＝不合格　NM（Not Measured）＝検査されていない

りつぶし，終了の確認を必ず行うようにした。また，封入作業に関しては，指示どおりにできたので合格である。

②職業行動では，作業量や速さを意識すぎ，確実にできているかどうかを確認することが不足していたので，仕事の正確さに関しては，低い芽生えである。

③余暇スキルでは，昼食休憩時に，ノートに絵を描いたり本を読んだりするなど，休憩時間を一人で目的をもち，過ごすことができた。

④コミュニケーションでは，作業終了後の報告はしっかりできているが，自分で行った仕事に対する確認の不十分な面がみられた。早く報告しなくてはという気持ちが先に出てしまい不十分になりがちであった。このようなことから高い芽生えである。

2）B飲食関係事業所における現場実習

201X年6月に現場実習を行ったA人材派遣会社からは，現在の経営状況から障害者を雇用する環境にないという回答を得たので，公共職業安定所と連携して実習先を開拓し，201X年10月にB飲食関係事業所にて現場実習を実施した。仕事内容は，切手貼り，Excelでのデータ入力，文書整理・確認，従業員の出勤カード作成，封筒作りであった。本人が就労を希望する事務補助の仕事が中心だったので落ち着いて仕事ができ，また，意欲的に取り組む様子もみられた。

B飲食関係事業所における現場実習の際に実施したTTAPインフォーマルアセスメント（DAC）の結果をTable 61に示す。

①職業スキルでは，切手貼り及び簡易文書入力，機械を使っての数字入力を行った。これに関しては，指示どおりに6桁の数字を間違えずに入力することができたので，合格である。

②職業行動／自立機能については，同じ仕事を一日中行う時も，自分で適宜休憩を取り入れながら，集中力が途切れないように仕事を続けることがで

Table 61 TTAP インフォーマルアセスメント（DAC）結果

実習内容	評価	構造化／設定	コメント
職業スキル ・切手貼り ・簡易文書入力機械を使って数字入力	P	・指示確認リスト	・指示どおりに6桁の数字を間違えずに入力することができた。
職業行動／自立機能 ・集中力	P	・休憩時間の設定	・同じ仕事を一日中行う時も，自分で適宜休憩を取りながら，集中力を切らさずに仕事をすることができた。
余暇スキル ・休憩中の会話	P	・過ごし方リスト	・弁当を食べ，その後持参したノートに絵を描いたり，本を読んだりして過ごすことができた。
コミュニケーション ・指示された仕事の終了後，自分で確認しながら報告をする	P	・確認リストで指示された仕事をチェックする	・指示どおりに行うことができた。
対人スキル ・質問	EL	・質問した漢字の一覧表	・読めない漢字について質問をすることができないことがあった。

P（Pass）＝合格　EH（Emerge High）＝高い芽生え　EL（Emerge Low）＝低い芽生え
F（Fail）＝不合格　NM（Not Measured）＝検査されていない

きたので，合格である。

　③余暇スキルは合格であったが，休憩時間の時間一杯休憩し，午後の仕事開始時間になった後にトイレに行く様子がみられたので，トイレは休憩時間内にすませ，午後の開始時間からはすぐ仕事に取り組めるようにしておくなど仕事の準備の大切さについて確認した。

　④コミュニケーションに関しては，指示どおりに行うことができ，合格である。また，注意（指導）の受容であるが，個人情報の書かれた用紙を裏返さずに離席してしまったことを注意された。今までは何も言われておらず，言われたことに対する戸惑いがみられたが，説明を聞くことで納得し自分の気持ちを落ち着けることができたので，合格である。

⑤対人スキルでは，データ入力の際に，自分で読めない漢字が出てきた時に，質問できずにいたことが何度かあったので，低い芽生えとした。

4　考察

　ショウは，TTAP フォーマルアセスメントの結果にあるように職業行動や自立機能の面において評価が高い。現場実習での TTAP インフォーマルアセスメント（DAC）においても，作業能力では合格となっていることが多い。B 飲食関係事業所では，パソコンでのデータ入力の仕事を担当し，作業自体は問題なく行うことができた。また，作業スピードも状況に応じて上げるよう努力する様子もみられた。作業については慣れも必要であるので，学校や家庭で効率よく行うなどの練習をすることで事業所の求める仕事により近づくのではないかと考える。

　また，他の TTAP フォーマルアセスメント領域では，対人行動において芽生えが 4 と高い。具体的には教員との一対一での関係では，全ての項目が合格であるが，家庭や実習先では，芽生えが 4 となっている。現場実習時の TTAP インフォーマルアセスメント（DAC）においては，データ入力の際に，途中で持ち場を離れる時の対応や退勤時の挨拶，昼食時の休憩時間の過ごし方等，主に対人関係面での課題が多くみられた。具体的には，データ入力作業を行う際，トイレや他の用事等で離席をすることがあるが，その時に，データが記入されている用紙を裏返しにしないで，離席したということが課題として挙げられた。ショウは，その指示は受けていないということであったが，仕事に必要とされるスキルに関しては，事前に確認する必要がある。

　先に述べたように，ASD 者の就労支援の課題として対人行動やコミュニケーションが挙げられている。ショウも TTAP の結果，対人行動の得点が低いことが分かる。TTAP フォーマルアセスメントにおいても TTAP インフォーマルアセスメント（DAC）においても共通して課題がみえていることから，指導する際に欠かせない内容であると考えられる。もっているスキル

を発揮することができるよう，対人関係面における支援が必要であると考える。

事例9

1　対象生徒の実態及び特性

　対象生徒は，知的障害特別支援学校高等部3年タケシ（仮名）男子。7歳時に医療機関にて，HFAと診断された。小学校及び中学校は特別支援学級に在籍した。日常会話は可能であるが，声が小さく独り言のように話すので聞き取れないことが多い。また，興味・関心の幅が狭く，自分に関係のない事柄や，他人に対してほとんど関心をもつことがない。余暇活動では，休日に電車を利用し，買い物に行くことを楽しむなど，一人で移動できる範囲が広い。絵を描くことも好きで，アニメを中心に家でよく描いている。また，貯金が趣味でそこから小遣いを捻出するなど，金銭管理に対する意識が高い。将来は，仕事をして給料をもらい一人暮らしがしたいという希望がある。

　WAIS-Rの結果（実施時17歳6ヶ月）は次のとおりである。全検査IQ86，言語性IQ88，動作性IQ87。

　言語性下位検査は評価点4～11の範囲に分布し，「理解」，「類似」が最も高いことから，言語表現及び言語的推理が強い。一方，動作性下位検査は　評価点3～11の範囲に分布し，「絵画配列」，「積木模様」，「組合」が評価点11と高く，視覚的全体把握は良好に機能している。

　タケシは障害者雇用での一般企業就職を希望しており，それに伴い，知的障害者が一貫した療育・援助等の福祉施策を受けるための手帳である療育手帳を申請した。療育手帳は，知的障害の程度を，軽度（B2：軽度の知的障害でIQ51～75），中度（B1：中度の知的障害でIQ36～50），中度（A2：中度の知的障害でIQ36～50であり，3級以上の身体障害を合併している），重度（A1：重度の知的障害でIQ35以下）の4段階に区分設定している。この際，IQの数値が取得条件になるが，タケシはIQが判定区分外で療育手帳を取得できず，その後，相談機

関との連携により精神障害者保健福祉手帳2級を取得した。

2　手続き

自閉症児の移行アセスメントであるTTAPフォーマルアセスメントに基づき現場実習場所を選定し，TTAPインフォーマルアセスメント（DAC）を実施した。このTTAPの結果を参考にして，より実践的，具体的な進路指導を行った。

3　結果

現場実習時における課題を分析することにより事後学習や今後の進路指導を充実させる目的で，TTAPフォーマルアセスメント及びTTAPインフォーマルアセスメント（DAC）を実施した。

（1）TTAPフォーマルアセスメント結果（実施時17歳7ヶ月）

TTAPフォーマルアセスメントの結果をFig.20に示す。

1）検査得点プロフィール

以下に，6つの機能領域の結果について示す。

①職業スキル

職業スキルの直接観察尺度，家庭尺度，学校／事業所尺度では，全項目で合格である。

②職業行動

直接観察尺度では，「13.（項目番号，以下同じ）封入作業」において芽生えがみられた。家庭尺度，学校／事業所尺度では，全項目で合格である。

③自立機能

直接観察尺度では，「33. メッセージの伝達（伝言の理解）」において芽生えがみられた。家庭尺度，学校／事業所尺度では，全項目で合格である。

④余暇スキル

検査得点プロフィール

	職業スキル			職業行動			自立機能			余暇スキル			機能的コミュニケーション			対人行動		
	直接	家庭	学校職場	直接	家庭	学校職場	直接	家庭	学校職場	直接	家庭	学校職場	直接	家庭	学校職場	直接	家庭	学校職場
合格得点	12	12	12	11	12	12	11	12	12	12	11	10	11	11	12	12	11	10
芽生え得点	0	0	0	1	0	0	1	0	0	0	0	2	1	1	0	0	1	2

スキル・尺度平均プロフィール

スキル平均プロフィール

	VS	VB	IF	LS	FC	IB
合格平均	12.0	11.7	11.7	11.0	11.3	11.0
芽生え平均	0.0	0.3	0.3	0.7	0.7	1.0

尺度平均プロフィール

	直接	家庭	学校職場
合格平均	11.5	11.5	11.3
芽生え平均	0.5	0.3	0.7

VS=職業スキル　VB=職業行動　IF=自立機能　LS=余暇スキル　FC=機能的コミュニケーション　IB=対人行動

Fig. 20　TTAPフォーマルアセスメント結果

　直接観察尺度では，全項目で合格である。家庭尺度では，「118. ペットの世話をする」において芽生えがみられた。学校／事業所尺度では，「192. 定期的な運動」において芽生えがみられた。
　⑤機能的コミュニケーション
　直接観察尺度では，「60. 電話メッセージの録音」において芽生えがみられた。家庭尺度では，「126. 電話をかける」において芽生えがみられた。学校／事業所尺度では，全項目で合格である。
　⑥対人行動
　直接観察尺度では，全項目で合格である。家庭尺度では，「138. 社交的な

集まりに参加する」，学校／事業所尺度では，「211. グループ活動に参加する」，「212. 特定の人々との仲間関係を求める」において芽生えがみられた。

以上の結果から，①いろいろな機械や道具等に興味をもち，上手に操作したり扱ったりすることができること，②品物の梱包や収納が丁寧で，作業が効率的に行えること，③これらの作業に集中力を切らさずに取り組めること等，タケシが機械や道具を操作し身体を使って物を製造するスキルの領域で強みをもっていることが分かった。これらのことと本人の希望とを併せて検討し，現場実習先を製造業に選定した。

2）スキル平均プロフィール

スキル平均プロフィールでは，余暇スキル，対人行動において芽生えが高い。

3）尺度平均プロフィール

尺度平均プロフィールでは，学校／事業所尺度において芽生えが高い。

（2）TTAP インフォーマルアセスメント（DAC）結果

TTAP インフォーマルアセスメント（DAC）の結果を Table 62 に示す。

①職業スキルでは，仕事の手順を早く覚え，正確に進めることができたが，ワイヤー切断の際に，ニッパの握り方や力の入れ具合がよく分からなかったので低い芽生えとした。

②職業行動／自立機能においては，特に問題はない。

③余暇スキルでは，休憩中，話しかけられたことに関して答えることができたので低い芽生えとした。

④対人スキルでは，担当者からの質問等について，良い返事はできているが仕事内容を理解しての返事かどうかは分からないので低い芽生えとした。

また，事前指導と事後指導データフォームとして TTAP インフォーマルアセスメント（DAC）を使用することで，場面間，経過時間ごとの作業の比較分析をする累積的なアセスメント一覧や支援におけるデータ収集を簡素化す

Table 62 TTAP インフォーマルアセスメント (DAC) 結果

実習内容	評価	構造化／設定	コメント
職業スキル ・ワイヤー切断 ・マイクロメーターの扱い	EL P	・ニッパを握る場所の確認	・握力が弱く，切ることが難しい。 ・時間はかかるが間違いなくできた。
職業行動／自立機能 ・時間の意識，目標の設定	P	・午前・午後の目標数の設定	・時間を意識し目標を設定することで効率を高めることができた。
余暇スキル ・休憩中の会話	EL	・相手の話を十分に聞く	・話しかけられれば自分のことを話すことはできた。
コミュニケーション			・特になし。
対人スキル ・仕事内容に関する質問・指示に対する返事	EL	・相手をみて指示をしっかり聞く	・良い返事はできる。仕事内容を理解しての返事かどうかは分からない。

P (Pass) = 合格　EH (Emerge High) = 高い芽生え　EL (Emerge Low) = 低い芽生え
F (Fail) = 不合格　NM (Not Measured) = 検査されていない

ることができた。

4　考察

　タケシは，TTAP フォーマルアセスメントの結果にあるように職業スキルや職業行動，自立機能の面において評価が高い。現場実習での TTAP インフォーマルアセスメント (DAC) においても，同様のことが言える。一方，余暇スキルや対人行動の得点が低い。このように TTAP フォーマルアセスメントおいても TTAP インフォーマルアセスメント (DAC) においても共通して課題がみえていることから，獲得しているスキルを発揮し，活用することができるよう，余暇スキルや対人行動における支援が必要である。

事例 10

1 対象生徒の実態及び特性

　対象生徒は，知的障害特別支援学校高等部3年ナツコ（仮名）女子。4歳時に，医療機関でHFAと診断された。緊張すると何を話してよいか分からなくなり，髪の毛を触ったり，涙を浮かべたりすることがある。また，自信がないときは，失敗することを恐れて自分を卑下するようなことを言ったり，活動に取り組む前に口数が多くなったりするなど不安定になることもある。その他にも，質問しなければならない場面では，何と伝えたらよいか分からなくて独り言のようになってしまうことがある。

　WISC-Ⅲの検査結果（実施時16歳11ヶ月）は，全検査IQ91，言語性IQ82，動作性IQ103，VC83，PO113，FD84，PS64であった。また，言語性下位検査の評価点は，知識5，類似7，算数6，単語5，理解6，数唱11，動作性下位検査の評価点は，完成11，符号8，配列15，積木12，組合11，符号12，記号5であった。

　検査では，PIQ＞VIQで統計的に有意な差があり，「絵画配列」が最も評価点が高い。ナツコは日常絵を描くことが好きで，物の形や色を的確に捉えることができ，漫画やアニメーション，ゲーム等に対する興味・関心が高い。また，言葉による複数の指示については混乱してしまい分からなくなってしまうことが多い。以上のことから，聴覚的刺激より視覚的刺激の方が優位であり，視覚的な刺激を正確に認識し，一つのまとまりへ合成する能力が強く，また意味があるものの方が理解しやすいと考えられ，有意味刺激の視知覚及び視覚的体制化が強い。

　ナツコの知的水準は平均に位置しているが，認知能力にアンバランスがあること，特に「視覚的刺激に対しての優位さ」，「有意味刺激の視知覚の強さ」，「不安の影響の強さ」が明らかで，その点が他者とのコミュニケーションの取りにくさに大きく関わっていると考えられる。

　語彙があることから言葉による指示で理解できているとみられてしまう

が，多くの指示を一度にされると自信がもてないために次の活動への不安を感じたり，挨拶や報告などがはっきりせず声が小さくなってしまったりするという状況が予想される。従って，ナツコの指導には，活動の前に見通しをもたせ不安を取り除くという意味から，事前に内容を呈示することが大切である。その際は，文字や写真，イラスト，映像などを利用するとともに，ナツコ自身にもメモを取らせるなど作業中や終了時等に確認することができる手段を活用することが有効である。また，情報の呈示は一度に多くを行うのではなく，理解の様子を確認しながら一つ一つを確実に行うことが必要である。そのことはナツコの作業の正確性の向上にも有効であると考える。成功体験を多くし，できたことを賞賛し自信をつけさせることが大切であり，そのことがナツコの積極性につながっていくものと考える。

ナツコはIQが判定区分外で療育手帳を取得できず，その後，相談機関との連携により精神障害者保健福祉手帳2級を取得した。

2　手続き

自閉症児の移行アセスメントであるTTAPフォーマルアセスメントに基づき現場実習場所を選定し，TTAPインフォーマルアセスメント（CSAW）及び（DAC）を実施した。TTAPによってより実践的，具体的な進路指導を行った。

実施場所及び期間は，和食レストランにて201X年1X月に15日間実施した。

3　結果

現場実習時における課題を分析することにより事後学習や今後の進路指導を充実させる目的で，TTAPフォーマルアセスメント及びTTAPインフォーマルアセスメント（CSAW），（DAC）を実施した。

第三章 研究1「TTAPを活用した就労支援に関する研究」結果 159

（1）TTAPフォーマルアセスメント結果（実施時17歳2ヶ月）

TTAPフォーマルアセスメントの結果をFig.21に示す。

1）検査得点プロフィール

直接観察尺度では，職業スキル，自立機能において全項目で合格，対人行動で芽生えが高い。

家庭尺度では，職業行動，自立機能において全項目で合格，対人行動で芽生えが高い。

学校／事業所尺度では，職業スキルで合格点が高く，対人行動で芽生えが高い。

検査得点プロフィール

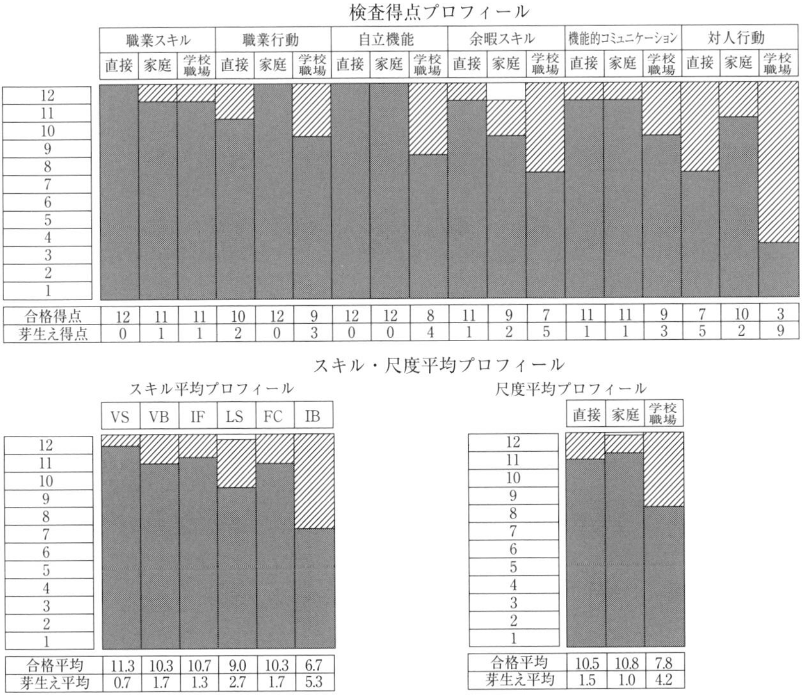

	職業スキル			職業行動			自立機能			余暇スキル			機能的ｺﾐｭﾆｹｰｼｮﾝ			対人行動		
	直接	家庭	学校職場	直接	家庭	学校職場	直接	家庭	学校職場	直接	家庭	学校職場	直接	家庭	学校職場	直接	家庭	学校職場
合格得点	12	11	11	10	12	9	12	12	8	11	9	7	11	11	9	7	10	3
芽生え得点	0	1	1	2	0	3	0	0	4	1	2	5	1	1	3	5	2	9

スキル・尺度平均プロフィール

スキル平均プロフィール

	VS	VB	IF	LS	FC	IB
合格平均	11.3	10.3	10.7	9.0	10.3	6.7
芽生え平均	0.7	1.7	1.3	2.7	1.7	5.3

尺度平均プロフィール

	直接	家庭	学校職場
合格平均	10.5	10.8	7.8
芽生え平均	1.5	1.0	4.2

VS=職業スキル　VB=職業行動　IF=自立機能　LS=余暇スキル　FC=機能的ｺﾐｭﾆｹｰｼｮﾝ　IB=対人行動

Fig. 21　TTAPフォーマルアセスメント結果

2) スキル平均プロフィール

スキル平均プロフィールでは,対人行動が最も低い。家庭では限定的な対人環境で生活をするため,意識をして過ごすことができる可能性もあるが,学校においては非限定的な対人環境の中で生活をしている。よって,今後,障害特性に配慮した形で就労移行するためにも,学校においては,集団での活動ウェイトを可能な限り少なくすべきであると考える。このようなことから和食レストランでの実習も対人関係に配慮する必要がある。職場に障害特性と本人自身の特性について説明をする際に,集団での行動の苦手さを伝え,一人でできる職務があるかどうか,職務の切り出しを提案することも必要であると考える。

3) 尺度平均プロフィール

尺度平均プロフィールでは,3尺度の中で,学校/事業所尺度が最も低い。この結果から学校において直接観察尺度や家庭尺度で合格または芽生えである内容のアセスメント及び指導が不十分であることが読み取れるため,本項目内容を実習前に再度整理し,支援計画に反映させることが必要であると考えられる。また,家庭尺度の対人行動の数値は,学校/事業所尺度よりも大幅に高い。これにより,慣れた人との関係では安心感があり,適切にコミュニケーションがとれるのではないかと考えられる。

(2) 現場実習事前学習

高等部2年時に実施した現場実習では,スーパーマーケットのバックヤードで野菜の水洗い,長さ揃え,パック及び袋詰め等を担当した。包丁やテープで留める道具等の使い方をすぐに覚えて安全に使用することができた。

実習中はメモ用紙を携帯させ,指示された仕事内容を書き留めるよう伝えておいた。そのため,仕事のやり忘れなどはなかったが,反省会では,コミュニケーション能力が向上するとさらによいというアドバイスを実習先から受けた。中でも,作業場が騒がしい時は相手に声が聞こえないことがあり,で

きれば学校で指導して欲しいと要望があった。また，品出しを行うときにはお客様と会うので，笑顔であいさつができるとよかったという意見もあった。他には，休憩時間中に売り場の試食用の食べ物を食べたり，作業後に道具を片付けずに休憩をとったりする様子がみられたが，指導後は同じ失敗を繰り返すことはなかった。

　以上の現場実習での様子と，TTAPフォーマルアセスメントの結果から分析した学校での対人行動の低さを併せて考えると，仕事の場面毎での明確な指示や約束等を事前に伝えておく必要がある。また，適切な声の大きさについては，ナツコの理解力の高さから，学校生活の中で様々な状況を設定し体験的に学習することで改善されるのではないかと考えられる。

　これらのことを受けて，進路指導や作業学習等の授業を中心として，現場実習で課題として挙げられた「相手に声が聞こえるように話をする」を重点的に取り上げた。授業でのナツコの目標を，「相手に伝えることを意識して，声の大きさを変えることができる」，「教員や友達の助言を参考にしながら自分の話す態度を確認することができる」とした。自分が話している様子をビデオでみながら確認し，さらに，その様子を友達がみるとどのように感じるかということも確認できるように，学習プリントを用意した。このことにより，自分は聞こえるように話しているつもりでも，相手には聞こえにくいと感じとられてしまうということを理解するきっかけとなった。また，遠くに離れている友達に聞こえるように声を出して，友達の足下にある様々な物を取ってもらうという学習も取り入れ，意図的に大きな声を出す練習に取り組んだ。

（3）TTAPインフォーマルアセスメント（CSAW）及び（DAC）結果
　今回は，201X年1X月に15日間実施した現場実習先においてTTAPインフォーマルアセスメントを行った。実習期間の初日にTTAPインフォーマルアセスメント（CSAW），及び実習期間中にTTAPインフォーマルアセス

Table 63 TTAP インフォーマルアセスメント (CSAW) 結果

名　　前：＿＿＿ナツコ＿＿＿　日付：＿201X／1X＿
実習現場：＿和食レストラン＿　ジョブコーチ/スタッフ：＿＿＿＿

目標（作業が目標かどうかチェック）	仕事の内容（作業）	実行レベル			芽生えスキルに関して行ったあらゆる作業の修正点，視覚的構造化，指導方法についての記述
		合格	芽生え（高か低で記述し，その基準も明記）	不合格	
	玄関前の掃除		高 掃除する範囲		どこまでを掃除すれば良いのかの指示が必要。木の下の無数にある枯葉をしばらく集めていた。
	玄関前の植物に水遣り	✓			『お盆を置く場所→ゴミを分別する場所→食器を水に浸す場所→洗い流す場所』が左から右の流れになっていて分かりやすい。スポンジで洗う水道台と洗い流す水道台が分かれている。
	お盆の上のごみを分別して捨てる	✓			
	食器を水に浸す	✓			
	スポンジで洗う	✓			
	洗い流し専用の桶に食器を浸して，洗い流す	✓			
	オーダー表をみて，コーヒーミルクやシュガーを準備する				

合格＝手助けを必要としない／自立している　　芽生え（高か低）＝手助けがあってできる
不合格＝作業のどの部分も完成できない

メント（DAC）を実施し，作業状況の変化，獲得スキルの確認等を行った。

　和食レストランにおいて現場実習初日に実施した TTAP インフォーマルアセスメント（CSAW）の結果を Table 63 に示す。

　以上の結果から，巡回指導では特に芽生えの部分への支援を中心に行った。この際，TTAP インフォーマルアセスメント（CSAW）の現場実習初日で見出された高い芽生えレベルにある特定の職業スキルを，TTAP インフォーマルアセスメント（DAC）の職業スキルのタイトルの下の項目に転記した。転記した項目は，①玄関前の掃除，②玄関前の植物に水遣り，③ゴミ捨て，④オー

ダー表の準備，の4点である。その他として，実習初日のアセスメント結果から，実習期間に重要だと思われる職業行動，自立機能，余暇スキル，コミュニケーション，対人スキルを見出した。また，TTAPインフォーマルアセスメント（DAC）を使用して，実習を巡回した教員は，選定した目標に関して毎日のナツコの仕事の実施状況を記入することとした。

TTAPインフォーマルアセスメント（DAC）の結果をTable 64に示す。

ナツコが実習をした和食レストランでは，玄関前の掃除や植木への水まき，食器洗いが主な仕事であった。

まず，玄関前の掃き掃除をした。ほうきやちりとりなど道具の使い方には何の問題もないのだが，キリのない落ち葉をどこまで拾うかで戸惑っているようにみえた。ある程度のところで掃除をやめることができたが，どこの範囲をどれくらいきれいにしたら終わりなのか明確な指示が必要とされる。そのため芽生えである。

次に，食器洗いを行った。この職場は食器洗いのすべてが手作業である。まず，ホール担当の従業員がお膳を運んでくる。これを受け取ったところからナツコの作業は始まる。しかし，従業員の「お願いします」という声に対して何も返事をしていないのか，聞こえないようだった。巡回していた教員が大きな声で「はい」と言うように促すと，その後からは返事をするようになったので，コミュニケーションの面で芽生えである。

食器に残っているゴミの分別では，分別用のバケツがあり，みてすぐに何を入れるのかが分かりやすくなっている。分別が終わったら食器を水に浸し，スポンジで洗い，水で洗い流すという作業である。食器洗いの一連の流れは合格であった。この職場では，食器を浸すところと洗い流すところが分かれている。そのため，スポンジで洗ったら，洗い流し用の水道台の方に入れていくため，作業の流れが分かりやすい。こうした流れがあることで，どこまで洗ったのかや後どれくらいなのかが目にみえて分かる。食器が溜まってきたことが分かるとナツコなりに作業のペースを上げている様子がみられ

Table 64　TTAPインフォーマルアセスメント（DAC）結果

実習内容	評価	構造化／設定	コメント
職業スキル			
・玄関前の掃除	EH		・玄関前の掃除では，たくさんの枯れ葉が落ちていた。全部を掃除したらキリがないので，どの範囲がどの程度きれいになったら終わりなのか確認が必要。
・玄関前の植物に水遣り	P		
・お盆の上のごみを分別して捨てる	P	・ゴミを入れるボックスもみただけで何を入れるか分かりやすい。	・運ばれてきた食器類のゴミを分別して捨ててから食器を洗うのだが，水に浸してから洗い流すまでが左から右へと流れていて分かりやすい。
・食器を水に浸す	P		
・スポンジで洗う	P		
・洗い流し専用の桶に食器を浸して，洗い流す	P	・作業の流れが左から右に進むようになっていて取り組みやすい	
・オーダー表をみて，コーヒーミルクやシュガーを準備する			
職業行動／自立機能			
・状況に応じての作業スピードの変更	P		・食器がたまってきたら作業のスピードを上げる様子もみられた。
余暇スキル			・特になし。
コミュニケーション	EH		・従業員の方の「お願いします」という声に対して返事が聞こえない。巡回の教員に大きい声で「はい」と言うように指摘され，以降返事をするようになった。
・対人的なやりとりへの参加			
対人スキル			・特になし。

P（Pass）＝合格　EH（Emerge High）＝高い芽生え　EL（Emerge Low）＝低い芽生え
F（Fail）＝不合格　NM（Not Measured）＝検査されていない

た。

　また，食器洗いの仕事が溜まりすぎた場合は1人の従業員が支援に入るのであるが，その従業員の作業の様子をみて自分が何をしたらよいのか考えて動くこともできた。

　また，休憩時間の過ごし方においては，昼休みに他の従業員と一緒に昼食をとることになっている。昼食の準備の時に，他の人が電気ポットを使ってお茶を入れているのに，自分が電子レンジを使いたいために電気ポットのコ

ンセントを勝手に抜いてしまい，電子レンジのコンセントを入れていたということがあり，注意を受けた。

(4) ソーシャル・コミックを活用した取組

　自己理解を深める取り組みとして，ソーシャル・コミックを活用した。ASDの認知特性に適合したソーシャルスキル・トレーニング／コミュニケーション指導の技法として近年注目されている。ソーシャル・コミックは，ASDの子どもたちに社会的な場面を理解するための手がかりや適切な行動の仕方などを記述したコミックを使用し，ソーシャルスキルの獲得を支援する方法である。職場においては，ソーシャル・コミックを有効利用し，職場におけるマナーやルール等を視覚的に伝えることなどが支援方法の一つとして考えられる。

　今回は，ナツコが就労に向けて身に付ける必要があるスキルや苦手意識を感じることなどに対して，自分の意思で適切な行動を選択できるようにソーシャル・コミックを活用し，実践した。

　和食レストランにて実施した現場実習では，現場実習の途中で，自分があまりやりたくない仕事を頼まれたときに嫌そうな表情をしたり，ため息をついたり，「やりたくないのに」などと小さい声で言ったりするという状況を担当者から報告を受けた。そこで，どのような仕事を頼まれても笑顔で受け答えをする必要性を伝えるために，ソーシャル・コミックを作成した。絵を描くことはナツコの得意なことであり，また，自信をもって取り組める活動の一つであるため，二コマまんが（Fig.22）でこれらの状況をナツコに表現してもらうことにした。さらに，二コマまんがの下にTable 65のように評価を記入する欄を設けて，この目標について毎日振り返ることができるようにした。この支援の後は，どのような状況でも嫌そうな表情をみせることなく仕事に取り組むことができた。仕事の区切りでの報告などは，相手に聞こえるような声ではっきりと話しをすることができていた。また，頼まれた仕事は

Fig. 22 ソーシャル・コミック

Table 65 ソーシャル・コミック評価表

目標	11/20	11/21	11/23	11/24	11/25	11/27	11/28	11/30
嫌な仕事を頼まれた時でも笑顔で「はい，分かりました。」と言えたか。	○	○	○	○	○	○	○	○

○　できた　　△　嫌な顔をしたり，ため息をついたりしてしまった
×　やりたくないなどと言ってしまった

最後まで責任をもって，丁寧に行うことができたという評価であった。

4　考察

　ナツコはTTAPフォーマルアセスメントの結果にあるように職業行動や自立機能の面で評価が高くなっている。現場実習でのTTAPインフォーマルアセスメントにおいても，作業能力では合格となっていることが多い。和食レストランでは，食器洗いの仕事をしていたが作業自体は問題なく行うことができており，作業スピードも状況に応じてナツコなりに努力する様子が

みられた。作業については慣れも必要であるので，合格であった皿洗いも学校や家庭で効率よく行うなどの練習をすることで，事業所の求める仕事により近づくのではないかと考える。

　TTAPの対人行動の得点が低いことについては，TTAPフォーマルアセスメントにおいてもTTAPインフォーマルアセスメントにおいても共通して課題がみえていることから，もっているスキルを十分に発揮することができるように対人関係面の支援が今後必要である。TTAPインフォーマルアセスメント（DAC）で芽生えとして挙げられた作業中の返事については，作業自体に問題がなくても，職場の人と一緒に仕事を行ううえで問題となってきてしまうと考える。課題となっていた「相手に聞こえる声を出す」ことについては，改善がみられるようになった。しかし，ナツコの特性を考えると，「相手に伝えることを意識して，声の大きさを変えることができる」という目標は，漠然としていて分かりづらかったものと思われる。授業を行った後は，今までより大きな声が出るようになってきた。相手が聞こえない様子を示したときは，自分から相手に近づいて伝えることができるようになってきており，自分の言葉を聞き取ってもらえなかったことについて，相手を責めるような発言は少なくなってきている。

　さらに，ナツコには，大きな声を出すことよりも，相手に近づいて話しをすることを重点的に指導する方が，より身に付きやすく様々な状況にも対応できるのではないかと考えた。また，現場実習での課題を，ソーシャル・コミックを活用して具体的に示し，場面に応じた言葉遣いや適切な態度の獲得ができるように支援していくことは，ナツコにとって有効であったと思われる。

7 小考察

1 事例の属性

事例1〜10の属性をTable 66に示す。

(1) IQ

IQの範囲は，事例1〜7（7名）がIQ43〜IQ64（平均IQ59），事例8〜10（3名）がIQ86〜IQ91（平均IQ88）となっている。

Table 66 事例の属性

事例	氏名	性別	年齢	IQ	障害者手帳	診断名	就労先
1	タツオ	男子	17	WISC-Ⅲ 43	療育手帳 B2	自閉症	中古車販売（洗車）
2	コウジ	男子	18	WAIS-Ⅲ 50	療育手帳 B2	自閉症	製造業（自動車部品製造）
3	ケイ	男子	18	田中ビネー 63	療育手帳 B2	自閉症	商品管理（ピッキング）
4	ミカ	女子	18	WISC-Ⅲ 63	療育手帳 B2	自閉症	就労継続支援A型事業所
5	カイト	男子	18	WAIS-R 64	療育手帳 B2	自閉症	商品管理（ピッキング）
6	ナホコ	女子	18	WAIS-Ⅲ 64	療育手帳 B2	自閉症	百貨店（事務補助）
7	リサ	女子	18	WAIS-Ⅲ 64	療育手帳 B2	自閉症	スーパー（調理補助）
8	ショウ	男子	18	WAIS-R 88	精神障害者保健福祉手帳2級	AS	飲食業本社（事務補助）
9	タケシ	男子	18	WAIS-R 86	精神障害者保健福祉手帳2級	HFA	製造業（ワイヤー製造）
10	ナツコ	女子	18	WISC-Ⅲ 91	精神障害者保健福祉手帳2級	HFA	レストラン（調理補助）

（２）障害者手帳

事例1〜7（7名）が療育手帳B2，事例8〜10（3名）が精神障害者保健福祉手帳2級をそれぞれ取得している。

（３）診断名

事例1〜7（7名）が自閉症，事例8（1名）がAS，事例9，10（2名）がHFAとなっている。

（４）就労先の職種

洗車1名，製造業2名，商品管理2名，事務補助2名，調理補助2名，就労継続支援A型事業所1名となっている。

2　TTAPフォーマルアセスメント結果に関する考察

TTAPフォーマルアセスメントの結果を，①事例1〜10（10名），②事例1〜7（7名・知的障害を伴う自閉症生徒），③事例8〜10（3名・知的障害を伴わない自閉症生徒），④知的障害生徒とASD生徒，の4つに分けて比較検討を行った。

（１）事例1〜10（10名）

TTAPフォーマルアセスメントの平均をFig.23に示す。

1）検査得点プロフィール

直接観察尺度では，職業行動，対人行動で合格点が低く，芽生えが高い。

家庭尺度では，余暇スキル，対人行動で合格点が低く，芽生えが高い。特に，余暇スキルでは，不合格が高い。

学校／事業所尺度では，対人行動，余暇スキルの順で合格点が低く，芽生えが高い。

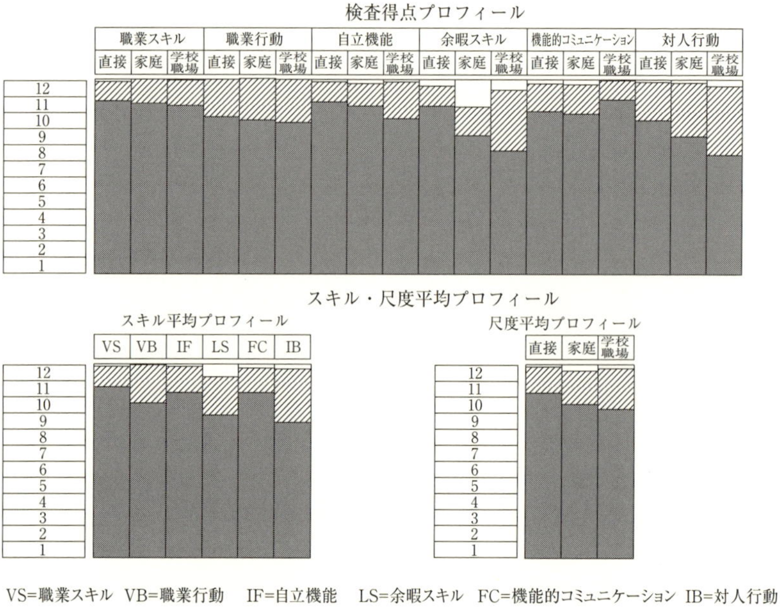

検査得点プロフィール

スキル・尺度平均プロフィール

VS=職業スキル　VB=職業行動　IF=自立機能　LS=余暇スキル　FC=機能的コミュニケーション　IB=対人行動

Fig. 23 TTAPフォーマルアセスメント（事例1～10の平均）結果

2）スキル平均プロフィール

対人行動において合格点が最も低く，芽生えが高い。続いて，余暇スキルにおいて，芽生えと不合格が高い。

3）尺度平均プロフィール

尺度平均プロフィールでは，学校／事業所尺度で合格点が低く，芽生えが高い。

（2）事例1～7（7名・知的障害を伴う自閉症生徒）

TTAPフォーマルアセスメントの平均をFig.24に示す。

1）検査得点プロフィール

直接観察尺度では，職業スキル，職業行動，自立機能，余暇スキル，対人

第三章 研究1「TTAPを活用した就労支援に関する研究」結果　171

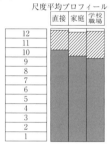

VS＝職業スキル　VB＝職業行動　IF＝自立機能　LS＝余暇スキル　FC＝機能的コミュニケーション　IB＝対人行動

Fig. 24 TTAPフォーマルアセスメント（事例1～7の平均）結果

行動で合格点が高くなっている。

　家庭尺度では，余暇スキル及び対人行動で芽生えが高くなっているが，中でも，余暇スキルにおいて不合格が高い。

　学校／事業所尺度では，機能的コミュニケーションで合格点が高くなっている。

２）スキル平均プロフィール

　対人行動及び余暇スキルの順に合格点が低く，芽生えが高い。特に余暇スキルにおいては，不合格が高い。続いて職業行動において芽生えが高い。

３）尺度平均プロフィール

　尺度平均プロフィールでは，学校／事業所尺度で合格点が低く，芽生えが

高い。

（3）事例8～10（3名・知的障害を伴わない自閉症生徒）
TTAPフォーマルアセスメントの平均をFig.25に示す。

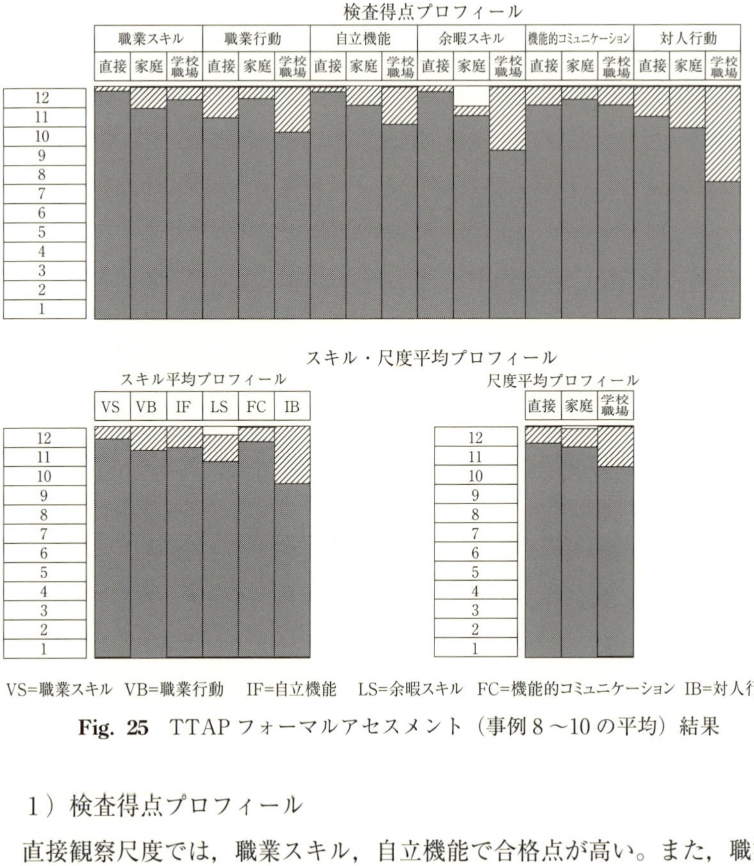

VS＝職業スキル　VB＝職業行動　IF＝自立機能　LS＝余暇スキル　FC＝機能的コミュニケーション　IB＝対人行動
Fig. 25 TTAPフォーマルアセスメント（事例8～10の平均）結果

1）検査得点プロフィール
　直接観察尺度では，職業スキル，自立機能で合格点が高い。また，職業行動，対人行動で合格点が低く，芽生えが高い。
　家庭尺度では，余暇スキル，対人行動で合格点が低く，芽生えが高い。
　学校／事業所尺度では，対人行動，余暇スキルで合格点が低い。

2）スキル平均プロフィール

対人行動において合格点が最も低く，芽生えが高い。

3）尺度平均プロフィール

尺度平均プロフィールでは，学校／事業所尺度で合格点が低く，芽生えが高い。

知的障害を伴う自閉症生徒と知的障害を伴わない自閉症生徒について，TTAPフォーマルアセスメント結果の比較をTable 67に示す。

Table 67 知的障害を伴う自閉症生徒と知的障害を伴わない自閉症生徒の比較

	知的障害を伴う自閉症生徒	知的障害を伴わない自閉症生徒
直接観察尺度	・職業スキル，職業行動，自立機能，余暇スキル，対人行動で合格点が高い。	・職業スキル，自立機能で合格点が高い。
家庭尺度	・余暇スキル及び対人行動で芽生えが高い。 ・余暇スキルにおいて不合格が高い。	・余暇スキル，対人行動で合格点が低く，芽生えが高い。
学校／事業所尺度	・機能的コミュニケーションで合格点が高い。	・対人行動，余暇スキルで合格点が低い。
知能検査	・田中ビネー，WISC-Ⅲ	・WISC-Ⅲ，WAIS-R

（4）知的障害生徒とASD生徒のTTAPフォーマルアセスメント結果の比較検討

高等部に在籍する知的障害生徒に対し，TTAPフォーマルアセスメントを実施した。その結果をFig.26に示す。

1）検査得点プロフィール

直接観察尺度では，機能的コミュニケーションで合格点が高い。また，自立機能，余暇スキルで合格点が低く，芽生えが高い。

家庭尺度では，職業スキルで合格点が低く，芽生えが高い。

学校／事業所尺度では，職業スキル，職業行動，余暇スキルで合格点が低

検査得点プロフィール

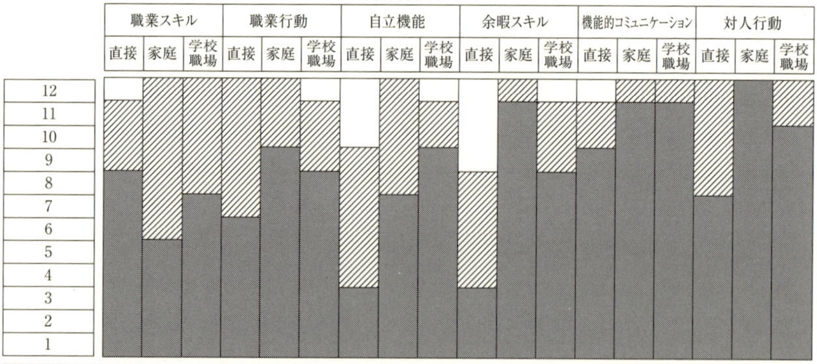

	職業スキル			職業行動			自立機能			余暇スキル			機能的コミュニケーション			対人行動		
	直接	家庭	学校職場	直接	家庭	学校職場	直接	家庭	学校職場	直接	家庭	学校職場	直接	家庭	学校職場	直接	家庭	学校職場
合格得点	8	5	7	6	9	8	3	7	9	3	11	8	9	11	11	7	12	10
芽生え得点	3	7	5	6	3	3	6	5	2	5	1	3	2	1	1	5	0	2

スキル・尺度平均プロフィール

スキル平均プロフィール

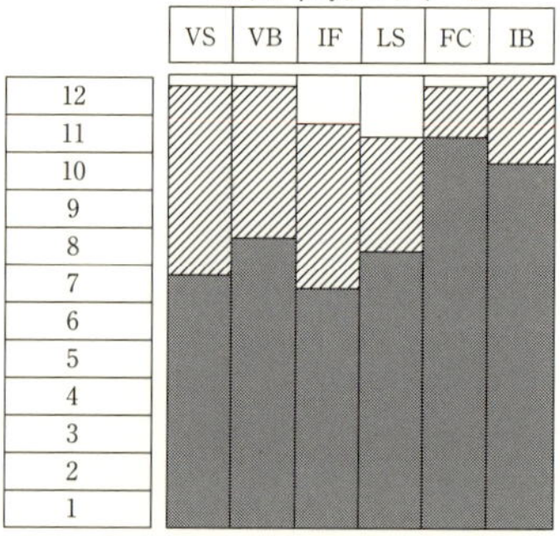

	VS	VB	IF	LS	FC	IB
合格平均	6.7	7.7	6.3	7.3	10.3	9.7
芽生え平均	5.0	4.0	4.3	3.0	1.3	2.3

尺度平均プロフィール

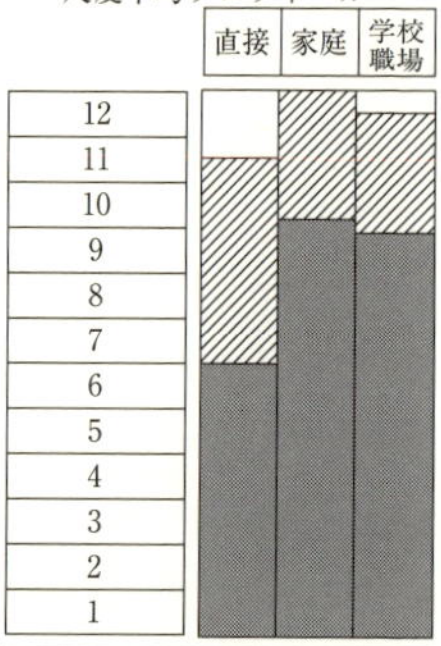

	直接	家庭	学校職場
合格平均	6.0	9.2	8.8
芽生え平均	4.5	2.8	2.7

VS=職業スキル　VB=職業行動　IF=自立機能　LS=余暇スキル　FC=機能的コミュニケーション　IB=対人行動

Fig. 26 TTAP フォーマルアセスメント結果（知的障害生徒）

い。

2）スキル平均プロフィール

　職業行動，自立機能で合格点が低く，芽生えが高い。また，機能的コミュニケーション，対人行動で合格点が高い。

3）尺度平均プロフィール

尺度平均プロフィールでは，直接観察尺度で合格点が低く，芽生えが高い。以上の結果とASD生徒の結果とを比較検討したものをTable 68に示す。

Table 68 知的障害生徒とASD生徒のTTAPフォーマルアセスメント結果の比較

知的障害生徒	ASD生徒
・直接観察尺度 　機能的コミュニケーションで合格点が高い。自立機能，余暇スキルで合格点が低く，芽生えが高い。	・直接観察尺度 　職業スキル，職業行動，自立機能，余暇スキル，対人行動で合格点が高い。
・家庭尺度 　職業スキルで合格点が低く，芽生えが高い。	・家庭尺度 　余暇スキル，対人行動で合格点が低く，芽生えが高い。
・学校／事業所尺度 　職業スキル，職業行動，余暇スキルで合格点が低い。	・学校／事業所尺度 　対人行動，余暇スキルで合格点が低い。

以上のことから，知的障害生徒は，現場実習などでは機能的コミュニケーション及び対人行動の高いスキルを活用し，職業スキル，職業行動，自立機能等で求められる課題に十分取り組むことができると考えられる。また，ASD生徒は，余暇スキル，対人行動で求められるスキルが十分獲得できていないため，仕事を進める上で，これらのことが課題になり，本来もっている力を十分に発揮することができない状況にあると考えられる。

（5）考察

事例8～10の生徒は，直接観察尺度の余暇スキルにおいて合格点が高いが，学校／事業所尺度の余暇スキルにおいては，芽生えが高くなっている。各個人においては，パソコンの活用，小説や絵等を書くこと，電車で自分の好きなところに行くなど，十分に一人で余暇を過ごすスキルを獲得している。しかし，学校／事業所尺度の対人行動において，「206. 慣れた人々に好ま

しい行動を示す」,「215. 癇癪を制御し建設的に不満を表明する」,「211. グループ活動に参加する」,「212. 特定の人々との仲間関係を求める」において芽生えがみられるように,職場という集団の中で,自分が獲得している余暇スキルが十分に活用できない状況にある。このようなことから,特に休憩時間における過ごし方に対して,職場環境のアセスメントも併せて検討し,適切に支援を行う必要がある。

3　TTAP フォーマルアセスメントと知能検査との関連

　事例 8～10 は,AS 及び HFA の生徒であるが,TTAP フォーマルアセスメントでは,ほとんどの項目が合格となるため,その際,WAIS-R や WISC-Ⅲ の検査を参考にしながら,TTAP フォーマルアセスメントと併せて実態把握を行った。

　WAIS-R の下位検査によって測定される能力を Table 69 に示す。

　事例 8 では,WAIS-R を実施した。結果は,以下のとおりである。

　全検査 IQ88,言語性 IQ93,動作性 IQ84 であった。言語性下位検査は評価点 7～12 の範囲に分布し,「類似」が最も高い。一方,動作性下位検査は評価点 1～13 の範囲に分布し,「絵画配列」が評価点 13,「絵画完成」,「組合」が評価点 10 となっている。

　有意味画の視知覚や視覚的体系化などが相対的に高い傾向を示しており,全体を部分に分解する力や非言語的概念を形成する力が高い。反面,視覚-運動系(協応,速さ)はむしろ低く,視知覚に対する反応としての行動が伴わない傾向を示した。特に,事務的処理の速さと正確さや紙と鉛筆を扱う技能などで支援が必要となる。

　事例 9 では,WAIS-R を実施した。結果は,以下のとおりである。

　全検査 IQ86,言語性 IQ88,動作性 IQ87,であった。言語性下位検査は評価点 4～11 の範囲に分布し,「理解」,「類似」が最も高いことから,言語表現及び言語的推理が強い。一方,動作性下位検査は　評価点 3～11 の範囲に分

Table 69 WAIS-Rの下位検査によって測定される能力

下位検査	能　力
知　　識	・一般的な事実についての知識量
数　　唱	・暗唱と即時再生・順序の逆転（逆唱のみ）
単　　語	・言語発達水準・単語に関する知識
算　　数	・計算力
理　　解	・実用的知識・過去の経験についての評価と利用 ・常識的行動についての知識・社会的成熟度
類　　似	・論理的範疇的思考
絵画完成	・結果の予測・視覚刺激に素早く反応する力 ・視覚的長期記憶の想起と照合
絵画配列	・結果の予測・全体の流れを理解する力 ・時間的順序の理解，及び時間概念
積木模様	・全体を部分に分解する力・非言語的概念を形成する力 ・視空間イメージ化
組 合 せ	・視覚－運動フィードバックを利用する力 ・部分間の関係の予測
符　　号	・指示に従う力・事務的処理の速さと正確さ・紙と鉛筆を扱う技能 ・精神運動速度・手の動作の機敏さ

布し，「絵画配列」，「積木模様」，「組合」が評価点11と高く，視覚的全体把握は良好に機能している。結果を予測する力や視覚刺激に素早く反応する力をもっているので，視覚的に仕事の全体を把握させて見通しをもたせることが大切である。

　以上のようなことから，ASやHFAの生徒に関しては，WAIS-R等の結果を参考にし，現場実習先での支援方法を具体的に検討することで，TTAPフォーマルアセスメントでは，十分に実態把握できなかった部分を補っていく必要がある。

4　TTAPインフォーマルアセスメント（DAC）の結果に関する考察

ここでは，現場実習中に実施した TTAP インフォーマルアセスメント（DAC）の結果から，芽生えの項目，つまり，今後の指導目標となる項目についてまとめた。

TTAP インフォーマルアセスメント（DAC）の芽生え内容を Table 70 に示す。

Table 70　TTAP インフォーマルアセスメント（DAC）の芽生え内容

項目	内容
職業行動	・仕事の間違いをした後，気持ちを切り替えて作業に集中できない。 ・作業中に間が空くと，身体を前後に揺らす行動がみられた。 ・他のスタッフが注意されていると，自分が注意されたと考えてしまう。 ・自分のペースで仕事をし，スピードを意識することがなかった。 ・終了時間になると，片付けをしないで帰ろうとしてしまった。 ・作業終了間近になって終了時間を気にしだした。 ・FM や店内放送が気になり仕事に集中できなかった。
自立機能	・通勤時に特定の路線番号のバスを待ってしまい遅刻することがあった。 ・出勤時間に遅れる日が何日かあった。 ・休憩時間終了の 2 分前にトイレに行き，作業開始時間に遅れる。
余暇スキル	・昼食休憩時間にどう過ごしてよいか分からず不安になった。 ・休憩室の席にこだわりをもち，他の人が座っていると休憩室に入ることができなかった。
コミュニケーション	・スタッフの雑談の内容が理解できない。 ・一方的に自分の趣味の話をしてしまう。 ・報告，連絡の内容を理解することが難しかった。
対人スキル	・対人面で，報告や指示を受ける際に苦手さがみられ，自分で判断して仕事を進めてしまうことが多くみられた。 ・仕事内容を理解しての返事かどうかは分からない。 ・特定の人の指示には従うことができる。 ・スタッフの顔と名前が一致せず，名前を呼ぶことが難しい。

以上の結果より，TTAP の 6 つの機能領域の中の，職業行動，自立機能，余暇スキル，コミュニケーション，対人スキルというように，いわゆるソフトスキルの部分において，芽生えの内容が多くなっていることが分かる。

第二節　研究1-2「現場実習事後学習と自立活動の学習内容比較検討」

1　はじめに

　現場実習時に，TTAPインフォーマルアセスメント（DAC）を行い，現場実習中にみられた芽生えと，その芽生えに対する学習内容を検討し，現場実習事後学習として実施した。その事後学習の内容と自立活動の区分及び内容項目とを比較検討する。

2　手続き

　Table 70でまとめたTTAPインフォーマルアセスメント（DAC）の芽生えの項目を中心に，事例1～10までの現場実習における課題を取り上げ，自立活動の区分及び内容項目との関連について比較検討する。また，その内容について，進路指導や作業学習の授業の中で事後学習を行う。

3　結果

　指導事例1～10の結果をTable 71に示す。

指導事例1

1　現場実習での課題【TTAPフォーマルアセスメント（職業行動領域）】
　仕事中に間違いをしたり，間違いを指摘されたりした時に，フラッシュバックしてしまい，注意され嫌な思いをした時のことを思い出し，作業場所から飛び出してしまう。

Table 71　事例内容

事例	現場実習における課題
事例1	仕事中に間違いを指摘された時に，フラッシュバックしてしまい，注意され嫌な思いをした時のことを思い出し，作業場所から飛び出してしまう。
事例2	休憩時間に化粧室の洗面台を独占してしまうことが多くみられた。また，洗面台に落ちた髪をそのままにしていた。
事例3	FMや店内放送のかかる職場では業務に集中できない。大きな音や従業員の会話に気持ちが不安定になったり，音が耳に残ったりしている。
事例4	書類のホチキス芯取りの時に，芯で左指を指してしまうことがあった。また，シュレッダー操作では，主電源を使ってonとoffの切り替えを繰り返したり，裁断口の手前に指先を置いたりする様子が多くみられた。
事例5	筆記用具をデスクに置く時に投げたり，ミスに気付いた時に慌てて廊下を走ったりしてしまう様子がみられた。
事例6	雨天時の通勤後，着用していたスラックスの裾にしみが目立ったことがあった。その際，Yシャツ，頭髪等濡れた状態で勤務を続けていた。
事例7	人間関係の複雑さ及び指示の多さにパニックを引き起こした。
事例8	休憩時間の過ごし方が分からず不安になることが多い。学校生活では，自由に好きな絵を描くことや好きな本を読むなどの，自由課題を苦痛に感じる事が多くみられる。
事例9	仕事をしている時に，業務確認や報告のタイミングが分からず，報告できないことが多くみられた。
事例10	スタッフの雑談の内容が理解できなかったり，突然話しかけられると混乱したりすることが多くみられた。また，分からないことを質問する友達に対して,自分に不満をもっているのではと疑ってしまうことがあった。

2　自立活動との関連

現場実習での課題と自立活動との関連についてTable 72に示す。

3　指導内容

気持ちを切り替えて作業に集中できるようにすることを目標に，作業学習の振り返りの時間にミスをメモし，対応策を考えさせるようにする。対応策がまとまった後，本人用のマニュアルとしてホワイトボードの裏に掲示し，

Table 72 現場実習の課題と自立活動との関連

区分	内容項目
2 心理的な安定	(2)状況の理解と変化への対応に関すること。
3 人間関係の形成	(2)他者の意図や感情の理解に関すること。

随時確認できるようにした。

　間違いを指摘されると相手から攻撃されたと捉えてしまうことが多いので，修正を促す言葉かけの中に「数・色・場所」等，本人がみて理解しやすいように伝えるようにする。また，注意や修正の指示を与えるときには，本人の横に立つなど寄り添うようにして静かに言葉をかけることを心掛けた。

4　指導後の様子

　メモしたり，ホワイトボードにミスのパターンを記入したりすることで，ミスを繰り返すことがみられなくなった。また，授業前に前回のメモを確認できるようになった。

指導事例 2

1　現場実習での課題【TTAP フォーマルアセスメント（職業行動領域）】

　休憩時間に化粧室の洗面台を独占してしまうことが多くみられた。また，洗面台に落ちた髪をそのままにしていた。

2　自立活動との関連

　現場実習での課題と自立活動との関連について Table 73 に示す。

3　指導内容

　公の場所にある洗面台や鏡の使用方法について，自分で時間を決めて使用し，他の利用者が使用する場合は，使用をやめることなど使用する際のマナー

Table 73 現場実習の課題と自立活動との関連

区分	内容項目
1 健康の保持	(1)生活のリズムや生活習慣の形成に関すること。
1 健康の保持	(4)健康状態の維持・改善に関すること。
3 人間関係の形成	(3)自己の理解と行動の調整に関すること。

を確認した。また，他の利用者も自分同様に身だしなみを整えたい気持ちをもっているなどの理解は難しかったので，ロールプレイをとおして，順番を待つ人の気持ちを体験する学習を行った。

4 指導後の様子

 教員の言葉かけでは，なぜ髪を落としたままでいることがマナー違反になるのか理解ができなかったので，友達と並んで洗面台を使用する場面を自立活動の時間に設け，落ちた髪をティッシュにまとめて捨てる様子を観察させることで，適切な行動を身に付けることができた。

指導事例3

1 現場実習での課題【TTAP フォーマルアセスメント（職業行動領域）】

 FMや店内放送のかかる職場では業務に集中できない。大きな音や従業員の会話に気持ちが不安定になったり，音が耳に残ったりしている。

2 自立活動との関連

 現場実習での課題と自立活動との関連について Table 74 に示す。

3 指導内容

 特定の友達の言葉を過剰に意識してしまい，その結果，自分の気持ちが乱れ，近くにある物を叩いたり，大きな声を挙げたりする様子がみられた時に

Table 74 現場実習の課題と自立活動との関連

区分	内容項目
2 心理的な安定	(1)情緒の安定に関すること。
4 環境の把握	(2)感覚や認知の特性への対応に関すること。

は，別室でクールダウンを図りながら，心を落ち着ける練習を行った。具体的には，教室内で大きな声や集団の笑い声などを聞くと，不安定になってしまうため，集団活動を行う前にクールダウンスペースを使用する際のルール確認を行うようにした。

4　指導後の様子

　図書館（BGM なし）では落ち着いて仕事をすることができた。また，静かな実習先での実務経験を経て，不適応行動はかなり軽減された。

指導事例 4

1　現場実習での課題【TTAP フォーマルアセスメント（職業行動領域）】

　書類のホチキス芯取りの時に，芯で左指を刺してしまうことがあった。また，シュレッダー操作では，手元のスイッチではなく，主電源を使って on と off の切り替えを繰り返したり，裁断口の手前に指先を置いたりする様子が多くみられた。このことに対して言葉で注意したが，すぐに元の状態に戻ってしまった。

2　自立活動との関連

　現場実習での課題と自立活動との関連について Table 75 に示す。

3　指導内容

　事務用品の正しい使い方や，ホチキスの使い方について再確認を行った。

Table 75　現場実習の課題と自立活動との関連

区分	内容項目
1 健康の保持	(4)健康状態の維持・改善に関すること。
5 身体の動き	(5)作業に必要な動作と円滑な遂行に関すること。

芯の入れ替えの時に芯を指に刺してしまったり，上質紙を慌てて扱い指先を切ってしまったりすることがあるので，ケガの処置や安全面について確認した。また，事後学習では，シュレッダーの裁断口にカラーテープを貼り，制服等の巻き込みの危険性があることを確認した。

4　指導後の様子

作業で使用する道具について，使用上の留意点や安全面等について事前に確認する習慣が増えた。また，確認した内容を自分のノートに書き留めることができるようになった。

指導事例5

1　現場実習での課題【TTAPフォーマルアセスメント（職業行動領域）】

筆記用具をデスクに置く時に投げたり，ミスに気付いた時に慌てて廊下を走ったりしてしまう様子がみられた。

2　自立活動との関連

現場実習での課題と自立活動との関連についてTable 76に示す。

3　指導内容

事後学習では，ものの置き方や書類の渡し方について，相手の立場に立って渡すことや音を立てないで事務用品を片付ける学習等を行った。また，言葉での指示に戸惑い慌てた行動を取ってしまうことが多い点については，実

Table 76 現場実習の課題と自立活動との関連

区分	内容項目
2 心理的な安定	(2)状況の理解と変化への対応に関すること。
5 身体の動き	(3)日常生活に必要な基本動作に関すること。

習中のデスクワークのVTRと，移動時に小走りになってしまったVTRを比較し意見を述べさせた。どちらの自分に安心して業務を任せることができるかという質問に対して，「うなずいてきちんと返事をしている自分。」と客観的な意見を述べることができた。

4　指導後の様子

自分の行動に対して，VTR等の視覚的教材を活用することで，客観的に自分を振り返ることができた。

指導事例6

1　現場実習での課題【TTAPフォーマルアセスメント（職業行動領域）】

雨天時の通勤の際に洋服を濡らしてしまい，着用していたスラックスの裾についたしみが目立った。その後，Yシャツや頭髪等濡れた状態で作業を続けていた。

2　自立活動との関連

現場実習での課題と自立活動との関連についてTable 77に示す。

3　指導内容

事後学習時に，勤務前に更衣室内において，姿見，頭髪，服のしみやしわ等の確認をしてから，朝会に参加するようにした。また，就労を見越して，更衣室で制服に着替えてから勤務することを学習した。

Table 77 現場実習の課題と自立活動との関連

区分	内容項目
1 健康の保持	(3)身体各部の状態の理解と養護に関すること。
2 心理的な安定	(2)状況の理解と変化への対応に関すること。
3 人間関係の形成	(4)集団への参加の基礎に関すること。

4　指導後の様子

　状況を理解し，雨で服が濡れてしまった時への適切な対応を学習することができた。このことで，通勤時の天候を確認したり，雨天時の際は通勤時間を早めにしたりすることなどを理解することができた。また，濡れた状況での職務遂行について，健康面への配慮や他の従業員からの視線等について理解することができた。

指導事例7

1　現場実習での課題【TTAPフォーマルアセスメント（職業行動領域）】

　人間関係の複雑さや作業時の指示の多さに対してパニックを引き起こした。

2　自立活動との関連

　現場実習での課題と自立活動との関連についてTable 78に示す。

3　指導内容

　「言葉による指示内容を聞き取り，正確に相手に伝えることができる。」という目標を立て，話を聞きながら必要な内容をメモしたり，メモの内容を伝達したりする学習を行った。具体的には，内線電話をとおしての聞き取りやメモの取り方，及びメモの内容を正確に伝える等の学習を繰り返し行った。また，周囲の許可を取ってから，クールダウンの時間を取ることができるよ

Table 78 現場実習の課題と自立活動との関連

区分	内容項目
3 人間関係の形成	(1)他者とのかかわりの基礎に関すること。
3 人間関係の形成	(2)他者の意図や感情の理解に関すること。
3 人間関係の形成	(3)自己の理解と行動の調整に関すること。
6 コミュニケーション	(5)状況に応じたコミュニケーションに関すること。

うに，クールダウンの部屋の確保や，クールダウンの時の許可の取り方等を繰り返し確認した。

4　指導後の様子

　内線電話を使用し，話の内容を聞き取る学習を行ったが，内容を正確にメモすることは難しく，教員の支援が必要であった。しかし，相手に電話をかける練習では，メモに書かれた用件を読み上げることができた。また，活動中に気分が不安定になった時は，自分から教員にクールダウンの時間が欲しいと伝えることができた。

指導事例8

1　現場実習での課題【TTAPフォーマルアセスメント（余暇スキル領域）】

　休憩時間の過ごし方が分からず不安になることが多い。学校生活では，自由に好きな絵を描くことや好きな本を読むなどの，自由課題を苦痛に感じる事が多くみられる。友人から勧められたTV番組やアーティスト，小説等を好きになろうと努力したが，次第に自分から友人との関わりを避けるようになった。

2　自立活動との関連

　現場実習での課題と自立活動との関連についてTable 79に示す。

Table 79 現場実習の課題と自立活動との関連

区分	内容項目
2 心理的な安定	(2)状況の理解と変化への対応に関すること。
2 心理的な安定	(3)障害による学習上又は生活上の困難を改善・克服する意欲に関すること。
3 人間関係の形成	(4)集団への参加の基礎に関すること。

3 指導内容

　朝の会や帰りの会の合間の時間に，パソコンで興味のある資格や料理のレシピを調べ，ノートにまとめるようにした。自由に過ごしてよい，好きな事をしてよいと言う言葉かけは苦痛となるため，具体的な選択肢を用意し，本人に自己決定させるようにした。また，メモを取ることやメールで気持ちを記録する方法などを行った。

4 指導後の様子

　休憩時間中に，現場実習中に製造に携わった食品レシピのメモや，実習先で販売されているお弁当のレシピを考えるなどの過ごし方ができるようになった。

指導事例 9

1 現場実習での課題【TTAP フォーマルアセスメント（対人スキル領域）】

　仕事をしている時に，業務内容確認や報告のタイミングが分からず，報告できないことが多くみられた。本人に話を聞くと，「従業員が話をしている時に報告すると注意されると思った。」，「従業員が一生懸命仕事をしているので，仕事の邪魔をしてしまうと思い，報告ができない。」ということであった。

2 自立活動との関連

現場実習での課題と自立活動との関連について Table 80 に示す。

Table 80 現場実習の課題と自立活動との関連

区分	内容項目
2 心理的な安定	(2)状況の理解と変化への対応に関すること。
3 人間関係の形成	(2)他者の意図や感情の理解に関すること。
4 環境の把握	(4)感覚を総合的に活用した周囲の状況の把握に関すること。

3 指導内容

担当者への報告や確認等は，ミーティングの後にすぐ行うこととした。また，日時や数などの欄を作り，用件を正確にメモできるような学習を繰り返した。報告する時は，本人にとって理解しやすい数や順番の内容を報告するようにして，担当者との会話に自信を付けさせるようにした。

4 指導後の様子

ミーティングの後に担当者が話しかけてくれるように依頼したため，担当者とは安心して会話ができるようになった。また，毎日同じ時間に繰り返されるミーティングの後に，話す場面が設定されているため，本人は安心してその時間に報告や相談等を行う事ができるようになってきた。

指導事例 10

1 現場実習での課題【TTAP フォーマルアセスメント（機能的コミュニケーション領域）】

スタッフの雑談の内容が理解できなかったり，突然話しかけられると混乱したりすることが多くみられた。また，分からないことを質問する友達に対して，自分に不満をもっているのではと疑ってしまうことがある。

2 自立活動との関連

現場実習での課題と自立活動との関連について Table 81 に示す。

Table 81 現場実習の課題と自立活動との関連

区分	内容項目
4 環境の把握	(4)感覚を総合的に活用した周囲の状況の把握に関すること。
6 コミュニケーション	(4)コミュニケーション手段の選択と活用に関すること。

3 指導内容

数人の友達との雑談内容が理解できず,いつも自分を批判する内容が話されていると感じていたので,グループ別の活動を設定した。グループ内の友達に対して正直に自分の気持ちを話し,そのことに対して話し合いを行った。

4 指導後の様子

話し合いの経験を数多く積み重ねることにより,友達の客観的な意見や自分への励ましの言葉などを知り,安心して休憩時間の雑談に加わることができるようになった。また,曖昧な内容など比較的自由な内容が続くことが多いので,状況理解や相手の心情を想像することに苦手な様子がみられ,本人にとって苦痛な時間となっていた。このことに対して,相づちやうなずきのスキルを確認したところ,その後は共感の気持ちを表すことができるようになった。

4 小考察

自立活動の6区分26項目と比較検討した結果を Table 82〜87 に示す。

Table 82 自立活動とTTAPインフォーマルアセスメント（DAC）の結果比較

1 健康の保持	現場実習における課題（DAC結果）
(1) 生活のリズムや生活習慣の形成に関すること	・出勤時間に遅れる日が何日かあった。 ・休憩時間終了2分前にトイレに行き，作業開始時間に遅れる。 ・雨の日に出勤を拒むことがあった。 ・制服の更衣の時期が分からず，夏服に自分で変更することが難しかった。

Table 83 自立活動とTTAPインフォーマルアセスメント（DAC）の結果比較

2 心理的な安定	現場実習における課題（DAC結果）
(1) 情緒の安定に関すること (2) 状況の理解と変化への対応に関すること	・仕事の間違いをした後，気持ちを切り替えて作業に集中できない。 ・作業終了間近になって終了時間を気にしだした。 ・終了時間になると，片付けをしないで帰ろうとしてしまった。 ・昼食休憩時間にどう過ごしてよいか分からず不安になった。 ・周囲の人の笑い声を聞き，不安定になった。

Table 84 自立活動とTTAPインフォーマルアセスメント（DAC）の結果比較

3 人間関係の形成	現場実習における課題（DAC結果）
(1) 他者とのかかわりの基礎に関すること (2) 他者の意図や感情の理解に関すること (3) 自己の理解と行動の調整に関すること (4) 集団への参加の基礎に関すること	・休憩室の席にこだわりをもち，他の人が座っていると休憩室に入ることができなかった。 ・対人面で，報告や指示を受ける際に苦手さがみられ，自分で判断して仕事を進めることが多くみられた。 ・仕事内容を理解しての返事かどうかは分からない。 ・報告するタイミングが分からない。 ・特定の人の指示には従うことができる。 ・スタッフの顔と名前が一致せず，名前を呼ぶことが難しい。 ・突然お客様に話しかけられて，逃げたくなった。

Table 85 自立活動とTTAPインフォーマルアセスメント（DAC）の結果比較

4 環境の把握	現場実習における課題（DAC結果）
(2)感覚や認知の特性への対応に関すること (4)感覚を総合的に活用した周囲の状況の把握に関すること (5)認知や行動の手掛かりとなる概念の形成に関すること	・FMや店内放送が気になり仕事に集中できなかった。 ・職場の室温が高く、仕事中に眠くなり休憩を多く取ってしまった。 ・休憩時間の人の多さに、気持ちが不安定になった。 ・館内移動の範囲が広く、実習先で迷ってしまった。 ・通勤時に特定の路線番号のバスを待ってしまい遅刻することがあった。

Table 86 自立活動とTTAPインフォーマルアセスメント（DAC）の結果比較

5 身体の動き	現場実習における課題（DAC結果）
(5)作業に必要な動作と円滑な遂行に関すること	・作業中に間が空くと、身体を前後に揺らす行動がみられた。 ・自分のペースで仕事をし、スピードを意識することがなかった。

Table 87 自立活動とTTAPインフォーマルアセスメント（DAC）の結果比較

6 コミュニケーション	現場実習における課題（DAC結果）
(1)コミュニケーションの基礎的能力に関すること (2)言語の受容と表出に関すること (5)状況に応じたコミュニケーションに関すること	・他のスタッフが注意されていると、自分が注意されたと考えてしまう。 ・スタッフの雑談の内容が理解できない。 ・一方的に自分の趣味の話をしてしまう。 ・報告、連絡の内容を理解することが難しかった。 ・休憩時間、決められた場所に他の従業員と一緒にいることができない。

以上，TTAP インフォーマルアセスメント（DAC）の結果からみた現場実習の課題と自立活動の6区分26項目について比較検討を行った。このことから，自立活動の，1健康の保持（1），2心理的な安定（1），（2），3人間関係の形成（1），（2），（3），（4），4環境の把握（2），（4），（5），5身体の動き（5），6コミュニケーション（1），（2），（5）等の，区分と内容項目とを意識しながら指導を行うことが必要である。

笹森（2009a）は，新学習指導要領における ASD 児童生徒の自立活動の指導について Table 88～93 のようにまとめている。

Table 88 自立活動における ASD 児童生徒の指導に関する区分と内容項目

1　健康の保持
・特定の食物や衣服などにこだわりのある自閉症の子どもには，「(1)生活のリズムや生活習慣の形成に関すること。」の指導が必要である。
・失敗経験がさらなる不安感や適応困難を招かないように，家庭との連携を十分に図りながら段階的に指導する。
・これらは，「環境の把握」の「(2)感覚や認知の特性への対応に関すること。」や「(4)感覚を総合的に活用した周囲の状況の把握に関すること。」，二次的な障害につながっている場合には，「心理的な安定」の内容などとも関連する。

Table 89 自立活動における ASD 児童生徒の指導に関する区分と内容項目

2　心理的な安定
・見通しがもてないことへの不安や突然の予定変更への対応が難しい自閉症の場合は，見通しをもたせる工夫をしたり，事前に予告したりするなどの設定の中で少しずつ経験を積んでいく指導が必要になる。これらは，「(2)状況の理解と変化への対応に関すること。」，「(3)障害による学習上又は生活上の困難を改善・克服する意欲に関すること。」の指導内容となる。
・「心理的な安定」の内容は，「人間関係の形成」や「コミュニケーション」の内容とも関連が深い。また，状況の理解といった点では「環境の把握」とも関連してくる。

Table 90 自立活動における ASD 児童生徒の指導に関する区分と内容項目

3　人間関係の形成
・他者に自分から働きかけたり，相手からの働きかけに適切に応じたりすることが難しい自閉症等の子どもには，「(1)他者とのかかわりの基礎に関すること。」の指導が必要になる。
・相手の意図や感情の理解が難しく，一方的なかかわりになったり，自分のとった言動がどう影響するか推し量ることが難しかったりする自閉症や ADHD 等の特性がある子どもには，「(2)他者の意図や感情の理解に関すること。」，「(3)自己の理解と行動の調整に関すること。」について，具体的な場面での丁寧な指導が必要になる。「(4)集団への参加の基礎に関すること。」には，集団のルールやきまりを守り，積極的に参加できるようになることが含まれてくる。「人間関係の形成」は，自他の理解を深め，対人関係を円滑にし，集団参加の基盤を養う内容が示されている。「心理的な安定」，「環境の把握」，「コミュニケーション」などと関連付け，組み合わせて指導内容を設定していくことが大切である。

Table 91 自立活動における ASD 児童生徒の指導に関する区分と内容項目

4　環境の把握
・新たに「(2)感覚や認知の特性への対応に関すること。」が加えられた。感覚の過敏性のある自閉症のある子どもに対する刺激の緩和や不快感の除去などの工夫が内容に含まれてくる。

Table 92 自立活動における ASD 児童生徒の指導に関する区分と内容項目

5　身体の動き
・こだわり等のために作業手順に従って取り組めない自閉症のある子どもなどに必要な内容となる。
・作業などは，成功と失敗が分かりやすく，意欲の問題とも重なりやすいため，動きや作業というだけに注目せず，「心理的な安定」，「人間関係の形成」，「環境の把握」とも関連付けて考える必要がある。

Table 93 自立活動における ASD 児童生徒の指導に関する区分と内容項目

6　コミュニケーション
・場や相手に応じて，コミュニケーションを円滑に行うことができるようにすることを内容としている。自分の思いをうまく相手に伝えたり相手の意図を理解したりすることは自閉症の子どもの課題である。
・相手の立場や気持ち，状況を理解するためには，「人間関係の形成」や「環境の把握」とも関連付ける必要がある。

　また，笹森（2009b）によると，「自立活動の具体的な指導内容は，6区分26項目の中から必要とする項目を選定し，それらを相互に関連付けて設定するという点である。1つの指導目標を設定したとしても，目標を達成するためには，指導内容が複数の区分や内容項目に該当する場合も出てくる。」として，これらの複数の区分や内容項目を組み合わせて具体的な指導内容を検討することの必要性を述べている。

　このことから，現場実習時における課題を，現場実習事後学習のみではなく，自立活動の区分や内容項目に位置付けて学習内容を検討し，授業作りを行う必要がある。

　今回の新しい学習指導要領では，障害による学習上又は生活上の困難を改善・克服するための指導領域である自立活動についても改訂され，特に発達障害の子どもに重要な「人間関係の形成」が新しい区分として加えられた。「人間関係の形成」には，他者とのかかわりや他者の意図や感情の理解，集団の中で適切に行動することなどが含まれており，発達障害のある子どもの障害特性に応じた教育課程を編成する際には重要な内容となっている。

　三苫（2009）は，「新学習指導要領では，自閉症の社会性の障害に対しても，人間関係の形成として新たな項目が設定され，個に応じた指導や配慮として取り組むこととなる。今後，様々な取り組みをとおして自閉症の未知の部分の解明を図り，児童生徒等の可能性を伸ばし広げる必要がある。」としている。

第三節　研究1-3「TTAPインフォーマルアセスメント（CSC）（地域版）の開発」

1　はじめに

　現場実習を進める際には，生徒一人一人の実態やニーズ等を把握し，もっている力を十分に発揮できる事業所を選定し，適切な就労に向けた方向性を検討することが求められる。

　宇都宮大学教育学部附属特別支援学校高等部では，年間3回の現場実習を実施しているが，生徒一人一人の実習先については，①進路に関するアンケート（年度始めに実施），②個別懇談，③学習への取組状況，④現場実習での様子，⑤本人及び保護者の進路に関する希望，等をもとに，職種や協力事業所における職場環境等を併せ，総合的に検討した上で決定する。さらに，それらのアセスメント等と併せて，TTAPインフォーマルアセスメントの一つであるTTAPインフォーマルアセスメント（CSC）を取り入れ，整合性を確認している。

　なお，TTAPインフォーマルアセスメント（CSC）は，関連する現場実習とそこでアセスメントする重要な職業スキルの両方を見出すために教員や支援者によって使われる簡便な引用フォームであり，自閉症者を生産的な雇用に導く5つの主要な職業領域（事務，家事，倉庫／在庫管理，図書，造園／園芸）において獲得しているスキルを把握することができるチェックリストとなっている。

　しかし，宇都宮大学教育学部附属特別支援学校高等部卒業生の就労先は，TTAPインフォーマルアセスメント（CSC）に位置づけられている5つの職業領域以外に，製造業，清掃業，調理補助等，他の職業領域に就職をする例も多くみられる。

梅永 (2010b) は,「実際の就労現場では地域差があり,また時代によっても産業構成が異なってくるため,それぞれの地域産業との関連から支援法をみつけていく必要がある。」と,地域の実情に応じて進路指導を進める必要性を述べている。

以上のことから,地域の実情及び特別支援学校から実際に就労している事業所や職種等を分析し,地域や学校の実情に合った TTAP インフォーマルアセスメント (CSC) を作成する必要があると考え,TTAP インフォーマルアセスメント (CSC)(宇都宮大学教育学部附属特別支援学校版)を検討することとした。

2 手続き

（1）宇都宮大学教育学部附属特別支援学校高等部卒業生一般企業就職者の職種分析
（2）宇都宮市の産業構成の分析
（3）職業領域及びチェック項目の検討

3 結果

（1）宇都宮大学教育学部附属特別支援学校高等部卒業生一般企業就職者の職種分析

一般企業就職率を Table 94 に示す。

過去 7 年間の高等部卒業生は,2007 年度 10 名,2008 年度 10 名,2009 年度 8 名,2010 年度 10 名,2011 年度 9 名,2012 年度 10 名,2013 年度 10 名の計 67 名である。

過去 7 年間の一般企業就職者は 32 名であり,平均すると就職率は 40% となっている。なお,進路指導に TTAP を活用し始めた 2010 年度からの平均をみると,就職率は 59% である。

就職先職種別割合を Table 95 に示す。

Table 94　一般企業就職率

年度	宇都宮大学教育学部附属特別支援学校	栃木県	全国（％）
2007年度	30	34	26
2008年度	40	38	24
2009年度	25	30	22
2010年度	50	33	24
2011年度	56	32	26
2012年度	70	34	28
2013年度	60	39	26

Table 95　就職先職種別割合

職種	割合（％）
販売	28
製造業	17
調理・接客	14
スーパーバックヤード	10
事務補助	10
図書館	7
高齢者ケアセンター	7
物流運送	3
清掃業	3

（2）宇都宮市の産業構成の分析

　宇都宮市産業の強みと弱みを Table 96 に示す。

　宇都宮市は，人口約59万人で北関東圏の中心都市である。また，東北自動車道及び北関東自動車道等の交通網が発達しており，物流の拠点地域でもある。市内には，清原工業団地，平出工業団地等，大規模な工業団地がいくつか存在し，実際に卒業生が就職をしている。また，宇都宮市内にある就労継

Table 96 宇都宮市産業の強みと弱み

強み	弱み
①偏りのないバランスのとれた産業構造 ②高度技術産業，モビリティ関連（航空宇宙・自動車・ロボット）産業の集積 ③ソフト系IT産業の集積が進展 ④産業支援機関，高等教育機関の集積 ⑤高速交通網の充実 ⑥県内唯一の内陸通関官署（横浜税関A出張所）の存在	①減少が続く中小製造業 ②新たな市場開拓への取組が不足 ③成長企業における人材育成や労働力の確保が困難 ④住工混在が顕在化

(宇都宮市ものづくり産業振興ビジョン，2005)

続支援B型事業所（全17事業所）中6事業所では，日産自動車上三川工場と連携し，検品，数量確認等の出荷作業を請け負っている。さらに，スーパーマーケットや高齢者デイサービス事業所等が増加傾向にある。

(3) 職業領域及びチェック項目の検討

① TTAPインフォーマルアセスメント（CSC）とTTAPインフォーマルアセスメント（CSC）（宇都宮大学教育学部附属特別支援学校版）の比較

TTAPインフォーマルアセスメント（CSC）の5つの職業領域（事務，家事，倉庫／在庫管理，図書，造園／園芸）を参考にし，宇都宮大学教育学部附属特別支援学校高等部卒業生の進路状況等を併せて検討する。その職業領域をもとに，実際に生徒が，現場実習や一般企業等で行っている仕事内容を洗い出し，項目に含める。なお，下線及び（新）のあるものは，新たに加えた項目である。また，（削除）はTTAPインフォーマルアセスメント（CSC）より削除した項目である。

作成したTTAPインフォーマルアセスメント（CSC）をTable 97～107に示す。

Table 97 TTAP インフォーマルアセスメント（CSC）の比較

【TTAP インフォーマルアセスメント】	【宇都宮大学教育学部附属特別支援学校】
1　事務	1　事務
2　家事	2　家事
3　倉庫／在庫管理	3　倉庫／在庫管理
4　図書	4　図書
5　造園／園芸	5　造園／園芸
	6　製造業（新）
	7　物流／運送業（新）
	8　スーパーバックヤード（新）
	9　調理補助（新）
	10　高齢者ケア／デイケア（新）

Table 98 TTAP インフォーマルアセスメント（CSC）（事務）

【TTAP インフォーマルアセスメント】	【宇都宮大学教育学部附属特別支援学校】
□パソコンの使用	□パソコンの使用　□データ入力
□ワープロの使用（削除）	□個人作業（新）
□データ入力　□タイプ：原稿修正（削除）	□数字による分類（1桁の数字順）
□ファイル　□数字による分類	□アルファベット分類（1文字順）（新）
□文字による分類（削除）	□コピー機の使用　□シュレッダーがけ
□コピー機の使用　□用具そろえ（削除）	□ホチキスの使用（新）
□封筒への用紙詰め（削除）	□メモの使用（新）
□電話帳の使用（削除）	□ファイル綴じ込み　□棟内の移動（新）
□電話の応答　□はさみの使用（削除）	□業務日誌の入力（新）
□文書のシュレッダーがけ	□スキャナー使用　□数字の修正（新）
□名刺ホルダーへの名刺の整理（削除）	□電話の取り次ぎ
□スキャナーの使用	
□ラミネート（削除）	

Table 99　TTAPインフォーマルアセスメント（CSC）（家事）

【TTAPインフォーマルアセスメント】	【宇都宮大学教育学部附属特別支援学校】
□ほこり払い（削除）　□掃除機がけ	①ルーム清掃部門
□ほうき・ちり取りがけ　□モップがけ	□掃除機がけ
□テーブル拭き	□ほうき・ちり取りがけ
□窓と鏡の掃除	□モップがけ
□清掃場所の確認	□テーブル拭き
□清掃用具の確認	□窓と鏡の掃除
□洗濯機の使用	□清掃場所の確認
□乾燥機の使用	□清掃用具の確認
□洗濯物たたみ	□洗濯機の使用
□リサイクル品の分類	□乾燥機の使用
□ベッドメイキング	□洗濯物たたみ
□レシピを使った食事の用意（削除）	□リサイクル品の分類
□カットとスライス	□ベッドメイキング
□電子レンジの使用	②社員食調理補助部門
□電気やガスのレンジの使用（削除）	□調理を行う（新）
□安全手順に従う	□計量（新）
□ポット用流し台の使用	□カットとスライス
□食器洗い機の使用	□電子レンジの使用
□きれいな皿と汚れた皿の確認	□ガス，IHの使用（新）
□未使用の皿の分類と収納	□安全手順に従う
□調味料詰め	□ポット用流し台の使用
□トレイからの品物の除去（削除）	□食洗機の使用
□レジ係（削除）	□未使用の皿の分類と収納
□他の人への食べ物の給仕（削除）	□調味料詰め替え
□手袋はめ（削除）	

Table 100 TTAP インフォーマルアセスメント（CSC）（倉庫／在庫管理）

【TTAP インフォーマルアセスメント】	【宇都宮大学教育学部附属特別支援学校】
□在庫品調べ（削除）　□品物の特定	□バーコード読み取り（新）
□注文受け（削除）　□品物の取り出し	□ハンディの使用（新）
□箱への品物詰め	□品物の特定　□品物の取り出し
□ラベルを前にして棚への陳列	□箱への品物詰め
□荷物のもち上げ	□出荷アイテム検品（新）
□ラベルと値札付け	□ラベル貼り　□棚への陳列
□貯蔵と積み重ね	□荷物のもち上げ
□物の収納（削除）	□台車での荷物運び（新）
□品物集め（削除）	□貯蔵と積み重ね
□テープ貼りと郵送	□テープ貼りと郵送

Table 101 TTAP インフォーマルアセスメント（CSC）（図書）

【TTAP インフォーマルアセスメント】	【宇都宮大学教育学部附属特別支援学校】
□カード目録の使用（削除）	□本を並べる（新）
□本を探すための本棚の見渡し（削除）	□CD の配架（新）
□本の配置（削除）	□本の配架（新）
□書架棚の認識（削除）	□雑誌を番号順に並べる（新）
□返却された本のカードの差し替え（削除）	□バーコード読み取り（新）
□参考文献の検索と使用（削除）	□本の修繕（新）
	□新聞の綴じ込み（新）
	□移動図書館同行（新）
	□子どもとの関わり（新）
	□館内掲示物作成（新）
	□付録付け（新）

Table 102　TTAPインフォーマルアセスメント（CSC）（造園／園芸）

【TTAPインフォーマルアセスメント】	【宇都宮大学教育学部附属特別支援学校】
□じょうろやホースでの植物の水やり	□ハウス内作業（新）
□除草（削除）　□植物の鉢植え（削除）	□ホースでの水やり（新）
□穴掘り（削除）　□道具の運搬	□菌床の扱い（新）
□芝刈り（削除）　□草刈り機の使用（削除）	□道具の運搬（新）
□種まき（削除）　□落ち葉集め（削除）	□収穫　□サイズ確認（新）
□野菜の採取（削除）	□商品弁別（新）
□生垣刈り（削除）	□計量（新）
□容器での水やり（削除）	□出荷箱詰め（新）

Table 103　TTAPインフォーマルアセスメント（CSC）製造業（新）

【宇都宮大学教育学部附属特別支援学校】	
□長時間労働（新）	□安全意識（新）
□機械操作（新）	□健康管理（新）
□構内環境への耐性（気温）（新）	□体力の維持（新）
□機械音への耐性（新）	□ミスの報告（新）
□規格品との比較（新）	

Table 104　TTAPインフォーマルアセスメント（CSC）物流／運送業（新）

【宇都宮大学教育学部附属特別支援学校】	
□台車の使用（新）	□アルファベット読み書き（新）
□荷物の仕分け（新）	□住所表記が読める（新）
□荷物の上げトロし（新）	□電話取り次ぎ（新）
□構内清掃（新）	□荷物取り次ぎ（新）
□運転免許の取得（新）	

Table 105　TTAPインフォーマルアセスメント（CSC）スーパーバックヤード（新）

【宇都宮大学教育学部附属特別支援学校】	
①総菜部	②青果部
□計量（新）　□食材詰め（新）	□計量（新）
□食材カット（新）　□盛り付け（新）	□野菜の見分け（新）
□レシピの確認（新）	□袋詰め（新）
□調理器具の扱い（新）	□果物カット（新）
□値札付け（新）　□レジ入力（新）	□野菜テープ巻き（新）　□品出し（新）

Table 106　TTAPインフォーマルアセスメント（CSC）調理補助（新）

【宇都宮大学教育学部附属特別支援学校】	
□食洗機の使用（新）	□手袋の使用（新）
□きれいな皿と汚れた皿の確認（新）	□店内環境への耐性（音・指示）（新）
□皿の分類と収納（新）	□シフト勤務（新）

Table 107　TTAPインフォーマルアセスメント（CSC）高齢者ケア／デイケア（新）

【宇都宮大学教育学部附属特別支援学校】		
□玄関掃き掃除（新）　□掃除機がけ（新）		□清掃（新）　□洗濯物配り（新）
□洗面所清掃（新）　□洗濯物たたみ（新）		□ベッドメイキング（新）
□手すり拭き（新）		□お茶出し（新）
□家具拭き掃除（新）		□食事準備（新）
□食堂いす拭き（新）		□レク手伝い（新）
□車いす清掃（新）		□ドライヤーがけ（新）
□配膳補助（新）		□散歩手伝い（新）
□お盆拭き（新）		□送迎補助（新）

② TTAP インフォーマルアセスメント（CSC）項目の表現修正

次に，TTAP インフォーマルアセスメント（CSC）項目の表現を見直し，「〜である。」等の文末表現に修正した。これは，各項目の内容がより具体的に分かりやすくするという目的で実施した。

作成した TTAP インフォーマルアセスメント（CSC）を Table 108〜117 に示す。

Table 108 TTAP インフォーマルアセスメント（CSC）項目の表現修正（事務補助）

修正前	修正後
□パソコンの使用	□パソコンに興味がある
□データ入力	□数字を入力する
□個人作業	□一人で過ごす
□数字による分類（1桁の数字順）	□数字を読む（1桁の数字順）
□アルファベット分類（1文字順）	□アルファベットを読む（1文字順）
□コピー機の使用	□機械に興味がある
□シュレッダーがけ	□ホチキスが使える
□ホチキスの使用	□簡単な文字を書く
□メモの使用	□ファイルに紙を綴じる
□ファイル綴じ込み	□建物の中を一人で移動する
□棟内の移動	□簡単な日誌を書く
□業務日誌の入力	
□スキャナー使用	
□数字の修正	
□電話の取り次ぎ	

Table 109 TTAP インフォーマルアセスメント（CSC）項目の表現修正（家事／清掃）

修正前	修正後
①ルーム清掃部門	□掃除機をかける
□掃除機がけ	□ほうきやちりとりで掃除をする
□ほうき・ちり取りがけ	□モップ掛けをする
□モップがけ	□テーブル拭きをする
□テーブル拭き	□窓拭きをする
□窓と鏡の掃除	□洗濯物をたたむ
□清掃場所の確認	□ゴミの分別をする
□清掃用具の確認	□布団を直す
□洗濯機の使用	□計量をする
□乾燥機の使用	□包丁を使う
□洗濯物たたみ	□電子レンジを使う
□リサイクル品の分類	□ガスやIHの使用をする
□ベッドメイキング	□安全に調理の手伝いをする
②社員食調理補助部門	□皿を洗う，棚に戻す
□調理を行う	□調味料の詰め替えをする
□計量	
□カットとスライス	
□電子レンジの使用	
□ガス，IHの使用	
□安全手順に従う	
□ポット用流し台の使用	
□食洗機の使用	
□未使用の皿の分類と収納	
□調味料詰め替え	

Table 110 TTAP インフォーマルアセスメント（CSC）項目の表現修正（倉庫／在庫管理）

修正前	修正後
□バーコード読み取り	□数字に興味がある
□ハンディの使用	□機械に興味がある
□品物の特定	□見本をみて品物が分かる
□品物の取り出し	□見本と同じ数の品物を選ぶ
□箱への品物詰め	□箱への品物詰めをする
□出荷アイテム検品	□種類の違う品物に気が付く
□ラベル貼り	□ラベル貼りの仕事が好き
□棚への陳列	□棚に品物を並べる
□荷物のもち上げ	□重い荷物をもつ
□台車での荷物運び	□台車をもって荷物を運ぶ
□貯蔵と積み重ね	□荷物を積み重ねる
□テープ貼りと郵送	□テープやガムテープを貼る

Table 111 TTAP インフォーマルアセスメント（CSC）項目の表現修正（図書館事務）

修正前	修正後
□本を並べる　□CDの配架	□本や絵本が好き　□CDを並べる
□本の配架	□本を並べる
□雑誌を番号順に並べる	□数字の順番に並べる
□バーコード読み取り	□パソコンが好き
□本の修繕	□本の修繕
□新聞の綴じ込み	□ホチキスを使って新聞の綴じ込みをする
□移動図書館同行	□移動図書館の同行をする
□子どもとの関わり	□利用者との関わりをもつ
□館内掲示物作成	□館内掲示物作成に興味がある
□付録付け	□テープやひもを使った付録付けをする

Table 112 TTAPインフォーマルアセスメント（CSC）項目の表現修正（造園／園芸）

修正前	修正後
□ハウス内作業	□ハウス内で作業をする
□ホースでの水やり	□ホースで水やりをする
□菌床の扱い	□作物を丁寧に扱う
□道具の運搬	□道具を運搬する
□収穫	□収穫をする
□サイズ確認	□サイズを確認する
□商品弁別	□作物の種類分けをする
□計量	□計量をする
□出荷箱詰め	□出荷の箱詰めをする

Table 113 TTAPインフォーマルアセスメント（CSC）項目の表現修正（製造業）

修正前	修正後
□長時間労働	□長い時間立って仕事をする
□機械操作	□機械操作が好き
□構内環境への耐性（気温）	□エアコンなしの所で過ごす
□機械音への耐性	□機械の音が気にならない
□規格品との比較	□細かいことに気が付く
□安全意識	□工場内で安全に過ごせる
□健康管理	□健康管理ができる
□体力の維持	□体力がある
□ミスの報告	□大きな声で担当者に報告をする

Table 114　TTAPインフォーマルアセスメント（CSC）項目の表現修正（物流／運送）

修正前	修正後
□台車の使用	□台車の使用をする
□荷物の仕分け	□荷物の仕分けをする
□荷物の上げ下ろし	□荷物の上げ下ろしをする
□構内清掃	□広い構内の清掃をする
□運転免許の取得	□運転免許の取得を考えている
□アルファベット読み書き	□アルファベットの読み書きをする
□住所表記が読める	□住所の表記を読む
□電話取り次ぎ	□電話の取り次ぎをする
□荷物取り次ぎ	□荷物の取り次ぎをする

Table 115　TTAPインフォーマルアセスメント（CSC）項目の表現修正
（スーパーバックヤード）

修正前	修正後
①総菜部	□計量をする
□計量　□食材詰め	□食材を見本通りに並べる
□食材カット　□盛り付け	□食材をカットする
□レシピの確認　□調理器具の扱い	□盛り付けをする
□値札付け　□レジ入力	□調理器具を扱う
②青果部	□値札のシールを付ける
□計量　□野菜の見分け	□数字を入力する
□袋詰め　□果物カット	□野菜の見分けをする
□野菜テープ巻き	□ビニル袋詰めをする
□品出し	□野菜をテープで巻く

Table 116 TTAPインフォーマルアセスメント（CSC）項目の表現修正（調理補助）

修正前	修正後
□食洗機の使用	□食洗機の使用をする
□きれいな皿と汚れた皿の確認	□きれいな皿と汚れた皿の確認をする
□皿の分類と収納	□皿の分類と収納をする
□手袋の使用	□手袋を使用する
□店内環境への耐性（音・指示）	□BGMのある環境で働く
□シフト勤務	□シフト勤務をする

Table 117 TTAPインフォーマルアセスメント（CSC）項目の表現修正（高齢者ケア／デイケア）

修正前	修正後
□玄関掃き掃除　□掃除機がけ	□洗濯物をたたむ
□洗面所清掃　□洗濯物たたみ	□洗濯物を配る
□手すり拭き　□家具拭き掃除	□車いすの清掃をする
□食堂いす拭き　□車いす清掃	□お茶出しや配膳の補助をする
□配膳補助　□お盆拭き	□手すりや食堂の消毒をする
□清掃　□洗濯物配り	□ベットメイキング
□ベッドメイキング　□お茶出し	□レクリエーションの手伝いをする
□食事準備　□レク手伝い	□ドライヤー掛けを補助する
□ドライヤーがけ　□散歩手伝い	□散歩の手伝いをする
□送迎補助	□送迎の補助をする

③チェック項目における順序性の検討

　TTAPインフォーマルアセスメント（CSC）（宇都宮大学教育学部附属特別支援学校版）は，生徒が実際に就職した事業所において必要となるスキルをまとめたものであるが，職種毎のスキルをどの程度獲得しているのかを把握し，チェック項目における順序性を検討する目的で実施した。

手続きを以下に示す。

対象　宇都宮大学教育学部附属特別支援学校高等部全生徒 28 名。

方法　生徒が職種の項目を，「できる」，「できない」でチェックをする。

時期　201X 年 4 月。

結果を Table 118～128 に示す。

Table 118　就職先職種別割合

職種	割合（%）
造園／園芸	56.3
事務補助	53.8
倉庫／在庫管理	47.6
スーパーバックヤード	45.0
家事や清掃	44.6
調理補助	43.5
図書館事務	36.7
物流／運送	32.1
高齢者ケア／デイケア	30.4
製造業	28.2

Table 119　TTAP インフォーマルアセスメント（CSC）事務補助の仕事

	職種	割合（%）
1	□ホチキスが使える	85.7
2	□簡単な文字を書く	75.0
3	□ファイルに紙を綴じる	75.0
4	□数字を読む（1桁の数字順）	64.3
5	□アルファベットを読む（1文字順）	53.6
6	□建物の中を一人で移動する	50.0
7	□数字を入力する	46.4
8	□パソコンに興味がある	42.9
9	□簡単な日誌を書く	42.9
10	□一人で過ごす	39.3
11	□機械に興味がある	17.9

Table 120　TTAP インフォーマルアセスメント（CSC）家事や清掃の仕事

	職種	割合（%）
1	□テーブル拭きをする	85.7
2	□掃除機をかける	64.3
3	□ほうきやちりとりで掃除をする	60.7
4	□窓拭きをする	53.6
5	□モップ掛けをする	50.0
6	□ゴミの分別をする	50.0
7	□皿を洗う，棚に戻す	46.4
8	□洗濯物をたたむ	32.1
9	□計量をする	32.1
10	□電子レンジを使う	32.1
11	□布団を直す	28.6
12	□安全に調理の手伝いをする	28.6
13	□包丁を使う	21.4
14	□調味料の詰め替えをする	21.4
15	□ガスや IH の使用をする	7.1

Table 121 TTAP インフォーマルアセスメント（CSC）倉庫／在庫管理の仕事

	職種	割合（％）
1	□棚に品物を並べる	67.9
2	□見本をみて品物が分かる	67.9
3	□見本と同じ数の品物を選ぶ	60.7
4	□台車をもって荷物を運ぶ	53.6
5	□箱への品物詰めをする	50.0
6	□種類の違う品物に気が付く	50.0
7	□荷物を積み重ねる	46.4
8	□重い荷物をもつ	39.2
9	□テープやガムテープを貼る	39.2
10	□ラベル貼りの仕事が好き	35.7
11	□数字に興味がある	35.7
12	□機械に興味がある	21.4

Table 122 TTAP インフォーマルアセスメント（CSC）図書館事務の仕事

	職種	割合（％）
1	□CDを並べる	67.9
2	□本を並べる	64.3
3	□ホチキスを使って新聞の綴じ込みをする	57.1
4	□本や絵本が好き	57.1
5	□数字の順番に並べる	42.9
6	□移動図書館の同行をする	28.6
7	□パソコンが好き	25.0
8	□本の修繕	21.4
9	□利用者との関わりをもつ	17.9
10	□テープやひもを使った付録付けをする	14.3
11	□館内掲示物作成に興味がある	3.6

Table 123 TTAPインフォーマルアセスメント(CSC)造園/園芸の仕事

	職種	割合(%)
1	□収穫をする	75.0
2	□作物を丁寧に扱う	67.9
3	□道具を運搬する	60.7
4	□作物の種類分けをする	53.6
5	□ハウス内で作業をする	50.0
6	□サイズを確認する	50.0
7	□ホースで水やりをする	46.4
8	□計量をする	35.7
9	□出荷の箱詰めをする	35.7

Table 124 TTAPインフォーマルアセスメント(CSC)工場での仕事

	職種	割合(%)
1	□長い時間立って仕事をする	42.9
2	□大きな声で担当者に報告をする	39.3
3	□健康管理ができる	35.7
4	□体力がある	28.6
5	□工場内で安全に過ごせる	25.0
6	□機械の音が気にならない	21.4
7	□細かいことに気が付く	21.4
8	□エアコンなしの所で過ごす	14.3
9	□機械操作が好き	1.0

Table 125 TTAPインフォーマルアセスメント（CSC）物流／運送の仕事

	職種	割合（％）
1	□台車の使用をする	57.1
2	□荷物の仕分けをする	53.6
3	□荷物の上げ下ろしをする	46.4
4	□アルファベットの読み書きをする	46.4
5	□住所の表記を読む	35.7
6	□広い構内の清掃をする	28.6
7	□運転免許の取得を考えている	7.1
8	□電話の取り次ぎをする	3.6
9	□荷物の取り次ぎをする	3.6

Table 126 TTAPインフォーマルアセスメント（CSC）スーパーバックヤードの仕事

	職種	割合（％）
1	□食材を見本通りに並べる	71.4
2	□ビニル袋詰めをする	67.9
3	□野菜をテープで巻く	53.6
4	□値札のシールを付ける	46.4
5	□野菜の見分けをする	46.4
6	□盛り付けをする	42.9
7	□計量をする	37.7
8	□数字を入力する	32.1
9	□食材をカットする	28.0
10	□調理器具を扱う	25.0

Table 127　TTAP インフォーマルアセスメント（CSC）調理補助の仕事

	職種	割合（％）
1	□手袋を使用する	71.4
2	□きれいな皿と汚れた皿の確認をする	57.1
3	□皿の分類と収納をする	50.0
4	□BGM のある環境で働く	42.9
5	□食洗機の使用をする	39.2
6	□シフト勤務をする	3.6

Table 128　TTAP インフォーマルアセスメント（CSC）高齢者ケア／デイケアの仕事

	職種	割合（％）
1	□洗濯物をたたむ	53.6
2	□洗濯物を配る	50.0
3	□お茶出しや配膳の補助をする	35.7
4	□ベットメイキング	32.1
5	□レクリエーションの手伝いをする	32.1
6	□散歩の手伝いをする	32.1
7	□車いすの清掃をする	28.9
8	□手すりや食堂の消毒をする	28.9
9	□送迎の補助をする	10.7
10	□ドライヤー掛けを補助する	3.6

4　小考察

　TTAP インフォーマルアセスメント（CSC）を参考にしながら，宇都宮大学教育学部附属特別支援学校高等部生の進路状況，また，宇都宮市の現状なども併せて検討し，TTAP インフォーマルアセスメント（CSC）（宇都宮大学教育学部附属特別支援学校版）を作成した。

図書の職種では，TTAPインフォーマルアセスメント（CSC）の6つの項目が全て削除となり，新たに11の項目を設定した。このように，地域の実情によってかなりの違いがでてくるということも把握できた。各地域で作成する場合は，これらの情報を収集し詳細に検討する必要がある。また，各項目の文末表現を「〜する。」等に修正することで，より仕事内容が具体的に理解できるようにした。このことから，生徒自身が項目チェックを行うこともでき，希望する職種からどのようなスキルが求められているのか，また，自分が現在獲得しているスキル等の摺り合わせなどにも活用できるのではないかと考える。さらに，生徒がチェックしたTTAPインフォーマルアセスメント（CSC）の結果を用いて，保護者への説明資料として進路相談等にも活用できる可能性が考えられる。

　各項目の順番を，生徒が獲得した内容の割合が高い順から並べてあるので，次に何の項目を目指していけばよいかがよく分かるようになっている。

　結果としては，造園／園芸（56.3%），事務補助（53.8%）となっており，この2つの職種が50.0%を越えていた。また，最下位は，製造業（28.2%）となっている。

　以上，TTAPインフォーマルアセスメント（CSC）（地域版）の作成方法について述べたが，今後は，地域の実情の変化への対応についても検討していく必要がある。障害者施策，障害者雇用率等の変動が今後考えられるので，地域における障害者施策等を担当する障害福祉課等行政機関，労働局，公共職業安定所等と継続して連携し，地域における障害者就労関係の情報を常に共有しておく必要がある。このことは，地域版を作成する時に必要であり，また，TTAPインフォーマルアセスメント（CSC）（地域版）の項目は，随時修正していく必要があるからである。作成したTTAPインフォーマルアセスメント（CSC）（宇都宮大学教育学部附属特別支援学校版）をTable 129に示す。

Table 129　TTAPインフォーマルアセスメント (CSC) （宇都宮大学教育学部附属特別支援学校版）

事務補助の仕事	家事や清掃の仕事	倉庫/在庫管理の仕事	図書館事務の仕事	造園/園芸の仕事
□ホチキスが使える □簡単な文字を書く □ファイルに紙を閉じる □数字を読む（1桁の数字の順） □アルファベットを読む（文字順） □建物の中を一人で移動する □数字を入力する □パソコンに興味がある □簡単な日誌を書く □一人で過ごす □機械に興味がある（コピー機やシュレッダー）	①ルーム清掃部門 □テーブル拭きをする □掃除機をかける □ほうきやちりとりで掃除をする □窓拭きをする □モップがけをする □ゴミの分別をする □皿を洗う、棚に戻す □洗濯物をたたむ □ふとんを直す □洗濯機を使う □ぞうきんを使う ②社員食堂調理補助部門 □計量をする □電子レンジを使う □安全に調理の手伝いをする □包丁を使う □ガスやIHの使用ができる	□棚に品物を並べる □見本をみて品物が分かる □見本と同じ数の品物を選ぶ □台車をもって数の品物を運ぶ □箱への品物詰めをする □種類の違う品物を重ねる □荷物を積み重ねる □重い荷物を持つ □ラベル貼りの仕事が好き □テープやガムテープを貼る □数字に興味がある □機械に興味がある	□CDを並べる □本を並べる □ホチキスを使って新聞の綴込み本を作る □本や絵本が好き □数字の順番に並べる □移動図書館の同行をする □パソコンが好き □本の修繕 □利用者との関わりをする □テープやひもを使った付け貼りをする □館内掲示物作成に興味がある	□収穫をする □作物を丁寧に扱う □道具の運搬をする □作物の種類分けをする □ハウス内で作業をする □サイズ確認をする □ホースで水やりをする □計量をする □出荷の箱詰めをする

工場での仕事	物流/運送の仕事	スーパーバックヤードの仕事	調理補助の仕事	高齢者ケア/デイケアの仕事
□長い時間立って仕事をする □大きな声で担当者に報告をする □健康管理ができる □体力がある □工場内で安全に過ごせる □機械の音が気にならない □細かいことに気がつく □エアコンなしの所で過ごせる □機械操作が好き	□台車の使用をする □荷物の仕分けをする □荷物の上げ下ろしをする □アルファベットの読み書きをする □住所の表記を読む □広い構内の清掃をする □運転免許の取得を考えている □電話の取り次ぎをする □荷物の取り次ぎをする	□食材を見本通りに並べる □ビニール袋詰めをする □野菜をテープで巻く □値札のシールを付ける □野菜の見分けをする □盛り付けをする □計量をする □数字を入力する □食材をカットする □調理器具を扱う	□手袋を使用する □きれいな皿と汚れた皿の分類と収納をする □皿の分類を確認する □BGMのある環境で働く □食洗機の使用をする □シフト勤務をする	□洗濯物をたたむ □洗濯物を配る □お茶出しや配膳の補助をする □ベッドメイキング □レクリエーションの手伝いをする □散歩の手伝いをする □車いすの清掃をする □手すりや食堂の消毒をする □送迎の補助をする □ドライヤーかけを補助する

第四章　研究2「自閉症生徒への就労移行支援に関する研究」結果

第一節　研究2-1「自閉症生徒の自己理解を深める支援に関する研究」

1　はじめに

　自閉症生徒の自己理解を深める支援ということで，今回の研究では，ツールとして，ICF関連図，ソーシャル・ストーリーズ，TTAPインフォーマルアセスメント（DAC），サポートカードの4つを活用することにした。

　一点目は，ICF関連図の活用である。

　ICFについては，中央教育審議会「学習指導要領等の改善について（答申）」（2007）の中で，ICFと学校教育の関係について，「ICFの考え方を踏まえ，自立と社会参加を目指した指導の一層の充実を図る観点から，子どもの的確な実態把握，関係機関等との効果的な連携，環境への配慮などを盛り込む。」と記載された。

　このことを現在の教育現場の視点から捉え直ししてみると，①人の生活機能と障害を，健康状態，心身機能，身体構造，活動と参加，環境因子，個人因子などの多方面から捉え，構成要素間の相互作用・関連を重視し，本人の現状を理解すること，②これまでも特別支援教育が目指した指導の一層の充実を目指していくこと，③ICFの視点をもって児童生徒の実態把握をする。また，共通言語の特性を生かして，児童生徒の支援のため，関係機関等との連携を進める，④目標達成のための支援として，これまで以上に児童生徒の環境改善に働きかける。また，診断名ではなく参加を重視し，生活の中での

困難さに焦点を当てて，環境因子への働きかけを積極的に進める，と捉えることができる。

　学校現場におけるICF理念の定着と活用を考えていくにあたり，これらのことを踏まえ，教員は新しい障害観のもと，生活機能というプラスの視点から障害を捉え，上記の内容を理解して支援に取り組んでいく必要がある。特に実際の支援においては，環境面からのアプローチを積極的に取り入れ，その支援内容を個別の教育支援計画に反映しながら取り組むことが必要となる。

　生徒本人の自己理解や，思いや願いを引き出し将来へつなぐ取り組みとして，齋藤ら（2013）や遠ら（2013）などがみられ，ICF関連図を活用した有効性を述べている。ICF関連図は，その人の生活状況を示すものである。従って，本人がICF関連図作成に参加することは，本人が自分の生活をみつめることであり，自己理解にも有効である。

　二点目は，ソーシャル・ストーリーズの活用である。

　自閉症児者の指導については，認知特性に適合したソーシャルスキル・トレーニング／コミュニケーション指導の技法として近年，ソーシャル・ストーリーズが注目されている。ソーシャル・ストーリーズは，自閉症の子どもたちに社会的な場面を理解するための手がかりや適切な行動の仕方などを記述したストーリーを使ってソーシャルスキルの獲得を支援する方法である。自閉症生徒の就労支援においても，ソーシャル・ストーリーズを活用した指導は有効である可能性がある。それは，企業等の現場で必要とされるスキルを明確に提示できること，また，対人関係スキルを事前に練習できることなどの理由による。

　三点目は，TTAPインフォーマルアセスメント（DAC）の活用である。

　現場実習の実習ノートに記載された本人の実習内容に関する自由記述の分析を行った。TTAPの6つの機能領域に分けて記述内容を分析することで，本人の現場実習への取り組みに関する自己理解の部分を把握することにし

た。

　四点目は，サポートカードの活用である。

　現場実習に使用するサポートカードを，TTAPフォーマルアセスメントの結果を生かしながら作成することで，本人の自己理解を深めることを目指したいと考えた。

　以上のことを踏まえ，本研究では，知的障害特別支援学校高等部卒業後，一般企業への就労を目指す自閉症生徒に対する自己理解を深める支援の在り方について明らかにすることを目的とした。

2　結果

事例11

1　対象生徒の実態及び特性

　対象生徒は，知的障害特別支援学校高等部3年ユウキ（仮名）男子。家族構成は，父親，母親，祖父，祖母の5人家族である。3歳時に自閉症と診断を受け，療育手帳（B2）を取得した。家族や友達との関わりではコミュニケーション面での課題が多くみられた。小学校及び中学校では特別支援学級に在籍し，どの学習にも丁寧に最後まで粘り強く取り組むことができた。高等部では，自分で課題を解決しようとする気持ちが強く，指示を素直に受け入れることが難しいことがある。

　ユウキは調理が好きで，調理に関係する職種での一般企業就労を希望している。

2　手続き

（1）ICF関連図の作成

　特別支援学校の教育課程の中で，現場実習は進路指導の重要な柱の一つとなっている。これは，学校以外の各事業所において，実際的な職業生活を経

験したり，職業生活に必要な事柄を理解したりするものである。また，これらをとおして，社会に貢献する働く力を身に付けることの意味を理解し，自己実現としての進路選択につなげるようにすることが重要であるとされている。

　本校における現場実習は，年3回（第1期2週間，第2期3週間，第3期2週間，なお，高等部1年は第1期，第3期は校内実習）実施している。また，事前学習では，実習先の決定後，実習先の作業内容をできる限り再現し，現場実習に参加する前の予行的な学習として取り組んでいる。今回は，事前学習時に，教員及びユウキ自身がICF関連図を作成し，それをもとに進路指導を行う。

（2）支援期間
　200X年10月〜200X＋1年10月である。

3　結果
（1）教員によるICF関連図の作成
　高等部1年の10月に初めての現場実習を行った。実習先が決定してから実習が始まる前の2週間，仕事内容や通勤方法，実習時における個人目標等を確認する事前学習を行った。この際，活用したICF関連図をFig.27に示す。

　「活動」にもあるように，ユウキは作業や学習に丁寧かつ正確に取り組めるという長所がある。しかし，時間内に課題を終了できなかったり，着替えに時間がかかったりするという面もみられる。ユウキは，「主体・主観」にあるように一般企業就労を目指している。一般企業就労ということを考えたときに，仕事に対し丁寧に取り組むことに加え，時間を意識して行動することが大切になってくるのではないかと考える。そこで支援の方向性①を次のように設定した。

第四章 研究2「自閉症生徒への就労移行支援に関する研究」結果　223

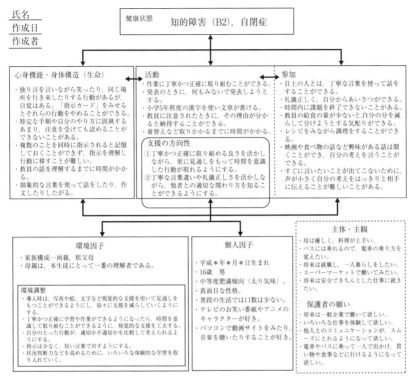

Fig. 27　ICF 関連図

　①丁寧かつ正確に取り組める良さを活かしながら，さらに見通しをもって時間を意識した行動が取れるようにする。

　また，ユウキは，礼儀正しく，自分からあいさつをすることができ，目上の人とは丁寧な言葉を使って話をすることができる。しかし，自分の言いたいことがすぐに出てこないために，声が小さくなり，自分の考えをはっきりと相手に伝えることが苦手な面がみられる。また，特定の手順や自分のやり方に固執するあまり，注意を受けても認めることができずに投げやりな言葉遣いになることがある。しかし，注意された理由が分かると納得して次の行動に移すことができる。そこで支援の方向性②を以下のように設定した。

②丁寧な言葉遣いや礼儀正しさを活かしながら，他者との適切な関わり方を知ることができるようにする。

支援の方向性に対する環境調整について Table 130 に示す。

Table 130　支援の方向性に対する環境調整

【支援の方向性①への環境調整】
・導入時は，写真や絵，文字など視覚的な支援を用いて見通しをもつことができるようにし，徐々に支援を減らしていくようにする。
・丁寧かつ正確に学習や作業ができるようになったら，時間を意識して取り組むことができるように，視覚的な支援を工夫する。
【支援の方向性②への環境調整】
・自分の取った行動が，適切か不適切かを比較して考えられるようにする。
・指示は少なく，短い言葉で出すようにする。
【支援の方向性①と②の共通の環境調整】
・状況判断力などを高めるために，いろいろな体験的な学習を取り入れていく。

（2）ユウキ本人による ICF 関連図の作成

本人が，①「身体的特徴」，②「自分ができたこと，課題」，③「人と関わることでできたこと，課題」，④「こんなサポートがあれば」，⑤「自分の特徴・特技」，⑥「将来の夢」について作成した。次に，作成したものを参考にしながら教員と一緒に，各構成因子を相互的・多角的に確認し，併せて本人の就労に対するニーズについて整理を試みた。

作成した ICF 関連図を Fig.28 に示す。

ICF 関連図を活用した取り組みを事前学習に取り入れることで，本人は，自分の将来の夢についてより深く考えたり，自分の得意なことや課題となることを確認したりすることができた。また，課題については，どのような支援が受けられれば，自分が安心した生活を送ることができたり，仕事をしたりすることができるのかなどを考えることができた。また，今回の実習につ

第四章 研究2「自閉症生徒への就労移行支援に関する研究」結果　225

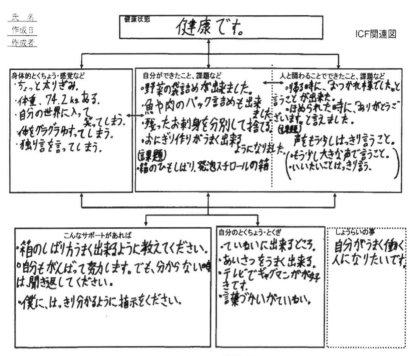

Fig. 28　ICF 関連図

いての目標を自分で立てたことで，実習に対する意欲の向上も図ることができた。

　さらに，ICF 関連図に記入された内容を本人と一緒に確認することをとおして，ユウキの好きなことや得意なこと，また就労に関する高い意識など多くのことがみえ，授業でどのようなことを実践していけばよいのか，深く考えることができた。その結果，ユウキの就労に向けた取り組みの中で，支援の方向性と目標設定のためにどのように環境を整えていけばよいかを具体的に検討できた。

4 考察

まず始めにICF関連図の作成に関することであるが，本人自身が一人で作成する取り組みをとおして，自分の障害と向き合い，自分の障害特性に対する理解を深めることができたと思われる。また，具体的に，事後学習の中で現場実習を振り返りながら修正したことで，現場実習先にて，どのようなサポートがあればうまく仕事ができたか等を考えることができ，自己理解をさらに深めることができた。今後，職場定着し安定した就労生活を送るためにも，自分自身に必要な支援を理解したり，就労に向けて自分の職業能力や障害特性と向き合ったりすることなどをとおして，自己理解を深めていくことがとても大切になると考える。

また，今回の研究は，就労後への職業生活に向けた個別移行支援計画の内容にもつながるものと考えられる。現在，個別移行支援計画は教員が作成し，その内容を就労先や関係諸機関等と共通理解を図っているが，個別移行支援計画の作成に関して，生徒本人の参画も考えられるのではないかと思われる。さらに就労し，実際に職場で働く場面において，自分が必要としているサポートを積極的に自分から発信していく力を育てていくことにもつながるのではないかと考える。

支援をする教員側であるが，ICF関連図の内容を本人と一緒に確認したり，ICF関連図を参考に，指導内容や指導方法を検討したりすることなどをとおして，本人の目標が今まで以上に焦点化されたことや，目標に対する環境調整などの手立てが整理されたことなどが成果として挙げられる。また，それらに対して本人のニーズに寄り添いながら，教員とユウキが一緒に目標設定や評価を行えたことは大きな成果であったと思われる。

事例12

1 対象生徒の実態及び特性

対象生徒は，知的障害特別支援学校高等部3年リョウタ（仮名）男子。

幼児期は，友達と一緒に遊ぶ様子がほとんどみられなかった。9歳時に，医療機関にてHFAの診断を受けた。小・中学校時は，集団生活に対する不適応が多くみられた。現在は，かなり難しい語彙を使って話をすることができるが，対人関係面において納得がいかないことを言われると，感情的になってしまうことがある。

2　手続き
（1）ICF関連図の作成
　特別支援学校の教育課程の中で，現場実習は進路指導の重要な柱の一つとなっている。これは，学校以外の各事業所において，実際的な職業生活を経験したり，職業生活に必要な事柄を理解したりするものである。また，これらをとおして，社会に貢献する働く力を身に付けることの意味を理解し，自己実現としての進路選択につなげるようにすることが重要であるとされている。

　本校では，現場実習を年間3回実施している。また，事前学習では，実習先の決定後，実習先の作業内容をできる限り再現し，現場実習に参加する前の予行的な学習として取り組んでいる。今回は，事前学習時に，本人がICF関連図を作成し，それをもとに進路指導を行う。

（2）ソーシャル・ストーリーズの作成と活用
　ICF関連図を作成し，就労に向けて身に付ける必要があるスキルや苦手意識を感じることなどに対して，自分の意思で適切な行動を選択できるように，環境因子のところに，環境調整1（スキル学習）を位置付けた。このスキル学習を行う際に，ソーシャル・ストーリーズを活用した。現場実習の事前学習の際に作成し，実際の活用は，現場実習時に職場に着き仕事を始める前にソーシャル・ストーリーズを読み，一日の仕事が終了した後に，ソーシャル・ストーリーズの内容について本人が自己評価を行うこととした。

(3) 支援期間

200X年10月～200X+2年10月である。

3　結果

(1) 第1期（高等部1年10月：現場実習事前学習）

　高等部1年の11月に初めての現場実習を行った。実習先が決定してから，実習が始まる前の2週間，仕事内容や通勤方法，実習時における個人目標等を確認する事前学習に取り組んだ。この際，活用したICF関連図をFig.29に示す。まず始めに本人が，①「身体的特徴」，②「自分ができたこと，課題」，③「人と関わることでできたこと，課題」，④「こんなサポートがあれば」，⑤「自分の特徴・特技」，⑥「将来の夢」についてPCを使用し作成した。次に，作成されたICF関連図をもとにしながら教員と一緒に，各構成因子を相互的・多角的に確認し，併せて本人の就労に対するニーズについて整理を試みた。

　ICF関連図を活用した取り組みを事前学習に取り入れることで，本人は，自分の将来の夢についてより深く考えたり，自分の得意なことや課題となることを確認したりすることができた。また，課題については，どのような支援が受けられれば，自分が安心した生活を送ることができたり，仕事をしたりすることができるのかなどを考えることができた。また，今回の実習についての目標を自分で立てたことで，実習に対する意欲の向上も図ることができた。

　支援する教員側は，活動・参加における目標設定をする際に，リョウタの「初めての給料をもらったら家族にごちそうすることが夢である。」という気持ちを実現させるためにはどうすればよいかということを大切に考え，目標設定を行った。

　また，ICF関連図に記入された内容を本人と一緒に確認することをとおして，リョウタの好きなことや得意なこと，また就労に関する高い意識など多

くのことがみえてきた。さらに，指導方法や内容等も明確になり，授業でどのようなことを実践していけばよいのか深く考えることができた。その結果，一般企業への就労を目指すリョウタへの就労に向けた取り組みの中で，支援の方向性と目標達成のためにどのように環境を整えていけばよいかを具体的に検討できた。

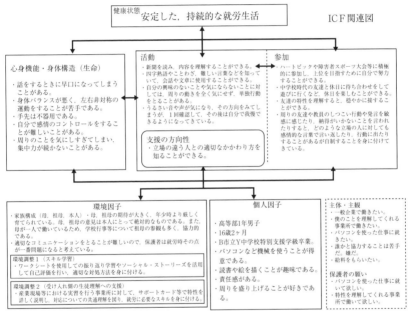

Fig. 29 ICF関連図

（2）第2期（高等部1年11月：現場実習）

今回の研究では，現場実習時にリョウタが就労に向けて身に付ける必要があるスキルや苦手意識を感じることなどに対して，自分の意思で適切な行動を選択できるようにソーシャル・ストーリーズを活用し，実践した。具体的には，リョウタが身に付けなければならないことや苦手意識があることに対

して，自分の意思で適切な行動を選択できるように，①「報告・質問をするとき」，②「いらいらしたとき」，③「仕事をするとき」の3つの場面におけるソーシャル・ストーリーズ (Fig.30) を作成した。現場実習の際に，通勤した後，自分の席に着き，仕事が始まる前の時間に一通り読んで内容を確認し，仕事の終了後に自分で評価を記入した。

以下に，リョウタが実際に実習を行った事業所及び作業内容と自己評価の内容を示す。高等部1年の11月の現場実習は，事務補助の仕事をしたいという希望を活かし，A県庁で実施した。作業内容は文書事務，新聞・情報誌の整理，職場環境美化等であった。事業所側からリョウタが良くできた内容として挙げられた点は，文書の作成（印刷，コピー，製本），文書の発送・配送（パソコンを活用しての宛名ラベル作り，封筒づめ，庁内他課室へ文書配達，受け取り），文書の収受（到着文書の仕分け，担当者への配布）再生，封筒の作成であった。また，難しかった内容は，不用となった新聞のひも掛け，アンケートボックスの作成であった。リョウタが初めての実習を不安に思っていることから，実習中の業務内容を確認し，学習を進めた。

ソーシャル・ストーリーズ自己評価結果を Table 131 に示す。

仕事の主な内容は事務補助であったが，この仕事内容を現場実習の事前学習にて取り上げ，同じ作業工程を現場実習前に経験できたことで，現場実習に対する不安を少し取り除くことができた。ソーシャル・ストーリーズを活用した実践では，①「報告・質問をするとき」，③「仕事をするとき」については毎日◎であり，②「いらいらしたとき」については4日間に△が付いていた。△が付いた理由を本人に確認すると，「パソコンで打ち込む仕事なのに，パソコンが不調で思うように進まなかったのでいらいらしてしまった。でも，やり方を変えることで仕事を進められた。」と答えていた。その際の様子を事業所側の担当職員に確認すると，「少し独り言が多くなってきたようには思ったが，何とかしようと工夫していた。休憩して落ち着かなければならないほどではなく，そのまま仕事を続けられた。」とのことであった。

現場実習を成功させるために！

月　日（　　）

〜朝通勤後、作業着に着替え、席に着いたらゆっくり読みましょう〜

報告・質問をするときは、相手の近くへ行き、相手の目を見ます	評価
1 報告や質問をするときには、相手の近くへ行きます。近くで報告や質問をすると、相手に正しく伝わり、質問にも答えてくれます。また私は、自分の伝えたいことが相手に伝わると、さらにうれしくなります。 2 私はお話しを聞くとき、その人の目をみるようにしています。そうすれば、私がその人の話を聞いていると分かるからです。話しかけてくる人は、そうしてもらうとうれしいのです。	

イライラ	評価
1 相手の方の言い方が厳しかったりすると、イライラすることがあります。私はイライラしたときには、落ち着くようにします。 2 もし、ガマンができなくなってしまったら、職員の方に「すみません、気持ちが落ち着くまで休んできてもよいでしょうか？」と話しをして、休憩室へ行って休みます。すると、気持ちが落ち着き、イライラは無くなります。 3 落ち着いたら仕事場に戻り、「落ち着きました。仕事を続けます。」と職員の方に話します。そうすると、イライラは吹っ飛んで能率良く仕事ができるようになるのです。	

集中して、ていねいに仕事をします	評価
1 学校や家で練習をしてきたので、自信のある仕事があります。また、職員の方々に教えていただき、すでに覚え一人でできる仕事もあります。しかし、私は調子に乗りません。 2 仕事の内容や方法は分かっていて、「できる！」「簡単だ！」と思っても、雑になることなく、ていねいに仕事をします。 3 ときどき、周りの人の声や動きが気になることがあります。気になると、そっちの方をずっとみてしまいます。「何をしているのかな？」と一回はみて、確かめても良いです。何をしているのか分かったら、もう気になることはありません。落ち着いて仕事に打ち込めます。 4 落ち着いて仕事をすると、仕事の能率が上がり、間違いも少なくなり、仕事をすることが楽しくなります。	

その日の仕事が終わったら、自分で評価を書き入れます。
〈◎…とても良くできた　○…よくできた　△…できなかった、明日はがんばる〉

Fig. 30　ソーシャル・ストーリーズ

Table 131 ソーシャル・ストーリーズ自己評価結果

項目	11/17	11/18	11/19	11/20	11/21	11/25	11/26
報告・質問をするとき	◎	◎	◎	◎	◎	◎	◎
いらいらしたとき	◎	◎	◎	△	△	△	◎
仕事をするとき	◎	◎	◎	◎	◎	◎	◎

項目	11/27	11/28
報告・質問をするとき	◎	◎
いらいらしたとき	◎	△
仕事をするとき	◎	◎

(3) 第3期(高等部2年6月:現場実習)

高等部2年の6月の現場実習は,Kホームセンターで実施した。作業内容は,商品補充,品出し,倉庫整理等であった。事業所側からリョウタが良くできた内容として挙げられた点は,倉庫整理であり,また,難しかった内容は,商品補充,品出し,お客様への対応であった。

ソーシャル・ストーリーズ自己評価結果を Table 132 に示す。

Table 132 ソーシャル・ストーリーズ自己評価結果

項目	6/24	6/25	6/26	6/29	6/30	7/1	7/2
報告・質問をするとき	◎	◎	○	○	◎	◎	◎
いらいらしたとき	◎	◎	△	△	△	△	○
仕事をするとき	◎	◎	○	○	○	◎	◎

△の理由としては,「お客様の後ろを通るとき声を掛けなかったので,お客様が後ろに下がってきて転ばせてしまったから。」,「商品前出しをする際,商品がうまく並ばず少々苛立ってしまった。」,「倉庫の整理がうまくいかなかった。」,「商品の入れ替えの際,洗剤の一つが破れてしまった。」,「お客様から質問を受けたがうまく答えることができず,お客様から注意を受けてしまった。」などが挙げられた。

（4）第4期（高等部2年11月：現場実習）

　高等部2年の11月の現場実習は，Tホテルで実施し，作業内容は，スチュワード業務（メインキッチンでの食器洗浄等作業，銀食器の仕分け・ビニル袋に入れる作業，宴会場への食器運び，清掃等）であった。事業所側からリョウタが良くできた内容として挙げられた点は，皿拭き，片付け，ゴミ処理，運搬，また，難しかった内容は，磨き洗い，数の確認であった。

　ソーシャル・ストーリーズ自己評価結果をTable 133に示す。

Table 133　ソーシャル・ストーリーズ自己評価結果

項目	11/13	11/16	11/17	11/18	11/19
報告・質問をするとき	◎	◎	◎	◎	◎
いらいらしたとき	◎	○	◎	◎	◎
仕事をするとき	◎	◎	◎	◎	◎

　ソーシャル・ストーリーズへの自己評価が毎日書かれていないのはどうしてかと教員が質問すると，「毎日，落ち着いて仕事ができていて，不安に思うことがないので読んでないです。」ということであった。毎日記入する実習日誌にも，「この職場にもだいぶ慣れてきたので，逆に多少気を引き締めて取り組まなければならないと思ってやっている。」，「自分で確認しながらできた。」，「昨日の反省を生かし，順調に進めることができた。」，「目下の課題であった協力や人間関係を学ぶことが今回の課題でしたが，うまくいって本当に良かった。」と書かれており，職場の方々からも特に注意を受けることもなかったため，本人の気持ちを尊重し，毎日読んだり書いたりしなくてよいことを伝えた。

（5）第5期（高等部3年6月：現場実習）

　高等部3年の6月の現場実習は，人材派遣会社にて事務補助作業を実施した。リョウタの職種に対する適性と，リョウタ及び保護者の希望を受け，事

務の仕事を扱う事業所での実習を実施した。仕事内容は，PC入力業務と文書処理や再生紙準備等であった。事業所側からリョウタが良くできた内容として挙げられた点は，データ入力，再生紙準備，シュレッダーを使用した文書処理，また，難しかった内容は特になしということであった。

　実習中は事業所側との共通理解を図るためのツールとして，リョウタが実習前に作成したICF関連図を活用した。実習終了後にはそのICF関連図でリョウタと振り返りを行い，リョウタが必要とする支援について事業所側と十分に共通理解を図ることができた。さらに，実習中，それに基づいた支援方法を実践していただくことで，リョウタは落ち着いて取り組むことができた。

　事務補助の仕事においても，対人関係面で必要とされるスキルが数多くあるということに気付かされた。また，このスキルを十分獲得していれば，さらに作業効率が上がり，職場での人間関係もよくなったりするのではないかと思われた。実際の作業量に関しては，他の職員と比べると約7割の仕事を行えていたということであった。

　事業所側から課題として挙げられたことは，勤務時間が長く，机上での入力作業がほとんどであるので，適度な休憩が必要となるということであった。休み時間以外にも適度な休憩を自分からとる必要があり，この内容に関しては，学校ではなかなか教えられないことでもあるので，巡回指導の際に，リョウタと一緒に確認することが必要であった。

（6）第6期（高等部3年10月：現場実習）

　高等部3年の10月の現場実習は，食品会社において事務補助の仕事を担当した。仕事内容は，切手貼り，Excelでのデータ入力，文書整理・確認，従業員の出勤カード作成，封筒作り等であった。リョウタが希望する事務補助の仕事であったため，巡回指導で事業所を訪問する教員に対して「何も問題はありません。落ち着いて仕事ができています。」といった意欲的な言葉が

常に返ってきていた。事後学習で難しかった点を聞くと,「一度,指示の受け取り方を間違えて,他の仕事をやってしまったこと。」と話していたが,この点についても,再度質問をすることで,混乱することなく仕事を続けることができていた。

仕事内容や優先順位については,リョウタが自分でメモをとり確認することにした。事業所の担当者が複数の指示を一度に出す場合は,仕事内容を箇条書きにしたメモを書いてくださったり,担当者の不在の日には,リョウタが出勤後に仕事内容を自分で確認できるように,机上に仕事内容を箇条書きした紙を置き,見通しをもって一日仕事に取り組めるよう配慮をしたりしてくださった。本人の実態を共通理解するためサポートカードとして活用したICF関連図は,リョウタの実態や特性が一目で分かりやすいものであるため,職場の方全員の目に付きやすいところに貼ってくださり,リョウタと事業所側が互いに安心して実習に取り組めるための,共通理解を図る有効なツールとなった。

ICF関連図を活用した取り組みを行ってきたが,これはまさに自己理解につながるものであった。具体的には,「こんなサポートがあれば」等,自分の特性について考えることができた。また,今回も実習を実施するにあたり,ソーシャル・ストーリーズを作成し,実習に取り組んだ。リョウタは,初日の朝内容を確認したが,その後は読まなくても大丈夫ということで実施していない。必要な支援をどこまで続ければよいのかについても,改めて考える機会になった。

4 考察
(1) ICF関連図を活用した取組

まず始めにICF関連図の作成に関することであるが,リョウタ自身が一人で作成する取り組みをとおして,自分の障害と向き合い,自分の障害特性に対する理解を深めることができたと思われる。また,具体的に,現場実習に

おける場面を想定して行ったり，実習後の事後学習として改めて作成，修正したりすることで，現場実習先にて，どのようなサポートがあればうまくできるか，うまくできたか等を考えることができ，自己理解をさらに深めることができた。今後，職場定着し安定した就労生活を送るためにも，自分自身に必要な支援を理解できるなど，就労に向けて自分の職業能力や障害特性と向き合うことで，自己理解を深めていくことがとても大切になると考える。

　このように，ICF関連図を活用した取り組みをとおして，自己理解を深めていく中で，リョウタは，「PCを使った仕事がしてみたい。」という仕事に対する強い気持ちをもち，さらに，PCのスキルを高めようと頑張って資格を取得するなどしてきた。これらは，働く意欲を高め，仕事を長続きさせることにつながるのではないかと考えられる。

　また，今回の実践は，就労後への職業生活に向けた個別移行支援計画の内容にもつながるものと考えられる。現在,個別移行支援計画は教員が作成し，その内容を就労先や関係支援機関等と共通理解を図っているが，個別移行支援計画の作成に関して，生徒本人の参画も考えられるのではないかと思われる。さらに就労し，実際に職場で働く場面において，自分に対して，どういうサポートが必要なのか，こうして欲しい，ということを積極的に自分から発信していく力を育てていくことにもつながるのではないかと考える。

　次に，支援をする教員側であるが，ICF関連図の内容を本人と一緒に確認したり，ICF関連図を参考にし指導内容や指導方法を検討したりすることなどをとおして，本人の目標が今まで以上に焦点化されたことや目標に対する環境調整などの手立てが整理されたことなどが成果として挙げられる。また，それらに対して本人のニーズに寄り添いながら，教員とリョウタが一緒に目標設定や評価を行えたことは大きな成果であったと思われる。

　今まで，個別の教育支援計画等を作成するにあたり，これまで教員主体で行ってきたニーズアセスメントではなく，ICFの理念とモデルの活用には，生徒の主体性を反映させたニーズアセスメントが重要である。つまり，「子

どもたちが生活の中で何を求めているのか」,「私たちはどんな支援をすべきなのか」に対して,リョウタの全体像を広く生活面から把握し,そこからニーズを分析することで,支援の方向性が明確になった。

また,リョウタの具体的な行動をとおして,自分の夢に向けて進んでいけるように,私たちが支援することでリョウタは主体的に行動していったことが明らかになった。ICF モデルについて学んだことにより,私たちが子どもをみるときに,本人のニーズをできるだけ理解しようとする姿勢の大切さを改めて認識できた。

具体的には,①子どもの生活全体を総合的に把握することができた,②プラス面を重視し,プラス面を引き出し伸ばそうとすること,③リョウタが自信を深め,生活の満足感を高めようとすること,以上の3つが大切な点として挙げられる。

さらに ICF の基本的な考え方を学びながら,教員間で共通の生徒の捉え方ができた。その上で,私たちがリョウタに対して相互理解を進め,本人が問題解決できるように,連携しながら協力的に関わることができたことも大きな成果となった。

ICF 関連図を活用しての行動観察からは,学部の教員全員で学校生活全般においてリョウタをみてきたことで,これまでにリョウタの発信を見過ごしていたことがあったことに気づかされた。そして改めてリョウタの全体像について教員全員で共通理解を図ることができた。また,生徒が学習を進めていく中で,「何を求めているのか,私たち教員はどんな支援をすべきなのか」について ICF 関連図を使い,生徒の全体像を広く生活面から把握し,そこからニーズを分析することで,支援の方向性が明確になった。

(2) ソーシャル・ストーリーズを活用した取組

ICF 関連図を作成し,就労に向けて身に付ける必要があるスキルや苦手意識を感じることなどに対して,自分の意思で適切な行動を選択できるように,

環境因子のところに，環境調整1（スキル学習）を位置付けた。

　ソーシャル・ストーリーズは，朝，事業所に到着し，着替えを済ませ自分の席に着き，仕事が始まる前の時間に一通り読んで確認し，毎日の仕事の終了後に自己評価を記入した。自分の苦手な部分や不安なことを確認し，このようにすればうまくいく，というように不安定になったときの解決法を事前にリハーサルを行うことで，落ち着いて現場実習に取り組むことができたのではないかと思われる。

　本人が△と評価した内容であるが，具体的には，「データ入力の際，手書き文書をみて，その内容を打ち込んでいくが，手書き文字が読みづらかったりした場合に，それを確認するために，自分で判断したらよいものか，また，他の職員に確認したらよいものか，決めることがなかなかできなかった。このことで自分の中のイライラを抑えることができなかった。」という内容であった。これについては，現場実習の巡回指導にて，本人とその時のことについて一緒に振り返りを行い，自分で判断してしまうとミスにもつながるので，自分で判断するのではなく，他の職員に必ず確認するということを行うようにした。また，事業所側の担当者にも本人が△と評価した内容を説明し，本人の苦手な部分やうまくいかないと感じている部分への支援方法等について共通理解を図ることができた。

　このように，現場実習において，ソーシャル・ストーリーズを活用したことにより，仕事に対する望ましい態度を確認したり，現場実習に対する不安を取り除いたりすることができた。このことから，ソーシャル・ストーリーズは大変有効なツールであることも分かった。

　今後は，自己評価の結果からソーシャル・ストーリーズの内容を適宜変えていくことで苦手な部分を減らし，立場の違う人との関わり方のスキルを学習する必要がある。

事例13

1　対象生徒の実態及び特性

　対象生徒は，知的障害特別支援学校高等部2年ミク（仮名）女子。幼児期は友達とはあまり遊ばず，一人で過ごすことが多くみられた。児童相談所にて，3歳3ヶ月に療育手帳B2，身体障害者センターにて，3歳4ヶ月に自閉症とそれぞれ診断（判定）された。

　学習上の特記事項についてであるが，既習の漢字を使って，表現を工夫しながら文章を書くことができる。筆算を用いた足し算や引き算，かけ算の九九ができる。文章問題では，図や実物を用いながら問題の意味を正しく捉え，立式して答えを求めることができる。

　S-M社会生活能力検査結果（実施時12歳3ヶ月）は，SQ92，移動11-1，意志交換13-0以上，自己統制13-0以上であった。また，WISC-Ⅲ知能検査結果（実施時15歳2ヶ月）は，全検査IQ75，言語性IQ71，動作性IQ85であった。

2　手続き

　現場実習では，実習連絡帳に，本人及び事業所の担当者が毎日の取り組みの様子を記入し，その内容を保護者が確認することになっている。また，本人が自分の仕事に対する毎日の自己評価を記入する欄も設けており，自己評価を行うことで，うまくできたこと，難しかったこと，注意を受けたこと，今後気を付けること，などを再確認することができる。

　今回は，高等部2年時に行われた3回の現場実習中に実習連絡帳に記録した，自己評価の記述について分析した。この際，TTAPにおける6つの機能領域（①職業スキル，②職業行動，③自立機能，④余暇スキル，⑤コミュニケーション，⑥対人スキル）毎に自由記述を分析した。

　現場実習は，A及びBスーパーマーケットバックヤードにて実施した。なお，実施回数及び実施期間については以下のとおりである。

第1期現場実習（201X年6月）
　実習場所：Aスーパーマーケットバックヤード　期間：10日間
第2期現場実習（201X年11月）
　実習場所：Bスーパーマーケットバックヤード　期間：14日間
第3期現場実習（201X＋1年1月）
　実習場所：Bスーパーマーケットバックヤード　期間：10日間

3　結果
（1）第1期現場実習
　第1期現場実習は，Aスーパーマーケットで実施した。担当した主な仕事は，そうめんや麺類のパック詰め，お弁当と盛り付け，シール貼り，海鮮丼作り，品出し等であった。
　第1期現場実習自己評価結果をTable 134に，ミク自身の現場実習日誌への記載内容をTable 135にそれぞれ示す。

Table 134　第1期現場実習自己評価結果

領域	評価	内容
1 職業スキル	EH	・ねぎのテープ留め，わさびのラップがけ，レタスの袋詰め。
	EL	・トマトのラップがけ，キャベツのテープ留め。
	EL	・ネタをのりで巻く，揚げ物のパック詰め，海鮮丼作り。
2 職業行動／自立機能	P	・体調を崩さないで毎日出勤できた。
	P	・最後までやる気を出して丁寧にできた。
3 余暇スキル		・特になし。
4 コミュニケーション	EL	・挨拶と返事の声が小さかった。
	P	・担当者に自分から報告，質問することができた。
5 対人スキル	EL	・人に出された指示を理解できなかったところがあった。
	EL	・人と関わるときに上手く対応することができなかった。

P（Pass）＝合格　EH（Emerge High）＝高い芽生え　EL（Emerge Low）＝低い芽生え
F（Fail）＝不合格　NM（Not Measured）＝検査されていない

Table 135　ミク自身の現場実習日誌への記載内容

期日	記載内容
三日目	・最初の1週間は，青果部門で野菜の袋詰めやラップがけなどやらせていただいた。次の実習では，食品以外の品出しをやってみたい。 ・午後は，レタスと大葉の袋詰めをした。レタスは慣れてきた。大葉はパックの中に水を少し入れて出して，長さが均等になるようにハサミで切ってから袋詰した。バーコードにテープを貼らないようにした。
八日目	・午前は，海鮮丼作りとお寿司作りと品出しをした。海鮮丼は，今週の中でも一番多く作れた。のりをかけ忘れたところを自分で気づいてかけることができた。午前はスピードを上げて仕事をやることができた。 ・午後は，星形コロッケの袋詰めをしたが，紙の袋の中に少し大きめのコロッケを5個入れるので入れにくかった。この2週間の実習は，よい勉強になったところと楽しかった仕事が沢山あった。最後まで頑張れたと思う。

（2）第2期現場実習

　第1期現場実習で，Aスーパーマーケットの店長から仕事に対する高い評価を頂いた。その店長から，チェーン店の他の店舗でも実習を経験してみてはどうかという提案を頂き，本人の自宅近くにあるBスーパーマーケットで実習を行った。担当した主な仕事は，そうめんや麺類のパック詰め，お弁当と盛り付け，シール貼り，海鮮丼作り，品出し等であった。

　第2期現場実習自己評価結果をTable 136に，ミク自身の現場実習日誌への記載内容をTable 137にそれぞれ示す。

（3）第3期現場実習

　第2期現場実習に続きBスーパーマーケットで実習を行った。担当した主な仕事は，そうめんや麺類のパック詰め，お弁当と盛り付け，シール貼り，海鮮丼作り，品出し等であった。

　第3期現場実習自己評価結果をTable 138に，ミク自身の現場実習日誌への記載内容をTable 139にそれぞれ示す。

Table 136 第2期現場実習自己評価結果

領域	評価	内容
1 職業スキル	P	・最後の週でスピードを上げて仕事を行うことができた。
	P	・自分で写した手順表をみなくても仕事を行うことができた。
	EL	・手順の多さ，物の置き場所や仕事の間違いが多かった。
	EL	・最後の仕上げを忘れることが多かった。
	F	・品出しをする時に商品の置き場所を間違えてしまった。
	F	・商品のフタをするときにビニル手袋を外さなかった。
2 職業行動／自立機能	EH	・特になし。
3 余暇スキル	P	・休み時間の時にレシピを作ることができた。
4 コミュニケーション	EL	・人の話をよく聞いて理解することができなかった。
	EL	・忘れた仕事は自分の判断で勝手に進めてしまうことがあった。
5 対人スキル		・特になし。

P（Pass）＝合格　EH（Emerge High）＝高い芽生え　EL（Emerge Low）＝低い芽生え
F（Fail）＝不合格　NM（Not Measured）＝検査されていない

Table 137 ミク自身の現場実習日誌への記載内容

期日	記載内容
三日目	・午前は，海鮮丼作りと江戸前寿司茜と火曜日限定寿司と洗い物をした。火曜限定寿司は，今までやった中でやり方が複雑で難しかった。 ・午後は，ピリ辛チャーシューと大学芋のパック詰めをした。ピリ辛チャーシューは，タレとラー油と白ガネギを半分入れて混ぜ合わせた。今日注意を受けたところは，明日気をつけたいと思う。
七日目	・午前は，シール貼りと品出しとパック詰めをした。鍋に豚汁の材料を入れるのは，野菜とこんにゃくを先に入れて一旦ざるにあけて，今度は豚肉だけ入れてほぐしながら茹でた。ほぐすのが少し大変だった。 ・午後は，寿司用のパック名の名札を作った。前に書いてあった物をみながら書いた。できるだけ文字がみえやすいようにした。この3週間いろんなことをやっていい経験になった。仕事は楽しかった。

Table 138　第3期現場実習自己評価結果

領域	評価	内容
1 職業スキル	P	・お弁当作りは，やりがいがあって達成感があった。
	P	・丁寧さだけではなく仕事スピードを上げるように意識した。沢山商品を作れて，達成感があって嬉しかった。
	EL	・ソースやタレなどのかけ方とかけ過ぎない事。
	EL	・みた目が悪くならないふたの閉め方。
2 職業行動／自立機能	P	・従業員の方の話をよく聞き，仕事内容を覚えて作業を行うことができた。
	P	・体調を崩すことなく会社へ通勤することができた。
	EH	・仕事が始まる前に職場に着くのができていなかったところがあった。
3 余暇スキル	P	・昼食休憩時に休憩室で落ち着いて過ごすことができた。
4 コミュニケーション		・特になし。
5 対人スキル	EL	・分からない事など質問しないで勝手にやってしまった。
	EL	・材料など間違ってしまいうまく伝えることができなかった。
	EL	・仕事の説明を聞いている時に返事が焦ってしまったのと返事のタイミングが分からなかった。

P（Pass）＝合格　EH（Emerge High）＝高い芽生え　EL（Emerge Low）＝低い芽生え
F（Fail）＝不合格　NM（Not Measured）＝検査されていない

Table 139　ミク自身の現場実習日誌への記載内容

期日	記載内容
三日目	・今日は，お弁当作りと冷凍物の仕込みをやった。お弁当作りは，忘れているところもあるので手順表を確認しながらやった。 ・午後は，惣菜の方に質問できていないのと仕事の間違いが多かったので，明日からできるだけしないように気を付けたい。
八日目	・午前は，お弁当作りと肉団子のパック詰めとラベル，シール貼りをした。お弁当作りでは，から揚げを乗せてふたを閉めるのが大変だった。 ・午後は，お弁当作りとラベル貼りをした。お弁当作りは，だいぶ慣れてきてスピードも少しずつ上がった。ラベル貼りは，午後初めて30パック以上作ることができた。明日で実習最後なので精一杯頑張りたいと思う。

4 考察

 現場実習において,本人,保護者,実習担当者,学校をつなぐツールとして,実習連絡帳を活用している。主に,本人及び事業所の担当者が実習中の毎日の記録を記入し,それを保護者が確認することになっている。また,実習連絡帳の中には,本人が自分の仕事に対する毎日の自己評価を記入する欄も設けており,自己評価を行うことで,うまくできたこと,難しかったこと,注意を受けたこと,今後気を付けることなどを再確認することができるようになっている。

 実習連絡帳に記録されたミクの自己評価の記述を,TTAPにおける6つの機能領域(①職業スキル,②職業行動,③自立機能,④余暇スキル,⑤コミュニケーション,⑥対人スキル)毎に分析をした。

(1) 職業スキル

 担当した,そうめんや麺類のパック詰め,お弁当と盛り付け,シール貼り,海鮮丼作り,品出し等については,それぞれの作業工程をしっかり理解し,丁寧に行うことができていた。

 実習連絡帳の自由記述も,職業スキルの分量がとても多く,この仕事が好きで一生懸命取り組んでいた様子が伺えた。また,作業の丁寧さだけではなく,他の従業員の様子もよく観察し,作業効率を上げるように努力する様子が第1期に比べ第3期ではとても多くみられるようになった。

 仕事を進める際,作業の手順を担当者より指示していただき仕事を進めていくが,その内容をミクが自分で分かりやすいように工夫することも行っており,自分でどうすればうまく仕事ができるかをよく考えながら取り組む姿が多くみられた。

(2) 職業行動/自立機能

 毎日休まないで出勤することや出勤時間に遅れないようにするということ

が，ミクの目標の一つであった。これに関しては，3回目の現場実習でも多くの不安を抱えたままであった。今後は，実習中の家での過ごし方も含め，時間の使い方等を一緒に検討していく必要がある。

（3）余暇スキル

休憩中に，分かりやすいように自分用のレシピを準備するなどの時間の使い方ができた。他の従業員に指示されたわけではなく，自分で考えて工夫することができていた。

（4）コミュニケーション・対人スキル

対人面で，報告や指示を受ける際に苦手さがみられ，自分で勝手に判断して仕事を進めることが多くみられた。この部分については，現場実習中の文脈を大切にしながら，スキル学習を行っていく必要がある。

事例14
1　対象生徒の実態及び特性

対象生徒は，知的障害特別支援学校高等部3年ショウ（仮名）男子。

6歳時に複数の相談機関にてASと診断された。語彙数は非常に豊富で，かなり難しい語彙を使って話すことができる。しかし，逆に形式張っていることや，不必要に難しい言い回しなどを選んだりすることがある。言葉を全く字義通りに理解するため，思わぬトラブルが起こったりすることもある。また，比喩や冗談が分からない，抽象的な概念，仮定のことが理解できないなどの特徴がみられる。さらに，気持ちや感情をうまく表現できないことや相手の立場に立ち考えることが難しいなど，対人関係面において多くの困難さを抱えている。

パソコンが趣味で，日本語ワープロ検定第2級（日本情報処理検定協会）及び，Excel表計算処理技能認定第3級（ソフトウェア活用能力認定委員会）をそ

れぞれ取得した。療育手帳に関しては，B2外との診断を受けたので，相談機関との連携により精神障害者保健福祉手帳2級を取得し，一般企業障害者枠での就労を目指した。

2　手続き

　TTAPフォーマルアセスメントを実施し，その結果をショウに説明する。その際，合格，芽生え，不合格の項目を中心に，TTAPフォーマルアセスメントへの取り組みの様子なども併せて本人と一緒に確認する。次に，その内容をもとに，現場実習の際に活用するサポートカードへの記入内容を検討する。なお，サポートカードは，現場実習協力事業所担当者や，生徒と一緒に仕事をする従業員の方等と，生徒本人の実態について共通理解を図るためのツールとして活用するもので，内容は，生徒の特技・特性，課題，具体的なサポート，現場実習の目標等となっている。

3　結果

（1）TTAPフォーマルアセスメントの結果説明

　TTAPフォーマルアセスメントの結果から，①合格（強みの部分），②芽生え（課題となる部分），③芽生えに対する支援法（こんなサポートがあれば）について説明した。

　説明した内容についてTable 140に示す。

（2）サポートカードの作成

　TTAPフォーマルアセスメントの結果説明を受け，ショウ本人が，①自分の特技・特性，の項目への記入内容を検討した。また，②課題，及び，③こんなサポートがあれば，の項目は，教員が作成した内容を，ショウ本人と教員とで確認をしながら，一緒に修正をした。

Table 140 TTAPフォーマルアセスメント結果

合格（強みの部分）	・課題を理解することが早く，作業スピードも速い。 ・休憩時間等，一人で時間を過ごすことができる。
芽生え（課題）	・作業を進める際，作業量や速さを意識してしまうことが多く，正確にできているかどうかを確認することが不足している。 ・仕事を進める際に，作業効率が上下し，一定の割合で働くことが難しい時がある。 ・対人関係面では，初めての人に対して好ましくない行動をとることがある。 ・他の人の存在を意識して反応することがある。 ・癇癪を制御し不満を建設的に表現することができないなど，自分の感情をコントロールすることが難しい時がある。
芽生えに対する支援法	・仕事のスピードよりも，正確さを意識させて欲しいこと。 ・報告場面等では，話の内容がよく伝わらない場合は，ゆっくり話すように，また，分かりやすく話すように言葉かけをして欲しい。 ・指示内容は，言葉だけでなく，紙に箇条書きにするなど，視覚的な支援を活用して欲しい。 ・イライラ等の感情が高まったら，落ち着く場所に移動し，その後に，話を聞いてもらうようにして欲しい。

①自分の特技・特性

　指示理解力があるので，難しい言葉を使っての指示でも十分理解することができることや，スピードを意識しながら作業を行うことなどを記入した。また，パソコン操作が得意で，日本語ワープロ検定第2級及び，Excel表計算処理技能認定第3級をそれぞれ取得していることも，本人の強みとして記入内容に含めた。さらに，休憩時間は，イラストを描いたり読書をしたりすることで，一人で時間を過ごすことができる，という内容も加筆した。

②課題

　作業への取り組みでは，作業を進める際，作業量や速さを意識してしまうことが多く，正確にできているかどうかを確認することが不足していることや，作業効率が上下し，一定の割合で働くことが難しい時がある，などの内

容を確認した。

　また，対人関係面で困難さを感じている内容について，本人と確認を行った。その際，早口だったり，難しい言葉を使用することで話が長くなり，内容が相手に伝わらなかったりすることがあることや，報告の場面で，緊張してしまい，早口になってしまうことが多くみられる，などの内容を課題とすることを確認した。

　さらに，大きな声や音，しつこい言動，強い言葉での注意が苦手で，不安定になることがあるなど，関わり方に関する内容について確認した。

③こんなサポートがあれば

　現場実習中に，本人の課題となる点について，具体的なサポートの方法について記入し，支援に対する理解を求めた。具体的な記入内容を以下に4点示す。

　1点目の作業への集中や作業効率の面については，作業効率以上に，仕事の正確さが求められるので，「仕事を正確に行うことを第一に考えるよう言葉かけをすると，自分で意識して取り組むことができます。」という内容を記入した。

　2点目の本人の報告の場面については，対人関係面での本人の特性を十分理解していただくことが大切であるので，「本人の話している内容が分からない時には，もっとゆっくり，分かりやすく話すように言葉かけをしてください。」という内容を記入した。

　3点目の指示理解の場面については，「言葉だけで指示が通らなかった時には，紙に箇条書きにして伝え，ゆっくりと繰り返して指示を出してください。」や，「次は何をしますか等の言葉をかけると，自分で判断し，次の行動に移ることができます。」という内容を記入した。

　4点目の感情のコントロールへの支援については，「感情的になった時には，別の静かな場所で落ち着くまで待って，話を聞いてください。」という内容を記入した。

作成したサポートカードを Fig.31 に示す。

サポートカード
宇都宮大学教育学部附属特別支援学校高等部3年

氏名

自分の特技．特性
（じぶん　とくぎ　とくせい）
・イラストを描いたり，読書が好きです。
・パソコンを使って文章を打ったり，インターネットで調べたりすることができます。
・ワープロ検定2級の資格を持っています。
・四字熟語やことわざなど，難しい言葉をよく知っています。

写真

課題など
・早口だったり，話が長くなったりして，伝えたい内容が相手にうまく伝わらないことがあります。
・大きな声や音，しつこい言動，強い言葉での注意が苦手で，不安定になります。
・興味のないことには，周りの動きを気にせず，単独行動をとることがあります。
・仕事の効率を上げることと，丁寧さとのバランスが難しいときがあります。

こんなサポートがあれば

・本人の話している内容が分からないときには，もっとゆっくり，分かりやすく話すように言葉かけをしてください。
・言葉だけで指示が通らなかったときには，紙に箇条書きにして伝え，ゆっくりと繰り返して指示を出してください。
・感情的になったときには，別の静かな場所で落ち着くまで待って，話を聞いてください。
・「次は何をしますか」等の言葉をかけると，自分で判断し，次の行動に移ることができます。
・仕事を正確に行うことを第一に考えるよう言葉かけをすると，自分で意識して取り組むことができます。

実習の目標
■ 職場の人の話を良く聞いて仕事を行うことができる。
■ 指示された仕事内容を，全て終了したかどうかを自分で確認，見直しをしてから報告をすることができる。
■ 仕事内容や作業状況に応じて，適切な質問を自分でよく考え，行うことができる。

Fig. 31　サポートカード

4 考察

（1）サポートカードの作成

　TTAPフォーマルアセスメントの結果を受けて，ショウ本人と現場実習で活用するサポートカードの記入内容の検討を行った。現場実習では，パソコンでのデータ入力を中心とした事務補助関係の仕事を担当することになっていたので，自分が今まで身に付けてきたスキルを十分に活用することができると，意欲的に内容を検討することができた。また，課題となる点については，報告の場面を中心に，対人関係面で課題となる点が多くみられるので，現場実習の目標にも設定した。さらに具体的な支援方法については，学校生活の場面での様子を参考に，教員が具体的にどのような支援を行っているか，実際の場面での様子を振り返ることを行い，職場で必要となる支援について確認した。これらのことで，自分に必要な具体的な支援について理解を深めることができた。

（2）現場実習での変容

　現場実習の様子についてであるが，本人が就労を希望する事務補助の仕事が中心だったので落ち着いて仕事ができ，また，意欲的に取り組む様子もみられた。

　仕事については，パソコンでのデータ入力で，入力の場所や方法についての指示を理解することはできたが，ミスが目立った。入力が正確にできると思い確認せず進めていたが，時々入力の順番を間違えることがあったので，入力の終了した部分を蛍光ペンで塗りつぶし，終了の確認を必ず行うようにした。

　休憩時間の過ごし方については，ノートに絵を描いたり本を読んだりするなど，一人で目的をもち，過ごすことができた。しかし，休憩時間の時間一杯休憩し，午後の仕事開始時間になった後にトイレに行く様子がみられたので，トイレは休憩時間内にすませ，午後の開始時間からはすぐ仕事に取り組

めるようにしておくなど仕事の準備の大切さについて確認した。

　気持ちのコントロールについては，個人情報の書かれた用紙を裏返さずに離席してしまったことを注意され，言われたことに対して戸惑いがみられた。その後に，説明を聞くことで納得し自分の気持ちを落ち着けることができた。

　対人関係面については，作業終了後の報告はしっかりできているが，自分で行った仕事に対する確認の不十分な面がみられた。早く報告しなくてはという気持ちが先に出てしまい不十分になりがちであった。また，データ入力の際に，自分で読めない漢字が出てきた時に，質問できずにいたことが何度かあった。

　以上のことから，TTAPフォーマルアセスメントの結果を本人に説明し，本人が，現場実習中に使用するサポートカードの内容を自分自身で考えることで，自己理解を深めることができた。また，自分の得手不得手を改めて認識することで，苦手な出来事が起こったときの対処法についても自分で考えることができた。今後は，もっているスキルを発揮することができるように，対人関係面において求められるスキルを確認しながら，自己理解をどのように深めていくかが課題である。

3　小考察

（1）ICF関連図作成への本人参画の意義

　生徒の自己理解を深め，個々のニーズにより合った支援を行っていくためには，可能な範囲で本人が参画する，あるいは本人の意思をできるだけ反映したICF関連図を作成することが大切である。本人の願いや考えが反映されるために，本人の姿に寄り添う共感的な関わりを心がけるとともに，併せて本人の意思をできるだけ反映させるための具体的な手立てについても検討していく必要がある。

　ICF関連図を作成する際に，本人自身も作成に関与する取り組みをとおして，自分の障害，つまり，どのようなことが活動の制限や参加の制約を生じ

させているのかを理解することで，自分の障害特性に関する理解を深めていくことができる。

「本人の願い」に基づく支援内容及び支援方法の具現化を図るために，ICF関連図作成時に本人が参画することにより，本人及び支援者双方にとっての「願い」から導き出された目標の共有が図られ，お互いのその後の学習や指導に有効である。

（2）本人の願いの把握

本人とともにICF関連図を作成する第一歩は，本人から思いを聞き取ることである。まずは，将来の夢，そして今どのようなことがしたいのか，できればいいと思っているのかなどを聞く。次に学習や生活で得意な面をきちんと評価した上で，困っていること・苦手なことについて自己評価してもらうことが大切である。そうすることによって，自分の「ああなりたい」，「こうありたい」に基づく学習や家庭生活，学校生活，地域生活等での行動について具体的な目標設定につながることが期待できる。そして，自分が目標を立てることによって，その達成のために周囲から受ける支援を受け止めやすくなる。

ICF関連図の構成要素の一つである「活動・参加」に着目し，「本人の願い」と関連付けて検討することは，難しいとされる願いの把握や願いを引き出す一つの方法である。

（3）本人のICF関連図作成への関与

ICF関連図を作成するにあたって，本人に，「これからする学習は，あなたの得意なことや不得意なことを確認しながら，将来の夢に向かってどのように生活していけばよいかを考えることである。」と作成の意味を伝える。

関連図の枠を示し，「社会で生きている私たちは，人として生きていること（心身機能・身体構造），自分が活動していること（活動），人間として社会参加し

ていること（参加），そして自分の環境との関係がある。」と説明する。そして，本人の願いや思い（主観），自分の行動や課題について話し合いながら，それぞれの項目について書いていく。

最後に，それぞれの関連性についても説明し，目標や支援について一緒に考えていくとよい。

(4) 自己理解への活用

ICF 関連図作成に本人が参画することは，本人による課題意識の明確化，環境調整（支援を求めること）の認識化を図ることができ，最終的には自己理解にもつながるものだと考えられる。

ともすれば，指導や支援は第三者による一方的な問題意識の伝達や目標設定になりがちであるが，それは問題解決においても本人にとっての「なぜ，何のため」といった必然性を認識するための手続きが不十分である場合が多いためだと考える。また，本人が環境側に働きかけ，解決する機会や方略（ストラテジー）を学ぶ機会の不足等によって，結果として失敗経験となり，自己肯定感や意欲の低下につながってしまうことが少なくないのが現状である。本人による障害理解，課題の整理，そして自分なりの目標設定と周りから受けられる支援について理解が進むと，本人なりに安心して活動・参加していくことができる。さらに，本人による振り返りの機会を設定し，支援策についても調整・再検討しながら丁寧に支援していくことで，本人の自己理解とキャリア発達が期待される。

第二節　研究 2-2「自閉症生徒のライフプラン構築に関する研究」

1　はじめに

特別支援学校高等部を卒業し，一般企業に就労する生徒は，全国平均で約

30％となっている。宇都宮新卒応援ハローワーク (2014) によると, 栃木県立特別支援学校高等部卒業者 (就職者) の離職状況は, 2010年度は23.6％, 2011年度は4.4％, 2012年度は12.1％, この3年間の平均は13.4％となっている。このように, 一般企業に就労しても, すぐに止めてしまうケースも多くみられる。このような状況から, 特別支援学校高等部卒業後の職業生活を支えるためにもQOLを保証していく支援作りが求められている。具体的には, 継続就労に向けた社会生活における生きがいづくりや余暇支援, 仲間作り等が主な内容となっている。

継続就労をしていくためには, 働きながら生活を楽しむことができるといったように, QOLを高めていくことが必要である。そのために, 自分の将来設計について見通しをもたせるような就労移行支援モデルを検討していく必要がある。また, 個別の教育支援計画の中にも本人のライフプランを支援する内容を盛り込む必要がある。

島田ら (2013) は, 生涯教育プログラムに参加した知的障害者を対象に, 10年後の自分を想定したライフプランに関するアンケート調査を行い, 実態把握を試みている。この結果によると, 将来への意見聴取に関して7割近くの者が「聞いて欲しい」と回答しており, 個別支援計画を策定していく上でPerson-Centered Planning (本人主体の計画) の重要性が認識された。また, 6割以上が将来への不安を感じており, 仕事に関しては加齢による影響が出たとしても働き続けられる多様な雇用形態が必要であるとしている。さらに, 援助者に関しては, 複数の信頼できるキーパーソンや機関をもつことの必要性を報告している。しかし, 自閉症者のキャリアプランを含む人生設計, 自己選択, 自己決定の支援に関する研究ははばみられない。

今回は, 知的障害特別支援学校高等部生徒を対象に, キャリアプランを含む人生設計に関する事例研究を行い, 今後求められる支援の在り方について検討することを目的とした。

2 結果

事例 15

1 対象生徒の実態及び特性

対象生徒は，知的障害特別支援学校高等部3年カズ（仮名）男子。言葉による指示を理解し，正確に行動に移すことができるが，語彙が少ないため言いたいことを的確に伝えることができない場面がみられる。進路は一般企業就労を希望している。

WISC-Ⅲの検査結果（実施時15歳4ヶ月）は，全検査IQ41，言語性IQ47，動作性IQ47であった。群指数では，言語理解と知覚統合が相対的に低い傾向を示している。このことから，分からないことや自分の気持ちを言葉で説明できず，周囲の人から誤解を受けやすいことや，位置や方向，場所を間違える等の場面において支援が必要である。

2 手続き

高等部1～3年の現場実習事後学習において，ライフプランシートの作成を行った。

3 結果

（1）高等部1年

作成したライフプランシートをTable 141に示す。

高等部1年では，卒業したら製品を並べる仕事やハンバーグを繰り返し焼く仕事など，現場実習で経験した職種や事業所に就職し，運転免許も取得したいという希望を挙げていた。また，家庭では，趣味の料理や家族での旅行などをしたいといった希望も挙げることができていた。さらに，結婚して赤ちゃんが欲しいという希望や，50歳の時は学校の先生になりたいという希望も挙げていた。

Table 141 ライフプランシート

	20歳	30歳	40歳	50歳	60歳〜
仕事	・18歳就職 ・ねじの仕事 ・検査の仕事		・働きたい ・貯金	・学校の先生になる ・長生き	
家族	・給料で母親にバックをプレゼント ・家族旅行に連れて行く 　　　　　　・結婚				
趣味	・キャンプに行く（N県，T県） ・大型ホームセンターに行く ・弁当を作る ・中華料理を作る ・スマホ購入				
社会活動	・卓球クラブ（週一回，居住地） ・出身中学校に行く ・弟の学校の行事に参加				
スキル	・自転車で通う ・原付で通う・運転免許取得できたら車で通勤				
友達	・学校の先輩とカラオケ ・遊園地に行く ・友達と旅行 ・友達と料理				

（2）高等部2年

　高等部2年では，高等部卒業後の進路の方向性が固まってきたこともあり，S航空機部品製造会社でばねを製造する仕事やPH測定の仕事をしたいと，職務内容を具体的に記入することができた。

（3）高等部3年

　作成したライフプランシートをTable 142に示す。

　高等部3年では，現場実習で担当した仕事内容をしっかり身に付けて，自信をもって取り組めるようになりたいという意欲が芽生えてきた。また，対

第四章　研究2「自閉症生徒への就労移行支援に関する研究」結果　257

Table 142　ライフプランシート

	20歳	30歳	40歳	50歳	60歳～
仕事	・残業，土曜出勤 ・60歳までは働きたい ・工場ブロック内の仕事			・民生委員の仕事 ・貯金	
家族	・弟の進学が心配 ・仕事があって一緒にいられない		・結婚		
趣味	・キャンプ・卓球 ・後輩とカラオケ ・弁当を作る ・スマホ購入・後輩とゲーム				
社会活動	・出身高校のボランティアに行く ・弟の学校の行事に参加 ・卓球に参加				
スキル	・検査の仕事・自動機の仕事 ・フォークリフトの免許 ・原付で通う・運転免許取得できたら車で通勤				
友達	・職場の先輩 ・学校の先輩とバーベキュー ・遊園地に行く ・友達と旅行 ・友達と料理				

人スキル面では，仕事でどうしてよいか分からない時に，勝手に進めないで，自分から聞いて確認するスキルを身に付けることができた。

　学校の先生になりたいという希望は，家族の助言により地区の民生委員の仕事に変わった。家族をもつことへの希望は変わらずもっており，そのための準備として貯金をするようになった。また，趣味の一つとしてスマホを使用し，後輩とのメールやゲームでの交流を楽しんでいる。

　地域では，週一回卓球クラブでの活動を続けており，交流の生まれたお年寄りの方の話を聞く仕事をしたいという希望をもっている。取得したい資格

については，自動車運転免許からフォークリフト運転免許に変更となった。

4 考察

ライフプランシートの作成をとおして，自分自身の働く姿や毎日の生活等を具体的に検討することができた。また，本人は，現場実習を実施した事業所に就職予定であるが，今後，安定した職業生活を送るために必要となるスキルを確認し，在学中に身に付けることが課題である。

事例16

1 対象生徒の実態及び特性

対象生徒は，知的障害特別支援学校高等部3年リョウスケ（仮名）男子。家族構成は，父親，母親，妹，弟の5人家族である。幼稚園では，一人だけ違う行動をすることが多くみられた。5歳時に，医療機関にて自閉症の診断を受け，療育手帳（B2）を取得した。

小学校では，入学当初，通常の学級に在籍したが，多人数の中での指示理解が難しく2年時より特別支援学級に在籍となった。健康状態は良好で，水泳と合気道が趣味である。また，読書が好きで歴史物や雑学系の文庫本などを読んだりして休憩時間を過ごすことができる。さらに，スマートフォンを活用し漢字の字形の検索やメモ機能を活用することができる。高等部卒業後は，ヘルパー2級の資格取得や一人暮らしを考えている。

WISC-Ⅳの検査結果（実施時16歳10ヶ月）は，全検査IQ64，言語理解74，知覚推理63，ワーキングメモリー89，処理速度64であった。

2 手続き

年間3回実施している現場実習の事後学習において，ライフプランシートの作成を行った。

3 結果

(1) 高等部1年

作成したライフプランシートを Table 143 に示す。

Table 143　ライフプランシート

	20歳　30歳　40歳　50歳　60歳～
仕事	・保育園 ・高齢者の介護　・何歳まで自分が働けるのか分からない
家族	・親が先立った時のことへの不安
趣味	・
社会活動	・
スキル	・マッサージ師の資格 ・フォークリフト・運転免許・原付免許等の資格
友達	・

　将来の仕事に関しては，保育園や高齢者介護等の職種を挙げ，「利用者本人や周囲にかなり気を遣う。でもやりがいがある。」と話していた。また，何歳まで自分が働けるのか分からないなどといった今後の見通しや親が先立った時のことへの不安なども挙げていた。

　スキル面では，フォークリフトや運転免許，原付免許等の資格取得を考えている。

(2) 高等部3年

　作成したライフプランシートを Table 144 に示す。

　仕事に関しては，高齢者デイケアセンターにて現場実習を重ねてきたこともあり，利用者の方に喜ばれるような関わり方について自分で考えることができるようになってきている。接客の職種を希望しており，公共職業安定所より紹介されたカフェチェーン店で現場実習を行ったが，「若い時しか働けない。」という感想を述べていた。また，「学校で座って勉強していると睡魔

Table 144 ライフプランシート

	20歳	30歳	40歳	50歳	60歳〜
仕事	・高齢者の介護（利用者の方に喜んでもらう） ・人と関わる仕事をしてみたい ・貯金				
家族	・家族を大切にする ・父親の仕事の手伝いをする ・家族と会話する時間を大切にする ・一人暮らし				
趣味	・水泳，軽い運動 ・読書（歴史物が好き） ・スマホでゲーム				
社会活動	・合気道				
スキル	・ヘルパー2級資格 ・原付免許資格				
友達	・メールでの連絡 ・自転車で一緒に出かける				

が襲ってくる。立って動く仕事がよいと思う。」と話し，自分の特性について理解を深めることができた。さらに，貯金に関して関心をもつこともできている。家族については，今の時間を大切にしたいという思いが感じられる。趣味に関しては，「給食の時間に学んだことを発表しているが，デイケアセンターでも話題を選んで話しているので練習になる。」ということであった。

　今回の実習では，「利用者の方と目線を合わせること，笑顔，気配り。」における課題点を伝えられていたので，その点についてスキルを身に付けることができた。

4　考察

　3年時に作成したライフプランシートをみると，1年時には記入してなかった，趣味，社会活動，友達の各項目に，具体的な内容が挙げられていた。

また，その他の項目についても内容の深まりがみられている。

　以上のように，現場実習での取り組みや現場実習中の家庭や職場における生活等を検討することにより，自分自身の将来像について明確にすることができたと考える。

3　小考察

　ASD生徒は，実習先の事業所で働いている自分のイメージ，働き続けて年齢を重ねるイメージがもちにくいなど，自分に向いている職種について，本人自身が自覚しにくいという特性をもっている。

　また，キャリア教育計画の中に，生活設計等の学習内容が含まれていることが多いが，今後は，現場実習の事前事後学習を活用し，現場実習の前と，実施した後の変容なども検討する必要がある。

　さらに，ライフステージに応じた組織的支援が重要であるので，移行期における進路指導担当教員を中心としたアフターケアのみならず，ジョブコーチ，障害者就業・生活支援センター等との連携による支援や，地域における就労支援組織による包括的な支援の充実が望まれる。

第五章　総合考察

第一節　TTAPの有効性

　今回の研究において，自閉症の特性や長所を取り入れた検査であるTTAPを活用し，主に現場実習における支援を中心としながら進めてきた。

　始めにTTAPフォーマルアセスメントの活用では，3尺度からのアセスメントを行うことで，異なった状況における行動の様子を把握することができる点が有効であるということが挙げられる。それぞれの尺度をチェックする人は異なり，行動の捉え方や視点によって差が出ることも考えられるが総合的にその生徒を捉えることができると考える。また，尺度間に大きな差異がみられた場合は，指導内容を見直すきっかけになると考える。例えば，家庭尺度と学校／事業所尺度で大きな差があった場合，両者で一貫性をもった支援が行なわれていないということも考えられるので，その獲得しているスキルを般化させる支援が必要であると思われる。つまり，各環境下での行動の様子からそれぞれの場面での支援について検討する資料として活用できると考える。

　次にTTAPインフォーマルアセスメントの活用では，現場実習の記録を取ることで，実習の内容や課題となった仕事などのデータを集めたり，実習期間での成長と獲得できたスキル及び獲得できなかったスキルを把握したりすることができた。TTAPインフォーマルアセスメントを日々記録していくことでスキルの向上を知ることができ，さらにまだ獲得できていないスキルに着目して指導していくための有効な資料となると考える。

　また，TTAPインフォーマルアセスメントにおいては，実習をとおしての

芽生えの部分を次回の実習までの目標とすることはもちろんのこと，TTAPインフォーマルアセスメントを実習の始まりに行うことで，初めての仕事内容においてどのようなことができて，できないことは何なのかということを把握することができる。そして，それをもとにできない職務内容をどうやったらできるようになるのかを考えていくことが教員には求められる。巡回指導の際，行動観察するだけでなく，具体的にできるスキルとできないスキルを記録として残していくことで，巡回に来たどの教員に対しても共通理解を図ることができる資料となるのではないかと考える。

　普段の学校生活の中では問題なく行われているような行動でも実際の就労現場では適切でないことがある。般化が難しいのがASDの特性であるように，TTAPフォーマルアセスメントで合格となったことも実際の就労現場への応用ができないことがある。このことから普段とは異なる状況での行動や普段行っていることの般化をみる意味でもTTAPインフォーマルアセスメントに意義があると考える。また，TTAPフォーマルアセスメントでは限られた環境での様子しかみることができないが，TTAPインフォーマルアセスメントは，日々の実習の中でチェックを行うことで成長の様子をみることができる。よって，成長をみながら指導内容を変えていける生きたアセスメントであると考える。TTAPフォーマルアセスメントをもとに，TTAPインフォーマルアセスメントを行うことで生徒の様々な状況における適切な指導を考えていくことができると考える。

　特別支援学校における現場実習は，高等部生徒の進路希望実現に向けた支援を行うために，進路指導の中でとても重要な柱の一つとなっている。現場実習の前段階では，本人が希望する実習先で必要とする力が本人に備わっているかを把握し，本人のもっている力を実習先に伝える必要がある。また，現場実習中は，現場実習先の巡回指導で，その職場の職務を分析するとともに，本人が実習を円滑に行えるように支援をすることが必要である。現場実習終了後の評価は，企業の視点からみたものであり，今後の進路指導におい

て貴重な資料となる。具体的には，実習先の評価を分析し個別の進路指導を進める上で新たな課題をみつけ，その解決に向けた支援内容を明確化することになる。これらの現場実習の一貫した学習の中にTTAPを活用していくことはとても有効である。

第二節　TTAPインフォーマルアセスメント（DAC）について

　2～3週間の現場実習時に教員は，生徒の取り組みの様子を観察し，担当者からの話を聞くなど，適切な支援へとつなげるために巡回指導を行っている。巡回指導時に毎回TTAPインフォーマルアセスメント（DAC）を記録するが，生徒の芽生えの部分に集中しながら，すべての領域をみるために短い巡回指導時間では難しさがある。また，TTAPインフォーマルアセスメント（DAC）は生徒の現場実習での情報を教員間で共有できることが分かったが，評価については教員間で差がみられることもあるので，合格，芽生え，不合格の評価の基準をあらかじめ定め，評価を妥当性のあるものに工夫していく必要があるだろう。それでも，無理な場合は，実習の事前の打ち合わせの段階で，教員がTTAPインフォーマルアセスメント（DAC）の評価フォームを実習の担当者に渡し，教員が実習先に行くことができない日の生徒の評価を，教員の代わりに実施してもらうなどの取り組みを行う必要があると考えられる。その際も，現場実習の担当者と綿密に話し合い，評価の基準を統一しておく必要がある。

　TTAPインフォーマルアセスメントの活用方法は以下のとおりである。

　①始めに1回目のTTAPインフォーマルアセスメント（CSAW）を実施し，現場実習時における工程を洗い出し，それに対する評価を行う。そこで，芽生えの項目を取り出す。

　②毎日の実習時に，TTAPインフォーマルアセスメント（DAC）の記録を取り，特に芽生えの項目についての状況等を確認する。

③実習終了時に，現場実習の振り返りを行い，実習の始めと終わりとでどのくらいスキルを獲得したか，また，芽生えの項目がどのように変化をしたかをみる。

以上のような流れで記録を取る。

TTAPでは，まず始めに現場実習先でTTAPインフォーマルアセスメント（CSAW）を実施し生徒の実習先での評価を行う必要があるが，教員間では，「事前の訪問はすべきであると思うが，授業を抜けていくことは難しい場合がある。」という意見も出されていた。もし，担任教員が事前に訪問することが難しい場合には，進路指導担当教員や代わりの教員等が実習先に行くことで，TTAPインフォーマルアセスメント（CSAW）を実施することができるのではないかと考えられる。

現在は，TTAPインフォーマルアセスメント（DAC）を活用し，毎回の巡回記録を取っているが，巡回指導1回に付き1枚の評価フォームを記録することになっている。現場実習終了後に現場実習のまとめとして1枚にまとめるのだが，どのようなスキルを獲得したのかという点については曖昧差がみられる。

上記のような課題がみられたので，生徒の芽生えの項目に支援を集中できるようにTTAPインフォーマルアセスメント（DAC）を修正した。

TTAPインフォーマルアセスメント（DAC）修正版をTable 145に示す。

この修正版では，合格している項目に関しては特に記入せず，新しい仕事や工程など記入すべき点が出た時点で記入する。この様式を取り入れることで，巡回指導時における支援のポイントや，次回巡回に行く教員との共通理解を図る内容等について，精度を上げることができるのではないかと考える。

Table 145 TTAPインフォーマルアセスメント（DAC）修正版

実習内容	期日	評価	構造化／設定・手立て	コメント
職業スキル ・シール貼り ・シール貼りと束ね ・袋へのシール貼り	6/24 7/2	P P	・見本 ・洗濯ばさみ	・正しい位置に貼られた見本のシールの上に袋を重ねて正確に貼ることができていた。 ・「むかしつくり」のシールを袋に貼る作業を担当していた。シールが貼ってある完成品（見本）に袋を合わせ，それを二つの洗濯ばさみで止めて，その上から見本に合わせてシールを貼ることができていた。
職業行動／自立機能 ・注意の受け入れ ・指示の受け入れ 　・文章や写真による合図により示された訂正を受け入れる 　・言葉や人による合図により示された訂正を受け入れる ・仕事への集中力 ・起床時間	6/24 6/25 6/26 7/3	EL P EH P	・見本と訂正部分の比較 ・担当者の言葉かけ	・歯ブラシをもって歩いていたため，注意を受ける。注意が受け入れられず大きな声を出す。 ・見本の呈示により，シール貼りの訂正を認めることができた。 ・担当者の言葉かけに反応し,「僕まちがってないよ」，「やり直さないよ」と繰り返す。 ・作業中におしゃべりもなく，集中して取り組むことができている。 ・毎日6時30分に起き，生活のリズムは安定。
余暇スキル ・昼食	6/25 7/3	P P		・歯磨き後，椅子に座り，ゲゲゲの鬼太郎を聴きながら，CDをみて過ごしていた。 ・他の利用者と一緒に取ることができている。
コミュニケーション ・他の利用者との関わり	7/3	E		・他の利用者が本人との関わりを暗黙ではあるが学び始めたようである。
対人スキル ・支援者から他の利用者への注意 ・パニック ・ミスの指示への対応	7/3 7/3	E EH P		・周りの人が支援者から受ける注意に対しては，あまり気にすることが無くなってきている。 ・本人の泣き声に対して他の利用者が「赤ちゃんみたいな鳴き方だな」というと，「僕，赤ちゃんじゃないよ,18歳だよ」と答えていたようである。 ・箱折り等で不良品を指摘すると，自分じゃないとして，指摘を受け入れることができない。

P（Pass）=合格　EH（Emerge High）=高い芽生え　EL（Emerge Low）=低い芽生え
F（Fail）=不合格　NM（Not Measured）=検査されていない

第三節　現場実習事後学習における学習内容

　現場実習は，年間3回実施されている。その際，TTAPフォーマルアセスメントの結果とTTAPインフォーマルアセスメント（CSC）の結果とを併せ，現場実習先を選定している。

　現場実習時はTTAPインフォーマルアセスメント（DAC）を記録し，芽生えを確認する。次に芽生えの項目を中心に，自分が身に付けなければならないスキルを確認し，そのスキルを在学中に獲得することを目指し，事後学習に取り組んでいく。

　高等部の授業では，現場実習事後学習において，①実習の反省，②自分のできたこと，できなかったこと，③自分が次に向けて頑張る点，④次の実習に関する内容，⑤自己理解に関する内容，⑥実習先への礼状書き等を学習している。

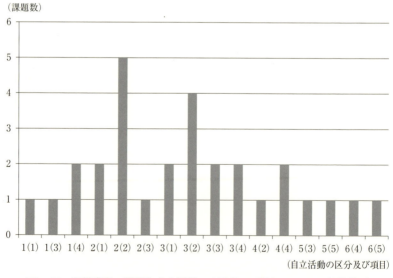

Fig. 32　現場実習の課題と自立活動の6区分26項目についての比較検討

この事後学習の中に，現場実習中に身に付ける必要があるスキルについて，学ぶことができる授業内容を検討していく必要がある。

現場実習の課題と自立活動の6区分26項目について比較検討した結果をFig.32に示す。

以上，TTAPインフォーマルアセスメント（DAC）の結果からみた現場実習の課題と自立活動の6区分26項目について比較検討を行った。このことから，自立活動の，1健康の保持（1），（3），（4），2心理的な安定（1），（2），（3），3人間関係の形成（1），（2），（3），（4），4環境の把握（2），（4），5身体の動き（3），（5），6コミュニケーション（4），（5）の区分と内容項目を意識しながら指導を行うことが必要である。

文部科学省（2014）は，初等中等教育における教育課程の基準等の在り方について（諮問）の中で，自立活動の充実についてTable 146のように述べている。

Table 146 初等中等教育における教育課程の基準等の在り方について（諮問）

・障害者の権利に関する条約に掲げられたインクルーシブ教育システムの理念を踏まえ，全ての学校において，発達障害を含めた障害のある子供たちに対する特別支援教育を着実に進めていくためには，どのような見直しが必要か。

・その際，特別支援学校については，小・中・高等学校等に準じた改善を図るとともに，自立と社会参加を一層推進する観点から，自立活動の充実や知的障害のある児童生徒のための各教科の改善などについて，どのように考えるべきか。

（中央教育審議会，2014）

特別支援学校における検討事項については，上記のように述べられており，検討されていくものと思われるが，さらに現場実習での課題を教育課程の中にどのように位置付けていくのか検討する必要がある。

第四節　TTAPを活用した現場実習協力事業所との連携

1　サポートカードの作成（現場実習前の取組）

　現場実習先が決まると，実習先の担当者及び職員の方々に対象生徒のことを理解していただく目的で，サポートカードを作成している。このサポートカードの中に，TTAPフォーマルアセスメントの結果を解釈した内容を含めることで，事業所側と共通理解を図ることができる。具体的には，①「自分の特技，特性」の欄に，強みの部分，②「課題」の欄に，芽生えの部分，③「こんなサポートがあれば」の欄に，芽生えに対する具体的な支援方法，等を記入する。

　サポートカードの例をFig.33に示す。

　このようなサポートカードを作成することにより，TTAPフォーマルアセスメント結果について，共通理解を図ることができると考える。

2　現場実習中に記録するTTAPインフォーマルアセスメント（DAC）の内容の共通理解（現場実習中の取組）

（1）現場実習ノートの活用

　現場実習中には，現場実習ノートを作成し，そこには，学校，家庭，事業所が，毎日の様子を記入するようになっている。実際の記述をみると，①本日の業務，②挨拶，等が中心である。この現場実習ノートを検討し，巡回教員が記入したTTAPインフォーマルアセスメント（DAC）の内容を記入していくことで，家庭や事業所との共通理解を図ることができる。

（2）事業所実習担当者によるTTAPインフォーマルアセスメント（DAC）の活用

　現場実習の事前の打ち合わせの段階で，教員がTTAPインフォーマルア

サポートカード
A大学教育学部附属特別支援学校　高等部3年

氏名　＿＿＿＿＿＿

自分の特技、特性
- 真面目です。
- 細かい作業を、長時間続けることができます。
- 周囲への気配りができ、自分から行動することができます。
- ピアノを弾いたり、バドミントンをしたりすることが好きです。
- 心臓に負担がかかる激しい運動は、医師より禁止されています。
- 自転車やバスで通学することができます。

課題など
- 時折ケアレスミスがみられるので、作業を終了したあと間違いがないか確認をすることです。
- 緊張しやすく、自分の気持ちを抑えてしまい、ストレスを溜めてしまうことがあるので、自分の気持ちを素直に話すことです。

こんなサポートがあれば

- 作業が正しく行えているかどうか、時折確認していただけると、ありがたいです。
- 環境に慣れるまでは、スタッフの方から話しかけていただけると、安心して仕事をすることができます。

実習の目標
■ 仕事が終了した後、必ず自分で確認作業を行ってから報告し、時間内に終わらせることができる。
■ 状況に合わせて効率よく仕事をし、やり方など判断に悩むことがあった場合には、すぐに担当者に質問をすることができる。

Fig. 33　サポートカード

セスメント (DAC) の評価フォームを実習担当者に渡し，教員が実習先を巡回できない日の生徒の評価を，教員の代わりに実施してもらうなどの取り組みを行う必要があると考えられる。その際も，実習担当者と綿密に話し合い，評価の基準を統一しておく必要がある。また，TTAPインフォーマルアセスメント (DAC) の評価フォームを実習担当者が記入しやすくするなど，様式の検討も必要である。

3　現場実習反省会（現場実習中の取組）

　現場実習の最終日に，2～3週間の現場実習への取り組みの様子を振り返り，事業所の担当者より評価をいただく実習反省会を実施している。具体的には，実習の評価票を担当者の方に記入していただき，その評価をもとに話し合いを行う。参加者は，対象生徒，保護者，事業所担当者，学級担任，必要に応じて進路指導担当教員である。

　反省会では，実習への取り組みについての感想や，実習が始まる前に学級担任が作成した個別目標の達成状況等について話し合いがなされるが，この際に，現場実習中に実施した，TTAPインフォーマルアセスメント (DAC) の記録からみえてきた芽生えの項目，そして獲得できたスキル等，TTAPインフォーマルアセスメント (DAC) の内容を含めた反省会になれば，実習中の課題や，今後身に付けなければならないスキル等について，学校，家庭，事業所と共に確認ができるのではないかと考える。また，TTAPフォーマルアセスメントやTTAPインフォーマルアセスメント (DAC) の結果等を含めた話し合いになると，現在の課題や今後の支援の方向性等について共通理解を図ることができると考える。

4　個別移行支援計画の作成（現場実習終了後の取組）

　高等部卒業後の就労に向けて，1～3で述べた取り組み内容を含めた個別移行支援計画の作成が必要である。現場実習における取り組みの様子を確認

Table 147 TTAP活用のガイドライン

TTAPを用いた移行支援（TEACCH版）	知的障害特別支援学校高等部活用例
1 インフォーマルな面接や観察をとおして生徒について知る　照会目的は何か？	1 4月 ・高等部入学生を対象とした進路希望調査の実施
2 TTAPのフォーマルアセスメントの実施 ・直接観察尺度，家庭尺度，学校／事業所尺度の実施 ・※報告書作成のポイント（照会目的に応える・現在の機能レベル・助言）	2 5月 ・高等部入学生の一般就労希望生徒全員に対してTTAPフォーマルアセスメント及びTTAPインフォーマルアセスメント（CSC）の実施　現場実習先の選定
3 関係者によるIEPミーティングの開催 ・移行プランの作成 ・目標達成のための支援者の側の責任の確認	3 6月 ・第Ⅰ期現場実習（①CSAW，②DACの実施）
4 インフォーマルなアセスメント ・年間3～4ヶ所で実習 ・1ヶ所あたり6～12週間 ①CRS（クライエントが現在もっているスキルの見極め） ②CSAW（実習開始前） ③DAC ④CSAW（実習終了後） ⑤CRS（クライエントが新たに獲得したスキルの追加）	4 7月 ・進路懇談会の実施（①CSAW，②DACの結果を参考に各関係機関との共通理解を図る） 5 11月 ・第Ⅱ期現場実習（①CSAW，②DACの実施） 6 1月 ・第Ⅲ期現場実習（①CSAW，②DACの実施）
5 移行プログラムの目標再設定のためのIEPミーティングの実施	7 2月 ・個別懇談（①CSAW，②DACの結果を参考にする） ・個別移行支援計画の作成（TTAPフォーマルアセスメント，TTAPインフォーマルアセスメント，及び現場実習時の様子等も含める）
6 学校教育卒業／インフォーマルアセスメントの実施 ・スキルの累積記録（CRS）を次の支援機関に送る	8 3月 ・次学年及び就労先への引継ぎ

し，そこでの課題や身に付ける必要のあるスキルを，事後学習や他の授業等においてどのくらい獲得できたかという点も含めた内容にしていく必要があると考える。

第五節　TTAP 活用のガイドライン

TTAP 活用のガイドラインを Table 147 に示す。

以下に，知的障害特別支援学校高等部において，TTAP を活用するにあたっての例を示す。

1　4月

高等部入学生を対象とした進路希望調査を実施する。まだ，進路の方向性が十分確定していない生徒が多くみられるが，現時点での希望として一般企業あるいは福祉事業所等の希望を確認する。

2　5月

高等部入学生の一般就労希望生徒全員に対して TTAP フォーマルアセスメントを実施し，生徒の強みについて確認をする。また，TTAP インフォーマルアセスメント（CSC）（宇都宮大学教育学部附属特別支援学校版）を実施し，現在獲得しているスキルを確認し，適切な職種への現場実習につなげる。

なお，現場実習時に，事業所や担当者との共通理解を図る目的でサポートカードを作成しているが，この際，TTAP フォーマルアセスメントから得られた，生徒の強みや移行支援に関する方向性などを十分に反映する必要がある。

3　6月

第1期現場実習を実施する。事前にサポートカードを活用し，事業所や担当者との打ち合わせを行い，生徒の強みや移行支援に関する方向性などを確認する。

現場実習中に，TTAP インフォーマルアセスメント（CSAW）及び（DAC）

を実施する。
　TTAP インフォーマルアセスメント（CSAW）を現場実習初日に実施し，見出された高い芽生えレベルの項目を，TTAP インフォーマルアセスメント（DAC）に転記する。その転記した項目を中心に目標を設定し，巡回指導時に支援を行う。
　現場実習反省会では，TTAP インフォーマルアセスメント（DAC）の項目を中心に，達成状況及び課題等について事業所側と共通理解を図る。
　現場実習事後学習にて，生徒本人と一緒に，TTAP インフォーマルアセスメント（DAC）の項目やサポートカードの内容等について確認をする。

4　7月
　進路懇談会の実施。この際，TTAP フォーマルアセスメント結果から，生徒の強みや構造化の方略等について各関係諸機関と共通理解を図る。また，現場実習中に実施した TTAP インフォーマルアセスメント（CSAW）及び（DAC）の結果をもとに，目標及び支援方法の確認と今後の進路の方向性について検討する。

5　11月
　第2期現場実習を実施する。事前にサポートカードを活用し，事業所や担当者との打ち合わせを行い，生徒の強みや移行支援に関する方向性などを確認する。
　現場実習中に，TTAP インフォーマルアセスメント（CSAW）及び（DAC）を実施する。
　TTAP インフォーマルアセスメント（CSAW）を現場実習初日に実施し，見出された高い芽生えレベルの項目を，TTAP インフォーマルアセスメント（DAC）に転記する。その転記した項目を中心に目標を設定し，巡回指導時に支援を行う。

現場実習反省会では，TTAPインフォーマルアセスメント（DAC）の項目を中心に，達成状況及び課題等について事業所側と共通理解を図る。

現場実習事後学習にて，生徒本人と一緒に，TTAPインフォーマルアセスメント（DAC）の項目やサポートカードの内容等について確認をする。

6　1月

第3期現場実習を実施する。事前にサポートカードを活用し，事業所や担当者との打ち合わせを行い，生徒の強みや移行支援に関する方向性などを確認する。

現場実習中に，TTAPインフォーマルアセスメント（CSAW）及び（DAC）を実施する。

TTAPインフォーマルアセスメント（CSAW）を現場実習初日に実施し，見出された高い芽生えレベルの項目を，TTAPインフォーマルアセスメント（DAC）に転記する。その転記した項目を中心に目標を設定し，巡回指導時に支援を行う。

現場実習反省会では，TTAPインフォーマルアセスメント（DAC）の項目を中心に，達成状況及び課題等について事業所側と共通理解を図る。

現場実習事後学習にて，生徒本人と一緒に，TTAPインフォーマルアセスメント（DAC）の項目やサポートカードの内容等について確認をする。

なお，就労が決定している生徒に関しては，第3期現場実習の巡回指導時に，地域障害者職業センターや地域障害者就業・生活支援センター等の各関係諸機関職員と同行し，本人の様子等を伝えるなど，移行支援に向けた取り組みを併せて実施する。

7　2月

個別懇談の実施。また，TTAPフォーマルアセスメント及びTTAPインフォーマルアセスメント（CSAW），（DAC）の結果を参考にして，個別移行支

援計画を作成する。この際に，現場実習の取り組みの様子や，進路懇談会時の各関係諸機関からの助言等も併せて作成の参考にする。

8　3月
　次学年及び就労先への引継ぎ。

　以上が，知的障害特別支援学校高等部におけるTTAP活用のガイドラインである。
　なお，TTAPを用いた移行支援（TEACCH版）においては，「3　関係者によるIEPミーティングの開催」，「5　移行プログラムの目標再設定のためのIEPミーティングの実施」等，移行プランを作成し支援者側の責任の確認等をする目的で，ASD生徒に関わる各関係諸機関が集まるなどミーティングの充実を図っている。これらのことから，知的障害特別支援学校においても，個別移行支援計画の作成時に，各関係諸機関との積極的な連携が求められると考える。

第六節　自己理解を深める支援の必要性

1　生徒の実態把握
　生徒の実態把握については，より多面的・総合的に行うことができるようになったことが挙げられる。これまでは，生徒の障害状況や発達段階，能力の程度を把握し，「できる」，「できない」といった一元的な捉え方をしてしまうことが多かった。しかし，ICF関連図を作成することで，生徒の状態や状況をICFの枠組みに基づいて把握し，構成要素間の相互作用をみるという視点が教員間に浸透した。すなわち，「心身機能・身体構造」，「活動」，「参加」の「生活機能」との関連で生徒の障害を把握すること，さらに「個人因子」や「環境因子」との関わりなども踏まえて，今，生徒はどのような状態や状

況なのかを把握すること，またその状態や状況を「自分の力で行っていること」，「指導すればできること」，「環境を整えればできること」等に分類すること等，が共通理解された。

　また，生徒自身が教員と一緒に「実習関係 ICF 関連図」を作成する試みにおいて，実習に関する自分の状態や状況を ICF の項目の中で整理し把握することで，自分の障害特性についての理解が深められ，具体的に必要なサポートや，自分の将来についてよく考えたりするなど，自分の得意なことや課題となることを冷静に捉える機会になった。

2　個別の教育支援計画の目標設定

　個別の教育支援計画の目標設定においては，社会参加の視点や本人のニーズを一層重視することができた。それは，ICF の考え方が社会参加や個人の尊厳を重視しているからと考えられる。ICF 関連図に基づいた実態把握から，生徒一人一人の将来の生活像に焦点を当てた，目指す「参加」の姿を意識した目標を設定するようになった。また，学習や生活をする上で「参加」を阻害している困難を改善・克服するための目標を設定したり，「個人因子」や「主体・主観」を重視して「参加」を促進する達成感や充実感を引き出す目標を設定したりすること等を意識して行うようになった。このことにより，生徒がより主体的に生き生きと日々の生活を送るための的確な目標設定ができたと考える。

3　連携の充実

　各関係諸機関との連携の充実を図ることができたことが挙げられる。教員間で ICF 関連図を活用し，環境を含めた生徒の「活動」や「参加」の制限や制約はどのように生じているのかを分析したり，本人のニーズを大切にし，本人がこうなりたいという将来の生活像を見据えてどのような支援が必要かを検討したりすることができた。また，本人を取り巻く環境に目を向け，よ

り効果的な環境の整え方や，家庭や関係諸機関とどのような連携が可能なのかを検討することができた。さらに，連携に必要な情報を共有したり，どの場面で，誰がどのような支援を実施するとよいのか等の役割分担を考えたりすることもできた。

第七節　ライフプラン

　現場実習の事後学習時にライフプランシートを活用し，自分自身のライフプランを設計する実践を行った。現場実習の直後にライフプランシートを作成したので，現場実習への取り組みの実際や実習中の毎日の生活から，自分自身の職業生活について考えを深めることができたと思われる。また，ASD生徒は，実習先の事業所で働いている自分のイメージ，働き続けて年齢を重ねるイメージがもちにくく，自分に向いている職種について，本人自身が自覚しにくいという特性をもっているが，今回の実践のように，現場実習で自己理解が深まっている時に，ライフプランを設計することができたので，自分自身の将来像についてイメージしやすかったのではないかと思われる。

　知的障害特別支援学校におけるキャリア教育計画の中にも，生活設計等の学習内容が含まれていることが多くみられるが，現場実習の事前事後学習を活用し，本人の自己理解の深まりを見極めながら，ライフプランの設計について学習するなど，生徒一人一人が，将来の社会生活を豊かに送ることができるように，質の高い授業及び学習内容を検討する必要がある。また，その際に，現場実習先や各関係諸機関からの助言等も併せて検討することが必要である。さらに，本人が作成したライフプランについて，移行期における進路指導担当教員のみならず，ジョブコーチ，障害者就業・生活支援センター等と共通理解を図りながら，本人が望むライフプランを構築することができるように，地域における就労支援組織による包括的な支援を充実していく必要がある。

第八節　自閉症スペクトラム児者の職業生活に結びつくための
　　　　　ライフプラン構築支援モデルの確立へ向けて

　知的障害特別支援学校高等部の ASD 生徒を対象として，職業生活に結びつくために必要となるライフプラン構築支援モデルを検討した。
　TTAP を活用することで，本人の強みを把握し，その強みを地域で活かすためのアセスメントを実施，また，就労先や関係諸機関との連携を図りながら，就労に向けた移行支援の在り方について検討してきた。さらに，高等部卒業後の職場定着を図るために，自分のライフプランを描いていけるような研究を行った。
　ASD 児者の職業生活に結びつくためのライフプラン構築支援モデルを Table 148 に示す。

1　アセスメントの実施
（1）進路希望調査
　高等部入学後，各学年の年度始め（4月）に進路希望調査を実施する。この際，一般企業及び福祉事業所等の希望を確認する。また，学校において実施する進路に関する学習内容や各関係諸機関との連携等について確認する。

（2）実態把握
　ASD 生徒の実態を把握するために，TTAP フォーマルアセスメントを実施し，自閉症の強みや弱み，環境調整等を把握し，自閉症の特性を理解する。また，知能検査（田中ビネー，WISC，WAIS 等）を実施する。なお，TTAP フォーマルアセスメントでは，各項目をクリアしてしまう AS, HFA 等の生徒に関しては，知能検査の結果をよく検討し，現場における課題等を詳細に検討する必要がある。

Table 148 ASD児者の職業生活に結びつくためのライフプラン構築支援モデル

入学	高等部入学		
高1	【自閉症の特性理解】 自閉症の強み，弱み，環境調整等の把握 【地域のアセスメント】 獲得しているスキルが多い職種の確認 →ジョブマッチング	Ⅰ【アセスメントの実施】 1. 進路希望調査 2. TTAPフォーマルアセスメント 3. 知能検査（田中ビネー，WISC，WAIS） 4. TTAPインフォーマルアセスメントCSC	【関係諸機関との連携】 1. 進路希望の確認 2. 地域の障害者就労状況の共通理解 3. 現場実習における現状と課題の共通理解 ①TTAPインフォーマルアセスメントCSAW，DACの活用 ②今後，身に付ける必要のあるスキル及び課題への支援方法に関する共通理解 4. 引継ぎ ①現場実習先巡回指導への同行（仕事の現状，課題，支援方法等の共通理解） ②個別移行支援計画の内容に関する共通理解 5. 就労後支援
高2 高3	【授業実践】 ※「進路指導」「現場実習事前事後学習」「作業学習」「自立活動」等 1. 自己理解の深化 ①ICF，②ソーシャル・ストーリーズ等の活用 2. 将来への生活設計 ①ライフプランシートの活用 【個別移行支援計画の作成】	Ⅱ【現場実習の実施】 1. ①CSAW，②DACの実施 Ⅲ【現場実習の実施】 1. ①CSAW，②DACの実施 Ⅳ【現場実習の実施】 1. ①CSAW，②DACの実施 Ⅴ【ライフプラン構築】 1. 現場実習のまとめ 2. ライフプランシートを活用した将来設計	
卒業	【卒業後支援】	高等部卒業・就労 安定した就労生活・QOLの高い充実した生活	

次に，適切な職種へのマッチングを図る目的で，TTAPインフォーマルアセスメント（CSC）を実施し，獲得しているスキルが多い職種の確認を行う。

なお，TTAPインフォーマルアセスメント（CSC）に関しては，各知的障害特別支援学校が立地している地域版を作成する。この地域版を進路の方向性を考える資料の一つとして活用することや，ASD生徒本人の自己理解を深めるツールとして活用することも考えられる。

2　現場実習の実施（1年時）
（1）現場実習先の検討
　本人及び保護者のニーズを中心とした進路希望調査や，本人の実態把握等を参考にして，現場実習先を検討する。

（2）現場実習の実施
　現場実習は，年間3回実施するが，各実習の初日，2日目を目安に，TTAPインフォーマルアセスメント（CSAW）を実施する。このことにより，実習中の芽生え項目の内容に関して，TTAPインフォーマルアセスメント（DAC）を記録し，これらの項目を中心として指導・支援を行う。

（3）現場実習事後学習
　進路指導や作業学習等において現場実習の事後学習を行う。その際，ICF関連図やソーシャル・ストーリーズ等を活用した取り組みの振り返りを行い，自己理解の深化を図る。また，ライフプランシートを活用し，自分の将来の職業生活について生活設計を行う。

3　現場実習の実施（2年時）
（1）現場実習の実施
　現場実習は，年間3回実施するが，各実習の初日，2日目を目安に，TTAP

インフォーマルアセスメント（CSAW）を実施する。このことにより，実習中の芽生え項目の内容に関して，TTAP インフォーマルアセスメント（DAC）を記録し，これらの項目を中心として指導・支援を行う。

（2）現場実習事後学習
　進路指導や作業学習等において現場実習の事後学習を行う。その際，ICF 関連図やソーシャル・ストーリーズ等を活用した取り組みの振り返りを行い，自己理解の深化を図る。また，ライフプランシートを活用し，自分の将来の職業生活について生活設計を行う。

4　現場実習の実施（3年時）
（1）現場実習の実施
　現場実習は，年間3回実施するが，各実習の初日，2日目を目安に，TTAP インフォーマルアセスメント（CSAW）を実施する。このことにより，実習中の芽生え項目の内容に関して，TTAP インフォーマルアセスメント（DAC）を記録し，これらの項目を中心として指導・支援を行う。

（2）関係諸機関との連携
　TTAP インフォーマルアセスメント（CSAW）及び（DAC）を活用し，現場実習における現状と課題の共通理解を図り，今後，身に付ける必要のあるスキル及び課題への支援方法について確認する。また，現場実習先巡回指導への同行（仕事の現状，課題，支援方法等の共通理解）など卒業後支援における引継ぎの内容等についても併せて確認する。

（3）現場実習事後学習
　進路指導や作業学習等において現場実習の事後学習を行う。その際，ICF 関連図やソーシャル・ストーリーズ等を活用した取り組みの振り返りを行い，

自己理解の深化を図る。また，ライフプランシートを活用し，自分の将来の職業生活について生活設計を行う。

5　ライフプラン構築
（1）現場実習のまとめ及びライフプランシートを活用した将来設計
　3年間の現場実習のまとめを行う。その際，ライフプランシートを活用した将来設計も併せて実施し，卒業後の生活についてのさらなる明確化を図る。

（2）個別移行支援計画の作成
　個別移行支援計画を作成し，ASD生徒本人及び保護者との共通理解を図る。

（3）関係諸機関との連携
　個別移行支援計画の内容に関する共通理解を図り，具体的な支援に関する役割確認等を行う。

6　卒業後支援
　知的障害特別支援学校高等部卒業後，安定した就労生活及びQOLの高い充実した生活を送ることができるように，地域において包括的に支援を行う。

　以上が，自閉症スペクトラム児者の職業生活に結びつくためのライフプラン構築支援モデルである。

引 用 文 献

中央教育審議会（1999）初等中等教育と高等教育との接続の改善について（答申）．
中央教育審議会（2007）学習指導要領等の改善について（答申）．
中央教育審議会答申（2011）今後の学校教育におけるキャリア教育・職業教育の在り方について．
独立行政法人国立特殊教育総合研究所（2003～2005）養護学校等における自閉症を併せ有する幼児児童生徒の特性に応じた教育的支援に関する研究－知的障害養護学校における指導内容，指導法，環境整備を中心に－．
古牧節子（1986）リハビリテーション過程における心理的援助－障害受容を中心として－総合リハビリテーション．14,9.
学校教育法施行規則の一部改正（2006）
Gary Mesibov（1990）自閉症者の治療教育上の留意点．自閉症の療育者－TEACCHプログラムの教育研修－，社会福祉法人新生会小児療育相談センター．
原智彦・内海淳・緒方直彦（2002）転換期の進路指導と肯定的な自己理解の支援－進路学習と個別移行支援計画を中心に－．発達障害研究，24,3.
蓮沼祐二・齋藤一雄（2007）知的障害養護学校における第3次産業を視野に入れた進路指導（Ⅱ）－3年間を経て企業・養護学校はどのように変化したか－．日本特殊教育学会第45回論文集．
発達障害者支援法（2005）
日詰正文（2005）成人期のデイサービス．そだちの科学，5.
稲葉芳子・郷間英世・牛山道雄（2013）知的障害特別支援学校における学級編成と自閉症教育の関連－教員意識の比較から－．特殊教育学研究，51,2.
石塚謙二（2009a）特別支援学校の進路動向．特別支援教育×キャリア教育，東洋館出版社．
石塚謙二（2009b）インターンシップを実施している各職域の作業内容．特別支援教育×キャリア教育，東洋館出版社．
石塚謙二（2009c）高等部・高等学校の取り組み．特別支援教育×キャリア教育，東洋館出版社．
石塚謙二（2014）中央教育審議会初等中等教育分科会報告インクルーシブ教育システム．

菊地一文（2011a）我が国におけるキャリア教育推進の経緯及び概要．特別支援教育充実のためのキャリア教育ガイドブック，ジアース教育新社．

菊地一文（2011b）発達障害のある児童生徒および学生のキャリア教育．発達障害研究，33,3.

菊地一文（2011c）発達障害のある児童生徒および学生のキャリア教育．発達障害研究，33,3.

菊地一文（2013）キャリア教育の新たな定義を理解する上での留意事項．実践キャリア教育の教科書－特別支援教育をキャリア発達の視点で捉え直す－．学研教育出版．

木村宣孝（2012）特別支援学校の役割－自閉症および軽度の知的障害の増加をふまえて－．こころの科学，163.

北爪麻紀・金澤貴之・松田直（2011）大学の資源を活用した現場実習のあり方に関する一考察－学生ジョブコーチの「実習前業務体験」の実践から－．群馬大学教育学部紀要，人文・社会科学編，60.

国連総会（1971）知的障害者の権利に関する決議．

国立教育政策研究所生徒指導研究センター（2002）児童生徒の職業観・勤労観を育む教育の推進について（調査研究報告書）．

国立教育政策研究所生徒指導研究センター（2004）キャリア教育の推進に関する総合的調査研究協力者会議報告書．

国立特殊教育総合研究所（2004）養護学校等における自閉症を併せ有する幼児児童生徒の特性に応じた教育的支援に関する研究．

国立特殊教育総合研究所（2005）知的障害養護学校における職業教育と就労支援に関する研究．

近藤直司（2009）青年期・成人期の発達障害者に対する支援の現状把握と効果的なネットワーク支援についてのガイドライン作成に関する研究報告書．

厚生労働省（2007）障害者自立支援法の成立．厚生労働白書．

厚生労働省（2014）公共職業安定所における職業紹介状況．発達障害白書．

共同通信社（2015）自閉症やアスペルガー症候群などの発達障害がある人を支援する障害者手帳の交付基準について全国調査．

教育基本法（2006）

松為信雄（2014）自閉症に関連のある法律及び制度．自閉症スペクトラム児の教育と支援．全国特別支援学校知的障害教育校長会，東洋館出版社．

三苫由紀雄（2003a）自閉症児への教育的対応．自閉症児の教育と支援．東洋館出版社．

三苫由紀雄（2003b）特化された教育課程編成上の留意点．自閉症児の教育と支援．東洋館出版社．

三苫由紀雄（2009）新学習指導要領では．新教育課程における発達障害のある子どもの自立活動の指導．明治図書．

三苫由紀雄（2014a）自閉症に関連のある法律及び制度．自閉症スペクトラム児の教育と支援．東洋館出版社．

三苫由紀雄（2014b）インクルーシブ教育システムの構築と今後の自閉症の教育・支援の課題．自閉症スペクトラム児の教育と支援．全国特別支援学校知的障害教育校長会，東洋館出版社．

三苫由紀雄（2014c）自閉症に関連のある法律及び制度．自閉症スペクトラム児の教育と支援．全国特別支援学校知的障害教育校長会，東洋館出版社．

文部科学省（1989〜2013）学校基本調査．

文部科学省（2003）今後の特別支援教育の在り方について（最終報告）．特別支援教育の在り方に関する調査研究協力者会議．

文部科学省（2004）キャリア教育の推進に関する総合的調査研究協力者会議．

文部科学省（2006）小学校・中学校・高等学校キャリア教育推進の手引．

文部科学省（2009）特別支援学校学習指導要領自立活動編．

文部科学省（2009）特別支援学校学習指導要領，自立活動の区分と内容項目．

文部科学省（2010）自閉症に対応した教育課程の編成等についての実践研究．

文部科学省（2014）初等中等教育における教育課程の基準等の在り方について（諮問）．

内藤孝子・東條裕志（2011）教育から就業への移行実態調査の結果－全国LD親の会・会員調査結果．就業状況の3時点の比較から－．LD研究，20,3．

中根晃（2005）自閉症スペクトラムと広汎性発達障害．自閉症スペクトラム研究編集委員会，自閉症スペクトラム研究，4,1．

21世紀の特殊教育の在り方に関する調査研究協力者会議（2001）21世紀の特殊教育の在り方について：一人一人のニーズに応じた特別な支援の在り方について（最終報告）．

小川浩（2005a）就労支援の立場から．発達障害研究，27,2．

小川浩（2005b）就労支援の立場から．発達障害研究，27,2．

小川浩（2012）発達障害者の職業的課題と就労支援．第107回日本精神神経学会学術総会シンポジウム，成人アスペルガー症候群への対応と支援．

小川浩・柴田珠里・松尾江奈（2006）高機能広汎性発達障害者の職業的自立に向けての支援．LD研究，15,3．

大南英明（2005）自閉症児の教育の現状と今後の展望．帝京大学文学部教育学科紀要 30．

大谷博俊（2012）多変量解析に基づく発達障害者の移行支援における課題の検討－就労支援者が重視する当事者の「職業生活に関わる自己の理解」に視点をあてて－．特殊教育学研究，50，1．

Patricia Howlin（2000）自閉症－成人期に向けての準備－《能力の高い自閉症の人を中心に》．ぶどう社．

佐久間宏・大根田充男（2008）知的障害児の進路指導をめぐる課題（Ⅲ）－現場実習の意義と役割の分析－．宇都宮大学教育学部紀要，1，58．

笹森洋樹（2009a）自立活動における ASD 児童生徒の指導に関する区分と項目．発達障害のある子どもの自立活動の指導，新教育課程における発達障害のある子どもの自立活動の指導，明治図書．

笹森洋樹（2009b）新しい学習指導要領における自立活動．新教育課程における発達障害のある子どもの自立活動の指導，明治図書．

佐竹真次（2009）思春期・成人期の発達障害者への就労支援．日本臨床発達心理士会第5回全国大会プログラム．

関宏之（2006）就労支援と障害者自立支援法－労働分野からの報告－．発達障害研究，28，5．

島田博祐・大沼健司・清水浩（2013）知的障害児者のライフキャリアプラン構築に関する研究－成人知的障害者と特別支援学校高等部生徒を対象に－．日本特殊教育学会第 52 回大会論文集．

清水浩・片柳優美・梅永雄二（2012）高機能自閉症スペクトラム生徒の強みを生かしたキャリア教育－高機能 ASD，キャリア教育，TTAP，現場実習－．自閉症スペクトラム研究，9，1．

霜田浩信（2014）自閉症スペクトラム障害に用いられることがある検査の一例．自閉症スペクトラム児の教育と支援．全国特別支援学校知的障害教育校長会，東洋館出版社．

霜田浩信・岡田明子・金澤貴之・松田直（2010）知的障害生徒における現場実習にむけたアセスメント－一般職業適性検査活用における現場実習プロフィールの記述内容分析－．群馬大学教育学部紀要，人文・社会科学編，59．

下野新聞記事（2015）4月 30 日記事．

杉山登志郎・高橋脩（1994）就労に挫折した自閉性青年の臨床的検討．発達障害児研究，16．

職業教育・進路指導研究会（1998）職業教育及び進路指導に関する基礎的研究．
障害者自立支援法（2006）
障害者基本法（2011）
障害者の権利に関する条約（2006）
障害者の雇用の促進に関する法律（障害者雇用促進法）（2013）
障害者の日常生活及び社会生活を総合的に支援するための法律（障害者総合支援法）（2012）
障害者職業総合センター（2012）障害を受容する過程．発達障害のある人がよりよい就労を続けるために－障害者職業総合センターにおける発達障害研究の歩み－．独立行政法人高齢・障害者雇用支援機構障害者職業総合センター．
高垣徹也・都築繁幸（2011）知的障害者の職業教育及び進路指導に関する実際（Ⅱ）．障害者教育．福祉学研究，7．
田中敦士・八重田淳（2008a）発達障害のある生徒における高等学校から就労への移行支援の展望－米国のITPとわが国の個別移行支援計画の課題から－．発達障害研究，30,1.
田中敦士・八重田淳（2008b）発達障害のある生徒における高等学校から就労への移行支援の展望－米国のITPとわが国の個別移行支援計画の課題から－．発達障害研究，30,1.
丹野哲也（2014a）自閉症のある児童生徒の教育における合理的配慮の観点の例．自閉症スペクトラム児の教育と支援．全国特別支援学校知的障害教育校長会，東洋館出版社．
丹野哲也（2014b）自閉症のある児童生徒の指導に関する教育内容・方法の観点．自閉症スペクトラム児の教育と支援．全国特別支援学校知的障害教育校長会，東洋館出版社．
特別支援学校学習指導要領解説総則等編（幼稚部・小学部・中学部）（2009）
特別支援学校学習指導要領解説総則等編（高等部）（2009）
特別支援学校高等部学習指導要領（2009）
東京都教育委員会（2014）東京都立知的障害特別支援学校における自閉症教育充実事業報告書，自立と社会参加に向けた高等部における自閉症教育の充実．
柘植雅義（2005）特別支援教育政策の立場から．発達障害研究，27,2.
柘植雅義（2013）特別支援教育に関係のある主な法律等で近年になって成立・改正されたもの．特別支援教育～多様なニーズへの挑戦～．中公新書．
辻井正次（2012）医療・福祉機関におけるアセスメントツールの利用実態に関する調

査．発達障害児者支援とアセスメントのガイドライン．金子書房．
塚本光男・山口育美・宮元佳典 (2007) 知的障害児における就業体験活動の現状と支援方法に関する調査．熊本大学教育実践研究, 24．
上岡一世・阿部修一 (1999) 自閉症者の職場適応に関する研究－企業就労者の実態調査－．特殊教育学研究, 36, 5．
梅永雄二 (1999a) 親，教師，施設職員のための自閉症者の就労支援．筒井書房．
梅永雄二 (1999b) 親，教師，施設職員のための自閉症者の就労支援．エンパワーメント研究所．
梅永雄二 (2002) 今後に望まれる就労後の支援．アスペルガー症候群と高機能自閉症の理解とサポート，学習研究社．
梅永雄二 (2003a) こんなサポートがあれば！．エンパワーメント研究所．
梅永雄二 (2003b) アスペルガー障害の就労支援．自閉症スペクトラム研究, 2，日本自閉症スペクトラム学会．
梅永雄二 (2005a) 自閉症者の就労率の推移．自閉症スペクトラム児・者の理解と支援－医療・教育・福祉・心理・アセスメントの基礎知識－，教育出版．
梅永雄二 (2005b) 自閉症者の就労職種．自閉症スペクトラム児・者の理解と支援－医療・教育・福祉・心理・アセスメントの基礎知識－，教育出版．
梅永雄二 (2010a) はじめに．自閉症スペクトラムの移行アセスメントプロフィール－TTAPの実際－，川島書店．
梅永雄二 (2010b) はじめに．自閉症スペクトラムの移行アセスメントプロフィール－TTAPの実際－，川島書店．
梅永雄二 (2014) 高校生段階の指導の実際．自閉症スペクトラム児の教育と支援．全国特別支援学校知的障害教育校長会，東洋館出版社．
梅永雄二・本田壮一 (1995) 自閉症者の職業評価におけるAAPEPの利用について．第3回職業リハビリテーション研究発表会論文集．
梅永雄二・前川久男・小林重雄 (1991) 自閉症児・者の就労に関する研究－自閉症児・者の職業能力評価－．特殊教育学研究, 29, 2．
宇都宮市役所 (2005) 宇都宮市産業の強みと弱み．宇都宮市ものづくり産業振興ビジョン．
宇都宮新卒応援ハローワーク (2014) 栃木県立特別支援学校の高等部卒業者（就職者）の離職状況．
若松昭彦・玉林和紘 (2013) 自閉症生徒の現場実習におけるTTAPインフォーマルアセスメントの活用方法に関する研究．広島大学大学院教育学研究科紀要, 1, 62．

渡辺三枝子（2007）キャリアの定義の基本要素．新版キャリアの心理学．ナカニシヤ出版．
山田新二・小林信篤・佐々木正美（2009）自閉症支援における評価の重要性－AAPEPによる評価と職員の事前評価との比較から－．川崎医療福祉学会誌，18,2．
米田衆介（2009）自閉症スペクトラムの人々の就労に向けたSST．特集自閉症スペクトラムの人々の就労問題．精神療法，35,3．
全国特別支援学校知的障害教育校長会（2007）全国特別支援学校長会研究紀要．
全国特別支援学校知的障害教育校長会の調べ（2013）

参 考 文 献

中央教育審議会（1999）初等中等教育と高等教育との接続の改善について（答申）．
中央教育審議会初等中等教育分科会報告（2012）共生社会の形成に向けたインクルーシブ教育システム構築のための特別支援教育の推進．
学校教育法（2007）
学校教育法等の一部を改正する法律（2006）
ICF（国際生活機能分類）（2001）
自閉症卒業生の進路調査（1989〜1994）
重点施策実施5か年計画（2007）
国立教育政策研究所生徒指導研究センター（2002）職業観・勤労観を育む学習プログラムの枠組み（例）．
国立特別支援教育総合研究所（2008）知的障害者の確かな就労を実現するための指導内容・方法に関する研究．
国立特別支援教育総合研究所（2008）知的障害のある児童の『キャリア発達段階・内容表（試案）』．
国立特別支援教育総合研究所（2010）知的障害のある児童生徒の『キャリアプラン・マトリックス（試案）』．
国際連合（1948）世界人権宣言．
厚生労働省（2004）今後の障害保健福祉施策について（改革のグランドデザイン案）．
文部科学省（1989）学習指導要領．
文部科学省（1999）学習指導要領．
文部科学省（1999）盲学校，聾学校及び養護学校学習指導要領．
文部科学省（1999）盲学校，聾学校及び養護学校学習指導要領解説．
文部科学省（2009）特別支援学校学習指導要領．
文部科学省（2009）特別支援学校高等部学習指導要領総則．
内閣官房，内閣府，文部科学省，厚生労働省，経済産業省（2006）若者自立・挑戦のためのアクションプラン（改訂）．
内閣官房，内閣府，文部科学省，厚生労働省，経済産業省（2007）キャリア教育推進プラン－自分でつかもう自分の人生を－．
逵直美・菊地一文（2013）キャリア発達を支援するツールとしてのICFの活用．特別

支援教育におけるICFの活用Part3 学びのニーズに応える確かな実践のために．ジアース教育新社．

齊藤博之・德永亜希雄（2013）生徒本人によるICF活用（マイノオトの試み）－キャリア発達を支える可能性－．特別支援教育におけるICFの活用Part3 学びのニーズに応える確かな実践のために．ジアース教育新社．

心身障害者対策基本法（1970）

障害を理由とする差別の解消の推進に関する法律（障害者差別解消法）（2013）

障害者基本計画（2002）

障害者基本法の一部を改正する法律（2011）

障害者雇用対策基本方針（2009）

障害者福祉法（2011）

東京都教育委員会（2004）東京都特別支援教育推進計画．

東京都教育委員会（2010）東京都特別支援教育推進計画第三次実施計画．

全国特別支援学校知的障害教育校長会（2013）知的障害特別支援学校における自閉症のある児童生徒の割合．

全国特殊学校長会（2001）教育と労働関係機関等が連携した就業支援の在り方に関する調査研究．

謝　　辞

　本研究を遂行し学位論文をまとめるに当たり，終始温かい激励と多くのご指導，ご支援を賜りました，指導教官である明星大学島田博祐教授には心より感謝申し上げます。時に応じて，厳しくご指導いただいたこと，また優しく励ましてくださったことなどをとおして，自分自身の至らなさを実感することができたことは今後の努力の糧になるものであります。

　島田博祐教授のご指導の下での博士後期課程の研究生活を終えるに当たり，心より感謝の意を表すとともに，これまでの貴重な体験を今後の研究生活に生かしていきたいと考えております。

　また，博士後期課程への進学及び研究全般にわたる多大なご指導，ご支援を賜りました，早稲田大学梅永雄二教授には心より感謝申し上げます。博士後期課程進学以前から現在にわたり温かく見守っていただくとともに，研究に向き合う姿勢や，自分の思いを多くの方々と分かち合うことの素晴らしさを教えていただきました。今後，研究者として生きていく指針とさせていただきます。

　本論文作成に当たり，審査委員として貴重なご指導とご助言を賜りました，明星大学星山麻木教授と廣瀬由美子教授には心より感謝申し上げます。研究を進めていく上で，大きな励みとなったことをここに記すとともに，心より感謝申し上げます。

　本研究を遂行するに当たり，ご協力を賜りました，事例生徒の皆様には心より感謝申し上げます。現場実習や進路での学習をとおし，自己理解を深め，自分の強みを最大限発揮し，夢を掴もうと一生懸命に努力された姿を決して忘れません。これからもさらなる目標に向かい，輝きながら自分の人生を歩んで欲しいと願っています。研究を進めていく上で，私自身の大きな学びと

なったことをここに記すとともに，心より感謝申し上げます。

　最後になりますが，平成 25 年 11 月 26 日に永眠した母，平成 27 年 9 月 10 日に永眠した義父にこの論文を捧げるとともに，いつも心の支えになってくれた父，義母，義姉，妹夫婦に心から感謝いたします。そして，どのような状況においても応援してくれた素晴らしい最愛の妻に心から感謝いたします。

　以上，私を支えてくださったすべての方に，心よりの感謝の意を込めて，謝辞といたします。

　　2016 年 10 月

　　　　　　　　　　　　　　　　　　　　　　　　　　　清水　浩

＜著者略歴＞

清水　浩（しみず　ひろし）

山形県公立大学法人山形県立米沢女子短期大学社会情報学科教授
特別支援教育士SV　臨床発達心理士SV　学校心理士SV
自閉症スペクトラム支援士（ADVANCED）　ガイダンスカウンセラー
博士（教育学）

1986年　宇都宮大学農学部林学科卒業
1986年　栃木県立富屋養護学校教諭
1992年　栃木県立那須養護学校教諭（～2007年）
1999年　宇都宮大学大学院教育学研究科学校教育専攻学校教育専修入学
2001年　宇都宮大学大学院教育学研究科学校教育専攻学校教育専修修了
2007年　宇都宮大学教育学部附属特別支援学校教諭（～2014年）
2012年　明星大学通信制大学院人文学研究科教育学専攻博士後期課程入学
2014年　山形県公立大学法人山形県立米沢女子短期大学社会情報学科教授
2016年　明星大学通信制大学院人文学研究科教育学専攻博士後期課程修了
　　　　現在に至る

自閉症スペクトラム児者のキャリア教育に関する研究
―TTAPを活用したライフプラン構築支援モデルの開発―

2016年12月25日　初版第1刷発行

著　者　　清　水　　　浩
発行者　　風　間　敬　子
発行所　　株式会社　風　間　書　房
〒101-0051　東京都千代田区神田神保町1-34
電話03(3291)5729　FAX 03(3291)5757
振替00110-5-1853

印刷　藤原印刷　　製本　井上製本所

©2016　Hiroshi Shimizu　　　　　　　　NDC 分類：378
ISBN978-4-7599-2151-9　Printed in Japan

JCOPY 〈(社)出版者著作権管理機構 委託出版物〉
本書の無断複製は，著作権法上での例外を除き禁じられています。複製される場合はそのつど事前に(社)出版者著作権管理機構（電話03-3513-6969，FAX 03-3513-6979, e-mail: info@jcopy.or.jp）の許諾を得て下さい。